OEUVRES
PRIMITIVES
DE
FRÉDÉRIC II,
ROI DE PRUSSE;
OU
Collection des Ouvrages qu'il publia
pendant son règne.

SIXIÈME ÉDITION.

Imitateur heureux d'Alexandre et d'Alcide,
Il aimait mieux pourtant les vertus d'Aristide.
VOLTAIRE.

TOME IV.

A POSTDAM,
AUX DÉPENS DES ASSOCIÉS.

1805.

ŒUVRES
PRIMITIVES
DE
FRÉDERIC II.

TOME IV.

VARIÉTÉS

PHILOSOPHIQUES, MORALES,
HISTORIQUES, CRITIQUES
ET LITTÉRAIRES.

Le Roi publia cette plaisanterie pendant une de ses premières guerres.

LETTRES
AU PUBLIC
AVIDE DE NOUVELLES.

LETTRE PREMIÈRE.

J'Ai toujours aimé vos goûts, et j'ai respecté vos fantaisies; je connois l'insatiable curiosité que vous avez des nouvelles, et j'ambitionne de vous servir. Vous êtes ennuyé de ces faits ordinaires que vous racontent deux fois par semaine ces petits ministres que vous entretenez en Europe; il vous faut du singulier, et des nouvelles surprenantes. Vos ministres vous en donnent quelquefois d'incroyables, quoique sans doute véritables, mais cela ne suffit pas; vous aimez dans la politique les choses secrètes : ce même penchant se trouve en moi avec un grand fonds d'adresse pour les découvrir, ce qui me met à portée de vous instruire de ce qui se traite à présent de plus caché dans une certaine cour. Vous comprenez, sans que je vous l'explique, que dans notre jargon, *certaine cour* signifie celle de Berlin. Je tiens ces nouvelles de la première main; ce ne sont point des *on dit*, ce sont des faits bien constatés : j'ai découvert des choses étonnantes ! je vous les confie d'autant plus volontiers, que votre sagesse et votre discrétion me sont connues, et que ce secret restera entre nous deux.

Tremblez pour le repos de l'Europe, nous touchons à un événement qui peut renverser l'équilibre et la balance des pouvoirs que nos pères ont si sagement établis ; c'en est fait du système de l'abbé de Saint-Pierre, jamais on ne pourra le réaliser. J'ai appris qu'il s'est tenu, il y a quelques jours, un grand conseil à la cour, où ont assisté tous les notables ; il s'y est agité une chose aussi importante qu'on ait connu de mémoire d'homme. Un musicien d'Aix en Provence envoie deux menuets, qu'il a mis dix ans à composer, et demande qu'ils soient joués au carnaval : ceci paroîtra frivole à des esprits superficiels, mais nous autres politiques, qui entendons finesse à tout, et qui poursuivons les conséquences jusqu'à leurs dernières conclusions, nous sommes trop profonds pour traiter cette affaire en bagatelle. Cette prétention mise en délibération partagea le conseil ; il y eut un parti pour les menuets, et un autre que formèrent les opposans. Ceux qui étoient pour les menuets ont soutenu qu'on devoit les jouer, pour encourager par cette distinction ceux qui veulent du bien à une certaine puissance, dont le nombre malheureusement n'est pas trop grand. Les opposans repliquèrent, que c'étoit contre la gloire de la nation, de faire jouer des menuets étrangers, lors même qu'on en faisoit tant de nouveaux dans le royaume ; à quoi les autres répondirent, que ces menuets pouvoient être bons, quoique faits ailleurs, et que des amateurs des arts devoient avoir plus d'égards à la science qu'à la patrie, et au lieu d'où les menuets leur étoient venus. Ces raisons ne persuadèrent point les opposans, et ils soutinrent que ces menuets devoient être traités comme de la contrebande. Les menuétistes se recrièrent beaucoup contre cette décision, et s'efforcèrent de démontrer, qu'en cas qu'on traitât des menuets étrangers de contrebande, on autoriseroit par-là les autres nations à prohiber de même toutes les productions que leur fournissoit la Prusse; que gêner le commerce, c'étoit le perdre, et qu'enfin les autres puissances ne souffriroient pas de sang-froid qu'on se donnâ les airs d'exclure leurs menuets des danses et des fêtes. Sur quoi leurs antagonistes s'échauffèrent, en soutenant qu'il falloit toujours sacrifier l'intérêt et toute autre considération à la gloire; que c'étoit contre la dignité d'une cour de danser après d'autres sons que ceux de chez soi; que les menuétistes étoient des novateurs qui vouloient introduire dans le pays des usages étrangers; qu'il ne falloit jamais se départir de ses vieilles coutumes, fussent-elles même mauvaises; et qu'enfin ces menuets corromproient les mœurs: ce qui échauffa si fort la dispute que tout le monde parla en même temps, que chacun vouloit avoir raison, que les moins emportés préludoient sur les grosses paroles, et qu'enfin on fut obligé de dissoudre le conseil. Le lendemain, il se rassembla pour reprendre les mêmes délibérations; l'enthousiasme avoit diminué pendant cet intervalle, et il s'étoit formé un parti pacifique. Ces esprits concilians proposèrent, pour contenter tout le monde, de permettre qu'on jouât le menuet qui étoit en mineure, à l'exclu-

A 3

sion de l'autre ; mais quoique ce tempérament
ne fût pas reçu, parce qu'il étoit raisonnable,
cela ne les empêcha pas de hasarder une autre
proposition, qui fut de jouer les menuets sans
les danser. Ceci fut rejeté avec une majorité de
voix considérable, et l'on assure qu'il y a à présent
une espèce de manifeste où l'on expose les raisons qu'on a eues de ne point faire exécuter les
menuets. Cette démarche pourra avoir des suites de la plus grande conséquence. Comme cela
peut intéresser l'Europe, et sur-tout votre curiosité, je serai attentif à m'informer de ce qui
se traitera ultérieurement. Il est certain que la
cour est fort occupée de cette affaire, ce qui
est fort naturel, quand on réfléchit à son importance : un menuet peut devenir une chose grave.
Combien d'exemples de ce genre ne pourrois-je
pas vous citer ? Une coëffure que la reine Anne
d'Angleterre marchanda, et qui fut achetée par
Myladi Marlborough, rompit cette formidable
association des souverains qui faisoient la guerre
à la France, et causa la paix que la reine Anne
fit en 1710. Une révérence que César oublia de
faire aux sénateurs qui s'assembloient au temple
de la Concorde, détermina Brutus à conspirer
contre lui. Une pomme ne fut-elle pas la cause
de tous les malheurs qui arrivèrent à la postérité
des premiers habitans du Paradis terrestre ?

Vous m'avouerez qu'un menuet vaut bien une
coëffure, une révérence, ou une pomme : il n'y
a qu'à attendre, et nous verrons à quoi il pourra
donner lieu. Je suis encore trop retenu en vous
écrivant, à cause que c'est la première fois de

ma vie que je prends cette liberté; mais je vous promets à la première occasion de ne m'en pas tenir aux conjectures ordinaires, et d'en hasarder de plus merveilleuses, de plus vagues, et avec plus d'effronterie, s'il est possible, que vos petits ministres, dont la monotonie et l'insipidité commencent à vous ennuyer. Si les nouvelles de cet ordinaire ne piquent pas votre curiosité, je vous en promets d'aussi romanesques et de plus bizarres à l'avenir.

P. S. Dans ce moment, j'apprens que les autres cours ont pris parti dans l'affaire des menuets, et qu'elles vont faire à la nôtre en conséquence les représentations les plus sérieuses. Le reste l'ordinaire prochain.

LETTRE II.

La grande affaire qui nous occupe s'embrouille de jour en jour davantage; les incidens que nous avons prévus sont en partie arrivés, on ne voit que des couriers qui vont et qui viennent, cependant rien ne transpire de leurs dépêches. L'ambassadeur de Fez a présenté un mémoire à notre ministère; sa cour s'intéresse vivement pour la musique d'Aix en Provence, et ce mémoire porte en termes exprès, que le roi de Fez regardera le refus qu'on fera de la jouer, comme un affront fait à sa personne dans celle de ses alliés.

L'ambassadeur du hospodar de Valachie a joint ses représentations sur le même sujet, et il a ajouté que son maître seroit obligé de faire cause commune avec la ville d'Aix pour soutenir l'honneur de ses menuets, sur-tout depuis qu'il avoit établi à Arciin une académie de musique françoise; jusqu'à présent toutes représentations ont été infructueuses, notre cour persiste dans sa résolution, et il paroît qu'elle veut pousser cette affaire à l'extrêmité. Tout le monde a été surpris de cette inflexibilité; mais on cesse de l'être depuis qu'on est informé à n'en pas douter que la cour a été encouragée dans sa roideur par l'alliance défensive qu'elle vient de conclure en secret avec la république de Santo-Marino. Salomon a bien eu raison de dire, que tout se découvre enfin, car il n'y a rien de caché à notre pénétration; alliances, traités, conventions secrètes, nous approfondissons tout, on devine une partie, on apprend quelque chose, on y ajoute ses conjectures, et à la fin on sait les traités comme si on les avoit faits.

Vous serez bien étonné de trouver ici l'article *secretissime* de cette alliance nouvellement conclue; mais voici comment il est tombé entre nos mains. L'ambassadeur de Santo-Marino, en dînant l'autre jour chez l'ambassadeur des treize cantons, laissa tomber de sa poche l'article secret du traité, en tirant son mouchoir; l'article fut aussi-tôt ramassé, et nous avons été assez heureux pour nous le procurer. Qu'un ambassadeur doit être circonspect, et qu'il est dangereux pour lui de tirer un mouchoir de sa poche!.....

Voici cet article secretissime:

De plus, sa Majesté Prussienne s'engage que, si en haine de cette alliance présentement conclue, la sérénissime république de Santo-Marino alloit être inquiétée par de mauvaises sérénades, ou par des chacones à elle désagréables, sa Majesté lui fournira à ses fraix et dépens un vaisseau de cent canons, et quatre frégates, qu'elle tiendra toujours prêtes dans son port de Halberstadt, pour le service de ladite république; et au cas que des vents contraires ou d'autres conjonctures fissent préférer des secours pécuniaires, on évaluera cette escadre à la somme de 400 livres, payables dans la sorte de monnoie dont le gazetier de Cologne fut payé, il y a dix ans (a), et dont la république pourra faire un usage merveilleux envers ses ennemis. En revanche, la sérénissime république de Santo-Marino s'engage de faire cause commune avec la Prusse dans tout ce qui concerne l'affaire des menuets, et malgré l'ancienne alliance qui subsiste avec ladite république et la ville d'Aix, depuis les temps de Pierre de Provence et de la belle Maguelone, et par laquelle elle a garanti à ladite ville la paisible possession de sa musique; la république de Santo-Marino tient ces engagemens pour nuls, bien entendu qu'elle se croit maîtresse d'expliquer sa parole comme il lui plaît, de prendre en même temps des engagemens contraires selon son bon plaisir, et d'invalider ses anciens traités lorsqu'il lui prend fantaisie d'en faire de nouveaux. Elle promet à sa Majesté Prussienne de tenir prêt son contingent, pour qu'il soit à portée d'être employé lorsque

---

(a) Ce respectable écrivain avoit reçu des coups de bâton bien appliqués.

le casus fœderis *l'exigera. Ce contingent consistera en trois ménétriers, et en trois vivandières; et au cas que sa Majesté Prussienne trouvât plus convenable de convertir ce secours en argent, la sérénissime république payera du moment où la guerre sera déclarée, un subside annuel d'un sequin et demi, quatre sols, dix liards.*

N. B. *Les secours seront prêts des deux côtés pour partir au plus tard trois mois après que la réquisition leur en sera faite; et au cas que ces secours ne soient pas suffisans, leurs hautes puissances contractantes s'engagent d'en doubler le nombre. Cet article séparé sera tenu secretissime, et il aura la même force que le traité général. On s'engage en outre d'inviter les autres puissances amies à accéder à cette alliance.*

Le traité général ne paroît pas encore; mais comme il est fait pour être communiqué à tout le monde, nous vous assurons d'avance que ce n'est pas la peine de le lire; la quintessence du poison, le venin subtil et délicat est tout renfermé dans cet article secret, et c'est ce qui vous le fera savourer avec délices. L'ambassadeur de Fez qui se trouvoit au repas où cet article secret fut perdu, en a tiré copie sans perte de temps, et l'a envoyé par son joueur de guitarre (qui joue un grand rôle à Fez) immédiatement à sa cour: et comme toutes les circonstances d'une affaire pareille à celle-ci sont importantes, nous ne devons pas omettre que le courier avoit l'omoplate gauche convexe, et qu'il montoit un cheval travat.

Ce grand événement ouvre un vaste champ à nos conjectures. Si la guerre survient, la ville d'Aix, le roi de Fez, et le hospodar de Valachie, pourront fortifier leur alliance de celle de Koulican le très-juste, actuellement régnant, qui a fait aveugler son oncle, Schach de Perse, et ses frères ; ou en cas qu'il se trouve trop occupé aux guerres intestines qui déchirent son beau royaume, ils pourront s'unir avec le grand Mogol, ou avec l'empereur du Japon : ils pourront tirer de ces pays-là des chameaux et des éléphans véritables. Il est impossible qu'une certaine cour résiste à tant de forces réunies, et l'on doit espérer que l'heureux jour viendra où nous la verrons succomber sous le poids de ses ennemis. Quelle joie n'aurons-nous pas de ces événemens tant attendus ! Que vos fabricateurs de nouvelles vont être contens de voir enfin accomplir leurs prophéties, et qu'ils auront d'obligations aux deux menuets, dont l'un est en mineure !

Cependant les fêtes et les bals vont ici leur train ordinaire, la cour ne pense qu'à se divertir, et vit dans cette sécurité qui précède les grandes catastrophes ; mais nous qui voyons plus loin que notre nez, et qui sommes fins au superlatif, nous annonçons, comme la malheureuse Cassandre, que la mesure est comblée, que les jours de deuil sont arrivés, que malgré la sérénissime république de Santo-Marino, et celle de Luques même, on verra ici dans peu un essaim de barbares, qui vangeront les menuets d'Aix en Provence, qui brûleront la musique qu'on appelle celle du bon faiseur d'opéra; qu'on verra de véritables éléphans fouler l'orquestre à leurs pieds; que pour comble de malheurs, ce peuple barbare convertira la voix de ces messieurs qui chantent le dessus sur nos théâtres en affreuses voix de basse ; que les vierges qui desservent ces mêmes théâtres avec tant de pudeur seront violées, et qu'on n'entendra pour toute harmonie que les menuets d'Aix, dont l'un, comme je l'ai dit, est en mineure !

Au cas que cette prophétie ne s'accomplisse pas à la lettre, nous soutiendrons ce contre-temps avec effronterie, et nous ne laisserons pas que de prophétiser. Pour messieurs nos compagnons qui comme nous se mêlent de lire dans l'avenir, nous leurs conseillons de prophétiser les événemens passés, s'ils ne rencontrent pas les événemens futurs, ou d'étendre leur prophétie au-delà de cent ans.

Nous apprenons dans ce moment que l'ambassadeur de Fez a pris la colique, et qu'il se veut faire électriser au gros orteil. Un fameux médecin assure que son mal provient d'une réplétion d'injures ; son chirurgien prétend que c'est une maladie de politique, et qu'il a trouvé à propos de s'absenter de la cour.

P. S. Je suis obligé de vous faire mes excuses sur ce que mon style n'approche point de l'élégance et de la noble hardiesse de celui de vos correspondans; j'étudie sans cesse dans vos archives pour atteindre à ce point de perfection; je commence à m'approprier leurs phrases, je me servirai incessamment de certaines épithètes

fortes, nerveuses et pittoresques ; par exemple,
ce *hospodar sans foi, sans loi,* désignera celui
de Valachie, *ce prince perfide et traître* vous fera
connoître le roi de Fez, et je ferai des efforts
pour me rendre par mon application plus digne
de vos bontés et de votre confiance. Le reste,
l'ordinaire prochain.

LETTRE

Du Comte RINONCHETTI, *premier Sénateur de
la République de Santo-Marino, au Baron
de* ZOPENBRUG, *Ministre de sa Majesté
Prussienne.*

MONSIEUR,

Nous avons appris avec autant de surprise
que d'indignation, qu'une espèce de faiseur de
gazette a écrit des choses insolentes sur le sujet
de notre sérénissime république, et que cet
ouvrage scandaleux s'est imprimé, et se vend
dans la capitale du roi votre maître.

Jusqu'à présent, aucun écrit, aucune gazette
datée de Berlin, n'a blessé personne ; il nous est
connu d'ailleurs que sa Majesté Prussienne punit
sévérement les libelles qui touchent les particuliers ; nous sommes donc d'autant plus étonnés
de voir qu'on ait permis l'impression de l'ouvrage qui donne lieu à nos plaintes (a), et nous
osons espérer que le roi votre maître ne souf-

(a) Les Lettres au Public.

frira pas que dans ses Etats un particulier insulte des souverains. Nous nous flattons qu'elle daignera faire châtier le misérable qui vient de nous offenser si griévement. Il imprime des traités et des articles secrets ; il semble même qu'il nous traite en ridicule : cela n'est en vérité pas soutenable, et il nous faut une satisfaction éclatante. Il est vrai qu'il y a en Europe quelques Etats plus puissans que le nôtre ; mais doit-on nous mépriser, parce que nous ne sommes pas les plus forts ? Cependant ma sérénissime république sait se faire respecter en Italie ; nous avons résisté seuls et sans alliés aux artifices du cardinal Alberoni, aux Canons et excommunications de l'Eglise, et à tous les efforts de nos ennemis ; nous avons découvert leurs intrigues, détruit leurs projets, combattu pour notre liberté, et nous nous sommes maintenus. Ces actions, si elles s'étoient passées à Berne, à Venise, ou à Amsterdam, seroient-elles plus glorieuses que s'étant passées à Santo-Marino ? Rome dans son origine ne fut pas même ce que nous sommes à présent ; le luxe n'a point corrompu l'austérité de nos mœurs ; on voit chez nous des vertus antiques ; notre frugalité et notre union soutiennent notre Etat, nous n'avons de précieux que notre liberté et notre réputation : ce n'est ni à un malheureux gazetier, ni à quelque puissance que ce soit sur la terre, de nous ravir ce bien inestimable. Nous espérons que sa Majesté ne souffrira pas plus long-temps qu'on nous offense, et que roi elle embrassera la cause d'une république souveraine. Nous nous flattons, Monsieur, que vous appuyerez par votre grand crédit nos justes représentations, et que vous procurerez à ma sérénissime république, la satisfaction qu'elle attend de l'équité du roi votre maître. J'ai l'honneur d'être, Monsieur, etc. etc..

RÉPONSE

Du Baron de ZOPENBRUG *, Ministre d'Etat de sa Majesté Prussienne, au Comte* RINONCHETTI*, premier Sénateur de la République de Santo-Marino.*

Monsieur,

Dès que j'eus reçu la lettre que vous m'avez fait l'honneur de m'écrire, j'en ai fait mon rapport à sa Majesté. Vous pouvez être persuadé, Monsieur, que tout le monde condamne ici hautement les particuliers qui par leurs écrits osent offenser les souverains. Depuis le pape et l'empereur, jusqu'à l'évêque de Constance et au prince de Zipentzerbst, il n'est aucun souverain que le public ne doive respecter; qu'il soit puissant ou foible, allié ou ennemi, cela n'y fait rien, et la bienséance exige qu'en faisant mention d'eux, ce soit toujours dans des termes convenables. Les grands princes s'honorent dans leurs semblables ; s'ils souffrent chez eux qu'un particulier insulte une autre puissance, c'est oublier ce qu'ils se doivent à eux-mêmes. Depuis un certain temps, l'abus de la presse a été poussé jusqu'au scandale ; des particuliers ont eu à se plaindre de la méchanceté des auteurs, et il y a eu plus d'une puissance qui a été offensée par ces sortes de gens qui compilent des nouvelles pour vivre, qui débitent plus de mensonges que de vérités, et qui s'érigent en Arétins de notre siècle. Mais, Monsieur, personne n'ajoute foi aux choses qu'ils débitent, et à force d'en imposer grossiérement au public, ils ont décrédité leurs nouvelles. On n'a pas attendu que votre sérénissime république ait porté ses justes plaintes des nouvelles clandestines qui se sont débitées ici; on a d'abord interdit l'ouvrage avec une défense sévère à l'auteur d'écrire sans permission; je me flatte que la magnanimité de votre sérénissime république se contentera de ce châtiment; défendre de parler à un babillard, ou défendre d'écrire à un cerveau brûlé, c'est la plus grande punition qu'on lui puisse faire; nous poussons jusqu'au scrupule les attentions qu'on doit aux puissances étrangères, et jamais on ne souffrira ici que qui que ce soit leur manque de respect.

Je suis charmé que cette misère m'ait fourni l'occasion de servir votre sérénissime république, et de faire connoissance avec un homme dont la réputation est aussi grande que la vôtre. C'est avec ces sentimens que je serai à jamais, Monsieur, etc. etc.

RÉFLEXIONS

Sur les Talens militaires et sur le Caractère de CHARLES XII, *Roi de Suède.*

J'Ai voulu pour ma propre instruction me faire une idée précise des talens militaires et du caractère de Charles XII, roi de Suède; je ne le juge ni sur des tableaux outrés par ses panégyristes, ni sur des traits défigurés par ses critiques. Je m'en rapporte à des témoins oculaires, et à des faits dont tous les livres conviennent. Défions-nous de tous les détails dont les histoires sont remplies : parmi un amas de mensonges et d'absurdités, il ne faut s'attacher qu'aux grands événemens, qui sont les seuls véritables.

De ce nombre d'hommes qui se sont mêlés de gouverner ou de bouleverser le monde, on ne fait attention qu'à ceux dont le génie a été le plus étendu, dont les grandes actions ont été une suite de grands projets, et qui se sont servis des événemens, ou les ont fait naître, pour changer la face politique de l'univers. Tel fut César; les services qu'il rendit à la république, ses vices, ses vertus, ses victoires, tout contribua à l'élever sur le trône du monde. Tels étoient le grand Gustave, Turenne, Eugène, Marlborough, dans des cercles d'activité plus ou moins étendus; les uns assujettissoient leurs opérations militaires à l'objet qu'ils s'étoient proposé de remplir durant le cours d'une année, les autres enchaînoient leurs travaux, et plusieurs campagnes au dessein général de la guerre qu'ils avoient entreprise ; et l'on s'apperçoit du but qu'ils se proposoient, en suivant les actions, tantôt circonspectes, tantôt brillantes, qui les y conduisirent. Tel étoit Cromwel : tel étoit le cardinal de Richelieu qui parvint par sa persévérance à rabaisser les grands du royaume, les protestans qui le divisoient, et la maison d'Autriche, l'ennemie implacable de la France (a).

Ce n'est pas ici le lieu d'examiner par quel droit César opprima une république dont il étoit né citoyen ; si le cardinal de Richelieu fit durant son administration plus de mal que de bien à la France, ou s'il faut blâmer Turenne d'être passé chez les Espagnols : il ne s'agit à présent que de talens admirables en eux-mêmes, et non pas de l'usage juste ou blâmable qu'en ont fait ceux qui les possédoient.

Quoique les combinaisons de la politique cédassent souvent aux passions violentes qui subjuguoient Charles XII, ce prince n'en a pas moins été un des hommes extraordinaires qui ont fait le plus de bruit en Europe. Il a ébloui les yeux des militaires par une foule d'exploits, les uns plus brillans que les autres. Il a essuyé les plus cruels revers, il a été l'arbitre du nord, il a été fugitif et prisonnier en Turquie. Cet illustre guerrier mérite d'être examiné de près ; et il est utile pour tous ceux qui courent la carrière des armes, d'approfondir les causes de ses succès et de ses infortunes. Je n'ai aucune intention de rabaisser la réputation de cet illustre guerrier ; je ne veux que l'apprécier, et savoir avec exacti-

----
(a) Le Roi composa cette pièce pendant la guerre de 1759.

tude dans quelles occasions on peut l'imiter sans risque, et dans quelles autres on doit éviter de le prendre pour modèle ; dans quelque science que ce soit, il est aussi ridicule d'imaginer un homme parfait, que de vouloir que le feu étanche la soif, ou que l'eau rassasie ; dire à un héros qu'il a failli, c'est le faire ressouvenir qu'il est homme. Rois, ministres, généraux, auteurs, tous ceux qui par leur élévation ou leurs talens se donnent en spectacle au public, s'assujettissent au jugement de leurs contemporains et de la postérité. Comme les bons livres sont les seuls critiqués, parce que les mauvais n'en valent pas la peine ; il arrive de même qu'en détournant les regards d'une foule commune et vulgaire, on les attache sur ceux dont les talens supérieurs ont entrepris de se frayer des routes nouvelles, et on les examine avec soin.

Charles XII est excusable à bien des égards de n'avoir pas réuni en lui toutes les perfections de l'art militaire. Cette science si difficile n'est point infusée par la Nature. Quelles que soient les heureuses dispositions de la naissance, il faut une profonde étude, et une longue expérience pour les perfectionner ; ou il faut avoir fait son apprentissage dans l'école et sous les yeux d'un grand capitaine ; ou il faut, après s'être souvent égaré, apprendre les règles à ses propres dépens. Il est permis de se défier de la capacité d'un homme qui est roi à seize ans. Charles XII vit pour la première fois l'ennemi, lorsqu'il se trouva la première fois, à la tête de ses troupes. Je dois observer à cette occasion que tous ceux qui ont commandé des armées dans leur première jeunesse, ont cru que tout l'art consistoit à être téméraire et vaillant.

Pyrrhus, le grand Condé et notre héros même en font des exemples. Depuis que l'invention de la poudre a changé le système de s'entre-détruire, l'art de la guerre a pris toute une autre forme : la force du corps, qui faisoit le mérite principal des anciens héros, n'est plus comptée pour rien ; à présent la ruse l'emporte sur la violence, et l'art sur la valeur. La tête du général a plus d'influence sur le succès d'une campagne, que les bras de ses soldats. La sagesse prépare les voies au courage, l'audace est réservée pour l'exécution, et il faut pour être applaudi des connoisseurs, plus d'habileté encore que de fortune. Maintenant notre jeunesse qui se voue aux armes, peut acquérir la théorie de ce pénible métier par la lecture de quelques livres classiques, et par les réflexions d'anciens militaires : le roi de Suède manqua de ces secours. On lui avoit fait traduire à la vérité l'ingénieux roman de Quinte-Curce pour l'amuser, et pour lui donner du goût pour le latin, qu'il n'aimoit pas : ce livre a pu inspirer à notre héros le désir d'imiter Alexandre, mais il n'a pu lui apprendre les règles que le système de la guerre moderne fournit pour y réussir.

Charles ne dut rien à l'art, mais tout à la nature ; son esprit n'étoit pas orné, mais hardi, ferme, susceptible d'élévation, amoureux de la gloire, et capable de lui tout sacrifier : ses actions gagnent autant à être examinées en détail, que la plupart de ses projets y perdent. Sa constance, qui le rendit supérieur à la fortune, sa prodigieuse activité et sa valeur héroïque furent sans doute ses vertus éminentes. Ce prince suivoit l'impulsion puissante de la nature, qui le destinoit à devenir un héros, dès que la cupidité de ses voisins le força à leur faire la guerre ; et son caractère, méconnu jusqu'alors, se développa tout de suite. Il est temps de le suivre dans ses différentes expéditions : je borne mes réflexions à ses neuf premières campagnes qui fournissent un vaste champ aux remarques.

Le roi de Danemarck attaqua le duc de Holstein, beau-frère de Charles XII. Notre héros, au-lieu d'envoyer ses forces dans ce duché, où les Suédois auroient achevé la ruine d'un prince qu'il vouloit défendre, fait passer huit mille hommes en Poméranie ; il s'embarque sur sa flotte, descend en Zélande, chasse des bords de la mer les troupes qui en défendoient l'approche, met le siège devant Copenhague, la capitale de son ennemi, et en moins de six semaines il force le roi de Danemarck à conclure une paix avantageuse au duc de Holstein. Cela est admirable, tant pour le projet que pour l'exécution. Par ce premier coup d'essai, Charles égala Scipion, qui porta la guerre à Carthage pour faire rappeller Annibal d'Italie. De Zélande, je suis ce jeune héros en Livonie ; ses troupes y arrivent avec une rapidité étonnante : on peut appliquer à cette expédition le *Veni, Vidi, Vici* de César. Le noble enthousiasme dont le roi étoit animé, se communique à ses lecteurs ; on peut s'échauffer par le récit des exploits qui précédèrent et accompagnèrent cette grande victoire.

La conduite de Charles étoit sage, elle étoit hardie et non téméraire; il falloit secourir Narva que le Czar assiégeoit en personne; il falloit donc attaquer et battre les Russes. Leur armée, quoique nombreuse, n'étoit qu'une multitude de barbares mal armés, mal disciplinés, et manquant de bons généraux pour les conduire; les Suédois devoient donc s'attendre d'avoir sur les Moscovites les mêmes avantages que les Espagnols avoient eus sur les nations sauvages de l'Amérique : aussi les succès répondirent-ils pleinement à cette attente, et les nations virent avec étonnement huit mille Suédois battre et disperser quatre-vingt mille Russes. De ce champ de triomphe j'accompagne notre héros aux bords de la Duna, seule occasion où il ait employé la ruse, et où il s'en soit habilement servi.

Les Saxons défendoient l'autre bord du fleuve; Charles les abuse par un stratagême nouveau, dont il est l'inventeur; il a déjà franchi le fleuve à la faveur d'une fumée artificielle qui cachoit ses mouvemens, avant que le vieux Steinau, qui commandoit les Saxons, s'en soit apperçu : les Suédois sont aussi-tôt rangés en ordre de bataille que débarqués; après quelques chocs de cavalerie et une charge légère d'infanterie, ils mettent en fuite les Saxons et les dispersent. Quelle conduite admirable pour ce passage de rivière, quelle présence d'esprit et quelle activité pour donner en débarquant aux troupes un champ propre pour agir, et quelle valeur pour décider le combat en si peu de temps ! Des morceaux aussi parfaits méritent les éloges des contemporains et de la postérité : mais ce qui doit paroître surprenant à tout le monde, c'est que ce qu'on trouve de plus achevé parmi les exploits de Charles XII, ce soient ses premières campagnes. Peut-être que la Fortune le gâta à force de le favoriser; peut-être qu'il crut que l'art étoit inutile à un homme auquel rien ne résistoit, ou peut-être encore que sa valeur, quoiqu'admirable, l'induisit souvent à n'être que téméraire.

Charles avoit jusqu'ici tourné ses armes contre l'ennemi auquel il lui convenoit d'opposer ses forces. Depuis la bataille de la Duna on perd de vue le fil qui le conduisit : ce n'est plus qu'une foule d'entreprises sans liaison et sans dessein, parsemées à la vérité d'actions brillantes, mais qui ne tendent pas au but principal que le roi devoit se proposer dans cette guerre.

Le Czar étoit sans contredit l'ennemi le plus puissant et le plus dangereux qu'eût la Suède; il semble que c'étoit à lui que notre héros devoit s'adresser d'abord après la défaite des Saxons : les débris de Narva étoient encore errans. Pierre I avoit ramassé à la hâte trente ou quarante mille Moscovites, qui ne valoient pas mieux que ces quatre-vingt mille barbares auxquels les Suédois avoient fait mettre bas les armes ; c'étoit donc le Czar qu'il falloit presser alors avec vigueur ; il falloit le pousser hors de l'Ingrie, ne lui point laisser le temps de respirer, et profiter de cette occasion pour lui imposer les loix de la paix. Auguste, nouvellement élu, contredit, et mal affermi sur le trône; s'il avoit été privé des secours de la Russie, tomboit de lui-même, et Charles pouvoit le détrôner à son aise, si toutefois la Suède y avoit un intérêt essentiel. Au lieu de prendre d'aussi justes mesures, le roi parut oublier entiérement le Czar et les Moscovites qui agonisoient, pour courir après je ne sais quel seigneur Polonois, engagé dans une faction contraire. Ces petites vengeances lui firent négliger de grands intérêts. Il subjugua bientôt la Lithuanie; delà, comme un torrent orageux qui se déborde, son armée fondit en Pologne, et inonda tout ce royaume. Le roi étant tantôt à Varsovie, tantôt à Cracovie, à Lublin, à Léopol; les Suédois se répandent dans la Prusse Polonoise; ils revolent à Varsovie, détrônent le roi Auguste, le poursuivent en Saxe, où ils établissent tranquillement leurs quartiers. Il faut remarquer que ces campagnes, que je me contente de rapporter sommairement, occupent notre héros pendant l'espace de plusieurs années.

Je m'arrêterai un moment à examiner la conduite que ce prince tint pour conquérir la Pologne, et j'observe en passant que parmi les batailles qu'il gagna dans ces courses continuelles, il faut donner la préférence à celle de Clissow, dont il dut le succès au mouvement habile qu'il fit faire à ses troupes pour prendre les Saxons en flanc. La méthode que Charles suivit dans la guerre qu'il fit en Pologne, fut certainement défectueuse. On sait que c'est un pays sans forteresses et ouvert de tous côtés, ce qui rend sa conquête facile, mais sa possession momentanée.

Le comte de Saxe remarque judicieusement que les pays aisés à subjuguer exigent d'autant plus de soins pour s'y affermir : quoique la méthode qu'il propose, soit lente en apparence, elle est cependant la seule qu'il faille suivre, si l'on veut agir avec sûreté. Le roi de Suède, trop impétueux, ne fit jamais de profondes réflexions sur la nature du pays où il faisoit la guerre, ni sur le tour qu'il convenoit de donner aux opérations militaires. S'il avoit commencé par s'établir dans la Prusse Polonoise, s'assurant pas à pas du cours de la Vistule et du Bog, en faisant construire dans les confluens et dans d'autres endroits convenables, des places de guerre, qu'il pouvoit rendre bonnes par des fortifications de campagne ; s'il avoit procédé de même le long de tous les fleuves qui traversent la Pologne, il s'assuroit des points d'appui fixes ; et maintenant par-là le pays dont il s'étoit déja emparé, ces établissemens lui auroient facilité le moyen de tirer des contributions et d'amasser des subsistances : cela même réduisoit la guerre en règle, et coupoit court à toutes les incursions des Moscovites et des Saxons. Les postes bien fortifiés obligeoient ses ennemis, s'ils vouloient faire des progrès, à la nécessité d'entreprendre des sièges, dans des contrées éloignées, où le transport de l'artillerie devenoit d'autant plus difficile, que les chemins y sont mauvais et marécageux ; et dans le cas de quelques revers, le roi ayant les derrières assurés, ne pouvoit jamais voir ses affaires désespérées ; ces places lui donnoient le temps de réparer ses pertes, d'arrêter et d'amuser un ennemi victorieux. Par les mesures différentes que Charles prit, il ne fut jamais maître en Pologne que des contrées que ses troupes occupèrent; ses campagnes ne furent que des courses continuelles ; au moindre caprice de la Fortune sa conquête étoit sur le point de lui échapper; il fut obligé de donner nombre de combats inutiles, et il ne gagna par ses exploits les plus brillans que la possession précaire d'une province dont il avoit chassé ses ennemis.

Nous approchons insensiblement des temps où la Fortune commença à se déclarer contre notre héros. Je me propose de redoubler de circonspection à l'examen des événemens qui lui furent contraires. Ne jugeons point des projets des hommes par l'issue de leurs entreprises. Gardons-nous d'imputer au manque de prévoyance des malheurs produits par des causes secondes, causes que le peuple nomme *hasard*, et qui ayant tant d'influence dans les vicissitudes humaines trop multipliées ou trop obscures, échappent aux esprits les plus transcendans.

Il ne faut point rendre le roi de Suède responsable de tous les malheurs qui lui sont arrivés : il faut plutôt s'appliquer à distinguer ceux qu'un enchaînement de fatalités lui a fait essuyer, de ceux qu'il a pu s'attirer par ses propres fautes. La Fortune qui accompagna sans cesse toutes les entreprises de ce prince pendant les guerres de Pologne, l'empêcha de s'appercevoir qu'il s'étoit souvent écarté des règles de l'art; et comme il n'étoit point puni de ses fautes, il ne ressentit point les inconvéniens dans lesquels il auroit pu tomber. Ce bonheur continuel lui donna trop de sécurité, et il ne pensa pas même à changer de mesures. Il paroît qu'il manqua entiérement de prévoyance dans les campagnes qu'il fit dans la principauté de Smolensko et dans l'Ukraine. Quand même il auroit détrôné le Czar à Moscou, il n'en seroit pas plus louable, parce que ses succès auroient été dus au hasard et non à sa conduite. On a comparé une armée à un édifice auquel le ventre sert de fondement, parce que la première attention d'un général doit être de nourrir ses troupes.

Ce qui contribua le plus au malheur du roi de Suède, ce fut le peu d'attention qu'il fit à faire subsister son armée. Comment applaudir à un général auquel il faut des troupes qui vivent sans se nourrir, qui soient infatigables et immortelles ?

On blâme ce prince pour s'être confié trop légérement aux promesses de Mazeppa; mais ce Cosaque ne le trompa point, il fut lui-même trahi par un enchaînement de causes secondes, qu'on ne pouvoit pas prévoir : d'ailleurs les ames de la trempe de Charles XII ne sont jamais soupçonneuses, et ne deviennent défiantes qu'après avoir souvent éprouvé la méchanceté et l'ingratitude des hommes.

Mais je me ramène à l'examen du projet de campagne de ce prince. Si j'ose hasarder mes conjectures, moi qui ne puis pas dire comme le Corrège, *son pittore anch'io*, il me semble que le roi voulant réparer alors la faute qu'il avoit faite de négliger le Czar si long-temps, devoit choisir la route la plus aisée pour pénétrer en Russie, et les moyens les plus infaillibles d'accabler son puissant adversaire : cette route certainement n'étoit ni celle de Smolensko ni celle de l'Ukraine; dans l'une et dans l'autre routes on avoit à traverser de vastes marais, d'immenses déserts, de grands fleuves; après quoi il falloit cheminer par un pays moitié sauvage, pour arriver à Moscou. Le roi se privoit par cette marche de tous les secours qu'il pouvoit tirer de la Pologne et de la Suède. Plus il s'enfonçoit en Russie, plus il étoit coupé de son royaume. Il falloit plus d'une campagne pour achever cette entreprise, d'où pouvoit-il prendre des vivres ? par quel chemin les recrues pouvoient-elles le joindre ? de quelle bourgade cosaque ou moscovite pouvoit-il faire une place de guerre ? où trouver des armes de rechange, des habillemens, et cette multitude de choses aussi communes que nécessaires, qu'il faut renouveller sans cesse pour l'entretien d'une armée ? Tant de difficultés insurmontables pouvoient faire prévoir que dans cette expédition les Suédois périroient de fatigues et de misères, ou que la victoire même les consumeroit.

Si les succès de cette guerre offroient une si triste perspective, à quoi ne pouvoit-on pas s'attendre en cas de quelque accident ? Un échec facile à réparer ailleurs, devient une catastrophe décisive pour une armée aventurée dans un pays sauvage, sans établissement, et par conséquent sans retraite.

Au-lieu d'affronter tant de difficultés et de

braver tant d'obstacles, il se présentoit un projet plus naturel, qui s'arrangeoit comme de lui-même, c'étoit de traverser la Livonie et l'Ingrie, et d'aller droit à Pétersbourg. La flotte suédoise et des vaisseaux de transport pouvoient côtoyer l'armée le long de la Baltique, et lui fournir des vivres; les recrues et les autres besoins de l'armée pouvoient arriver par mer ou par la Finlande; le roi couvroit ses plus belles provinces, il restoit à portée de ses frontières, ses succès en auroient été plus brillans, ses revers ne pouvoient jamais le réduire dans une situation désespérée. S'il prenoit Pétersbourg, il ruinoit le nouvel établissement du Czar, l'œil que la Russie a sur l'Europe, le seul lien qui lui donne de la connexion avec la partie du monde que nous habitons; et ce grand exploit terminé, il ne tenoit qu'à lui de pousser plus loin ses avantages, quoiqu'il pût faire la paix, ce semble, sans qu'il fût nécessaire de la signer à Moscou.

Je vais comparer pour mon instruction les règles que les grands maîtres de l'art nous ont laissées, avec la conduite que le roi tint durant ces deux campagnes. Ces règles veulent que les armées ne soient jamais aventurées, sur-tout que les généraux évitent de *pousser des pointes*. Charles s'enfonça jusques dans la principauté de Smolensko, sans aucune attention pour assurer la communication avec la Pologne. Nos maîtres enseignent qu'il faut établir une ligne de défense, pour mettre ses derrières hors d'insulte, assurer le dépôt de ses vivres et les couvrir avec l'armée. Les Suédois se trouvoient proche de Smolensko, n'ayant que pour quinze jours de subsistances. Leur opération consistoit à talonner les Moscovites, à battre leur arrière-garde et à les poursuivre au hasard, sans savoir précisément où l'ennemi qui fuyoit devant eux les conduisoit. L'on ne voit d'autre précaution pour la subsistance des Suédois que celle que le roi prit de se faire suivre par Lœwenhaupt, qui étoit chargé de la conduite d'un gros convoi. Il falloit donc ne pas laisser ce convoi si loin en arrière, puisqu'on en avoit un besoin si pressant; il falloit attendre Lœwenhaupt avant de marcher en Ukraine, parce que plus on s'éloignoit de lui et plus on l'exposoit. Il auroit été plus prudent de ramener les troupes en Lithuanie; la marche de l'Ukraine prépara la ruine de l'armée Suédoise. A cette conduite sans méthode, qui suffisoit seule pour perdre les affaires, se joignirent des infortunes dont en partie le hasard pouvoit être la cause. Le Czar attaqua Lœwenhaupt à trois reprises et intercepta le convoi dont il avoit la conduite. Il falloit donc que le roi de Suède n'eût aucune nouvelle des desseins ni des mouvemens des Russes. Si ce fut par négligence, il eut de grands reproches à se faire; si des obstacles invincibles l'empêchoient de se procurer des informations, il faut mettre ces obstacles sur le compte des fatalités inévitables. Lorsque la guerre se porte dans des pays moitié barbares et déserts, pour s'y maintenir il faut y faire des établissemens. Ce sont de nouvelles créations; les troupes sont obligées de bâtir des fortifications, de construire des chemins, d'établir des ponts et des digues, et d'éle-

ver des redoutes aux endroits où elles sont nécessaires. Ces ouvrages, qui demandent du temps
et de la patience, cette méthode lente ne s'ac-
cordoient pas avec le caractère impétueux et
l'esprit impatient du roi. On remarque qu'il est
admirable dans toutes les occasions où la valeur
et la promptitude conviennent, et qu'il n'est plus
le même dans des conjonctures qui demandent
des mesures compassées et des desseins que le
temps et la patience doivent laisser mûrir. Tant
il est vrai qu'il faut que le guerrier subjugue
ses passions, et tant il est difficile de réunir
tous les talens d'un grand capitaine.

Je ne fais ici mention, ni du combat d'Ho-
lowczin, ni de tant d'autres actions qui se passèrent durant ces campagnes, parce qu'elles furent
aussi inutiles pour le succès de la guerre que funestes pour ceux qui en devinrent les victimes.
Notre héros auroit pu se montrer dans plusieurs
occasions meilleur économe du sang humain. Ce
n'est pas qu'il n'y ait des situations où il ne faille
combattre. On doit s'engager lorsque l'on a
moins à risquer qu'à gagner; lorsque l'ennemi
se néglige, soit dans ses campemens, soit dans
ses marches; ou lorsque par un coup décisif on
peut le forcer d'accepter la paix.

On remarque d'ailleurs que la plupart des
généraux grands batailleurs ont recours à cet
expédient, faute d'autres ressources. Loin de
leur en faire un mérite, on l'envisage plutôt
comme une marque de la stérilité de leur génie.

Nous voici arrivés à la malheureuse campagne
de Pultava. Les fautes des grands hommes sont

de puissantes leçons pour ceux qui ont des talens plus bornés. Nous avons peu de généraux en Europe auxquels les malheurs de Charles XII ne doivent apprendre à devenir prudens et circonspects. Feu le maréchal Keith, qui avoit commandé en Ukraine étant au service de la Russie, qui avoit vu et examiné Pultava, m'a dit que la ville n'a pour toute défense qu'un rempart de terre et un mauvais fossé. Il étoit persuadé que les Suédois dès leur arrivée pouvoient la prendre d'emblée, et que Charles traîna exprès le siège en longueur, pour y attirer le Czar et le combattre.

Il est vrai qu'au commencement les Suédois n'y allèrent pas avec cette impétuosité et cette ardeur qui leur étoit ordinaire. Il faut encore convenir qu'ils ne livrèrent d'assaut à la place qu'après que Menzikoff y eut jeté des secours et se fut campé proche de la ville à l'autre bord de la Worskla. Mais le Czar avoit à Pultava un magasin considérable ; les Suédois, qui manquoient de tout, ne devoient-ils pas s'emparer au plus vite de ce magasin, pour en priver les Russes, et pour se mettre en même temps dans l'abondance ? Charles XII avoit sans doute les raisons les plus fortes de presser ce siège ; il auroit dû se rendre maître de cette bicoque à tout prix avant l'arrivée des secours. En décomptant les Cosaques vagabonds de Mazeppa, à charge au combat, il ne restoit au roi que dix-huit mille Suédois. Foible comme il étoit, quelle raison pouvoit-il avoir avec si peu de troupes d'entreprendre un siège et de se battre en même temps ?

A.

A l'approche de l'ennemi il falloit, ou abandonner son entreprise, ou laisser un gros corps à la garde de la tranchée. L'un étoit honteux, l'autre réduisoit presqu'à rien le nombre de ses combattans ; ce dessein, contraire aux intérêts des Suédois, donnoit beau jeu au Czar, et paroît indigne de notre héros. On n'oseroit qu'à peine l'attribuer à un général qui n'avoit jamais fait la guerre avec réflexion. Ne cherchons pas finesse où il n'y en a point, et sans charger le roi de Suède de desseins auxquels il ne pensa peut-être jamais, souvenons-nous qu'il avoit été souvent mal instruit des mouvemens de ses ennemis. Il paroît donc plus raisonnable de croire, que n'étant informé ni de la marche de Menzikoff ni de celle du Czar, il se persuada qu'il n'étoit point pressé et qu'il pouvoit réduire à son aise Pultava. Ajoutons à ceci que ce prince avoit fait toute sa vie la guerre de campagne, et qu'il étoit nouveau dans celle des sièges, dont il n'avoit pu acquérir l'expérience. Si l'on considère de plus que les Suédois passèrent trois mois devant Thorn, dont, soit dit en passant, les ouvrages ne valent guère mieux que ceux de Pultava, on se convaincra de leur peu d'habileté pour les sièges. Eh quoi ! si Mons, si Tournai, si des places fortifiées par les Cœhorn et les Vauban arrêtent à peine trois semaines les François lorsqu'ils les attaquent; si Thorn, si Pultava tient contre les Suédois quelques mois de suite; n'en résulte-t-il pas que ces derniers ignoroient l'art de prendre des forteresses ? Aucune ville ne leur résistoit quand ils pouvoient la prendre l'épée à la main ; la moindre bicoque les arrêtoit lorsqu'il falloit ouvrir la tranchée ; et si ce n'en est pas assez de toutes ces preuves, j'ajouterai, que du caractère impétueux et violent dont étoit Charles XII, il auroit assiégé et pris la ville de Dantzick, pour la punir de quelques sujets de mécontentement qu'elle lui avoit donnés ; cependant, parce qu'il jugea cette entreprise au-dessus de ses forces, il ne l'assiégea pas, et se contenta d'une grosse amende qu'il lui fit payer.

Revenons à présent à notre grand objet : le siège de Pultava, une fois commencé, et le Czar s'approchant avec son armée de ses environs, Charles étoit encore maître de choisir l'endroit le plus convenable pour combattre son rival de gloire ; il pouvoit l'attendre aux bords de la Worskla, lui disputer le passage de cette rivière, ou l'attaquer immédiatement après. Les circonstances où se trouvoient les Suédois, demandoient une prompte résolution : ou il falloit tomber tout de suite sur les Russes dès leur arrivée, ou il falloit renoncer au dessein de les combattre : ce fut une faute irréparable de laisser au Czar le choix du poste, et de lui donner le temps de se bien préparer ; il avoit déjà l'avantage du nombre, c'étoit beaucoup ; on lui abandonna celui du terrain et de l'art, c'en étoit trop.

Peu de jours avant l'arrivée du Czar, le roi de Suède avoit été blessé au siège de Pultava ; ainsi ces reproches ne tombent que sur ses généraux. Il semble cependant que dès qu'il eut résolu de livrer bataille, il devoit abandonner ses tranchées, pour être en état de faire de plus. grands efforts contre ses ennemis ; certain que si la bataille étoit gagnée, Pultava tomboit de soi-même, et que s'il la perdoit, il falloit également lever le siège. Tant de fautes, accumulées de la part des Suédois, ne présageoient rien d'heureux pour le combat auquel tout le monde se préparoit. Il semble que la Fortune arrangea tout d'avance pour préparer le malheur qui devoit arriver aux Suédois ; la blessure du roi, qui l'empêchoit d'agir comme à son ordinaire, la négligence des généraux Suédois, dont la disposition vicieuse marque qu'ils n'avoient point reconnu la position des Russes, ou qu'ils s'en étoient fait une fausse idée, étoient des préalables qui amenoient la catastrophe. Ce n'étoit pas le cas où la cavalerie devoit débuter ; la grosse besogne de cette journée devoit rouler sur l'infanterie, et sur une nombreuse artillerie habilement distribuée.

Les Russes occupoient un terrain avantageux, que leurs travaux avoient achevé de perfectionner. Dans la seule partie de leur front qui fût abordable, il régnoit une petite plaine, défendue par les feux croisés d'une triple rangée de redoutes ; une de leurs ailes étoit couverte par un abatis d'arbres, derrière lequel s'élevoit un retranchement ; l'autre aile avoit devant elle un marais impraticable. Feu le maréchal Keith, qui avoit examiné cette contrée devenue si célèbre, étoit persuadé que quand même Charles XII auroit eu une armée de cent mille hommes, il n'auroit pu forcer le Czar dans ce poste ; parce que les obstacles multipliés que les assaillans avoient à vaincre successivement, leur devoient coûter un monde prodigieux, et qu'à la fin les plus braves troupes sont rebutées quand des attaques longues et meurtrières leur opposent sans cesse de nouvelles difficultés. J'ignore la raison qu'avoient les Suédois, dans la situation critique où ils se trouvoient, de s'engager dans une entreprise aussi hasardeuse ; s'ils y furent contraints par nécessité, ce fut à eux une faute essentielle de s'être mis dans le cas de combattre malgré eux, et avec le plus grand désavantage. Enfin tout ce qu'on devoit prévoir arriva ; une armée consumée par les fatigues, par la misère, et par ses victoires mêmes, fut amenée au combat : le général Creutz, qui par un chemin détourné devoit tomber pendant l'action sur le flanc des Russes, s'égara dans les forêts des environs, et ne put jamais y arriver. Douze mille Suédois attaquèrent donc dans ce poste terrible et meurtrier quatre-vingt mille Moscovites ; ce n'étoit plus une horde de barbares, pareille à celle que Charles avoit dissipée près de Narva ; mais c'étoient des soldats bien armés, bien postés, commandés par des généraux étrangers et habiles, soutenus par de bons retranchemens, et protégés par le feu d'une artillerie redoutable. Les Suédois menèrent leur cavalerie à la charge contre ces batteries, et le canon la repoussa malgré sa valeur ; l'infanterie fut en avançant foudroyée par le feu qui sortoit de ces redoutes ; cela ne l'empêcha pas d'emporter les deux premières ; mais les Russes, qui l'attaquèrent en même temps de front, en flanc, et de tous côtés, la repoussèrent à différentes reprises, et l'obligèrent à la fin à céder le terrain. La confusion se mit insensiblement parmi les Suédois ; la blessure du roi l'empêcha de remédier à ce désordre ; ses meilleurs généraux avoient été pris au commencement de l'action ; il n'y eut donc personne pour rallier assez promptement ces troupes, et dans peu la déroute devint générale. La négligence que l'on avoit eue de ne point former des établissemens pour assurer les derrières de l'armée, fut cause que cette troupe n'ayant point de retraite, après avoir fui jusqu'aux bords du Boristhène, fut obligée de se rendre à la discrétion du vainqueur.

Un auteur qui a beaucoup d'esprit, mais qui a fait son cours militaire dans Homère et dans Virgile, semble accuser le roi de Suède de ce qu'il ne se mit pas à la tête de ces fuyards que Lœwenhaupt avoit menés au Boristhène ; il en attribue la cause à la fièvre de suppuration dont le roi se ressentoit alors, et qui, à ce qu'il prétend, mine le courage : mais j'ose lui répondre qu'une pareille résolution pouvoit convenir au temps où l'on se battoit avec des armes blanches. Maintenant, après une action, l'infanterie manque presque toujours de poudre ; les munitions des Suédois étoient demeurées au bagage, et ce bagage avoit été pris par l'ennemi ; si donc Charles avoit eu la démence de s'opiniâtrer à la tête de ces fuyards, qui manquoient de poudre et de vivres (raisons, soit dit par parenthèse, pour lesquelles les places fortes se sont rendues), le Czar auroit eu bientôt la consolation de voir arriver le frère Charles qu'il attendoit avec tant d'impatience. Le roi ne put donc rien faire de plus sage, même en pleine santé, vu l'état désespéré de ses affaires, que de chercher un asile chez les Turcs. Les souverains doivent sans doute mépriser les dangers, mais leur caractère les oblige en même temps d'éviter soigneusement d'être faits prisonniers, non pour leur personnel, mais pour les conséquences funestes qui en résulteroient pour leurs États. Les auteurs François doivent se souvenir du préjudice que porta à leur nation la prison de François I; la France en ressent encore les effets; et l'abus de rendre les charges vénales, que la nécessité de trouver des fonds pour payer la rançon du roi introduisit alors, est un monument qui la fait ressouvenir sans cesse de cette flétrissante époque.

Notre héros fugitif, dans une situation qui auroit accablé tout autre que lui, parut encore admirable en imaginant des ressources dans un semblable malheur. Pendant sa marche il réfléchissoit aux moyens d'armer la Porte contre la Russie, et tiroit du sein même de son infortune des expédiens pour la réparer. Je m'afflige de voir ce héros en Turquie s'avilir jusqu'à faire le courtisan du grand Seigneur et à mendier mille bourses. Quel caprice ou quelle obstination inconcevable de s'opiniâtrer à demeurer sur les terres d'un souverain qui ne vouloit plus l'y souffrir! Je voudrois qu'on pût effacer de son histoire ce combat romanesque de Bender. Que de temps perdu dans le fond de la Bessarabie, à se repaître d'espérances chimériques, tandis que les cris de la Suède et les sentimens de son devoir l'appelloient à la défense de ses États, abandonnés en quelque manière par son absence, et que depuis quelque temps ses ennemis infestoient de tous les côtés! Les projets qu'on lui attribue depuis son retour en Poméranie, et que quelques personnes mettent sur le compte de Gœrtz, m'ont paru si vastes, si extraordinaires, si peu assortissans à la situation et à l'épuisement de son royaume, qu'on me permettra pour l'amour de sa gloire de les passer sous silence.

Cette guerre, si féconde en succès comme en revers, fut commencée par les ennemis de la Suède, et Charles forcé à réprimer leurs attentats, se trouva dans le cas d'une défense légitime; ses voisins, qui ne le connoissoient pas, l'attaquèrent, parce qu'ils méprisèrent sa jeunesse. Dès qu'il parut heureux et redoutable, l'Europe l'envia, et dès que la fortune l'abandonna, les puissances liguées l'écrasèrent pour le dépouiller. Si notre héros avoit eu autant de modération que de courage, s'il avoit su poser lui-même des bornes à ses triomphes, s'accommoder avec le Czar, lorsque les occasions de faire la paix se présentèrent à lui, il auroit étouffé la mauvaise volonté de ses envieux, qui, dès qu'il cessa de leur paroître un objet de terreur, voulurent s'agrandir des débris de sa monarchie. Mais les passions de ce prince n'étoient pas susceptibles de modifications; il vouloit tout emporter de hauteur et établir sur les souverains un empire despotique ; il croyoit que de faire la guerre aux rois, ou de les détrôner, c'étoit la même chose.

Je trouve dans les livres qui parlent de Charles XII des éloges magnifiques de sa frugalité et de sa continence. Cependant vingt cuisiniers François, mille concubines à sa suite, et dix troupes de comédiens dans son armée, n'auroient jamais porté à son royaume la centième partie du préjudice que lui causèrent l'ardente soif de la vengeance et le désir immodéré de la gloire qui dominoient ce prince.

Les offenses faisoient sur son esprit des impressions si vives et si fortes, que les derniers outrages effaçoient jusqu'aux traces que les premiers y avoient imprimées. On voit, pour ainsi dire, éclore les différentes passions qui agitoient avec tant de violence cette ame implacable, en suivant ce prince à la tête de ses armées : d'abord il presse vivement le roi de Danemarck, ensuite c'est le roi de Pologne qu'il poursuit à outrance ; bientôt sa haine se tourne toute entière contre le Czar ; enfin son ressentiment n'a d'objet que le roi d'Angleterre George I, et il s'oublie jusqu'à perdre de vue l'ennemi permanent de son royaume, pour courir après le fantôme d'un ennemi, qui l'étoit occasionnellement, ou pour mieux dire par accident.

En rapprochant les différens traits qui caractérisèrent ce monarque singulier, on le trouvera plus vaillant qu'habile, plus actif que prudent, plus subordonné à ses passions qu'attaché à ses véritables intérêts ; aussi audacieux, mais moins rusé qu'Annibal ; ressemblant plutôt à Pyrrhus qu'à Alexandre ; aussi brillant que Condé à Rocroi, à Fribourg, à Nordlingen ; en aucun temps comparable à Turenne, ni aussi admirable qu'il le parut aux journées de Guienne, des Dunes, près de Dunkerque, de Colmar, et sur-tout durant ses deux dernières campagnes.

Quelqu'éclat que jettent les actions de notre illustre héros, il faut l'imiter avec circonspection ; plus il éblouit, plus il est propre à égarer la jeunesse légère et fougueuse, à laquelle on ne sauroit assez inculquer, que la valeur n'est rien sans la sagesse, et qu'à la longue un esprit de combinaison l'emporte sur une audace téméraire.

Il faudroit, pour former un parfait capitaine, qu'il réunît le courage, la constance, l'activité de Charles XII, le coup-d'œil et la politique de Marlborough, les projets, les ressources, la capacité du prince Eugène, les ruses de Luxembourg, la sagesse, la méthode, la circonspection de Montécuculi, les à-propos de Turenne. Mais je crains que ce beau phénix ne paroisse jamais.

L'on prétend qu'Alexandre a fait Charles XII. Si cela est, Charles a fait le prince Édouard ; s'il arrive par hasard à celui-ci d'en faire un autre, ce ne sera tout au plus qu'un Dom Quichotte.

Mais, dira-t-on, de quel droit vous érigez-vous en censeur des plus illustres guerriers ? avez-vous pris pour vous-même, grand critique, les leçons que vous leur prodiguez si libéralement ? Hélas non ! je n'ai à faire ici qu'une réponse : *Nous sommes frappés des fautes d'autrui, tandis que nos propres défauts nous échappent.*

DISCOURS
SUR
LA GUERRE.

Ament, potent ; ubi adolescentiam habuere, ibi senectutem agant : in conviviis dediti ventri, et turpissimæ parti corporis, sudorem, pulverem, et alia talia relinquant nobis.

SALLUST. *de bell.* JUGURTH.

AVERTISSEMENT.

Il a paru depuis peu un ouvrage sous le titre d'Éloge de la Guerre. L'auteur, qui avoit rassemblé quelques idées sur cette matière qu'il vouloit travailler avec soin, fut fort surpris de les voir imprimées, même avec la plus grande inexactitude : il se flatte qu'on lui permettra de publier son ouvrage sur le plan qu'il s'étoit formé. Il y a conservé les mêmes pensées qui se trouvoient dans celui qui a paru.

ENchaînés par les passions, les mortels ignorent tout bonheur que ces maîtres sévères et flatteurs ne leur ont pas permis d'appercevoir. Esclaves dès le berceau, ils n'ont d'idées que celles qui leur parviennent par ces tyrans qui oppriment toutes les impressions que la raison pourroit faire sur le cœur de l'homme. La vérité même n'y trouve d'entrée qu'en flattant les passions, et en les surprenant, couverte du voile de la fable, ou parée de la pompe d'une éloquence sublime. Cependant, lors même qu'elle croit s'être frayé un chemin pour entrer au cœur et dans l'esprit, elle trouve des ennemis bien redoutables encore à combattre. Car, comme le monstre qui gardoit la toison, fit renaître de nouveaux défenseurs contre Jason, à mesure qu'il croyoit l'avoir vaincu; de même aussi les préjugés, enfans de la douce illusion, s'érigent en nouveaux défenseurs des passions à demi-vaincues. C'est sous leur ombre, et couvertes de leur bouclier, que les passions se raniment et reprennent de nouvelles forces ; et que se soutenant mutuellement, elles opposent à la vérité des obstacles presqu'insurmontables : telle qu'une blessure qui, loin d'abattre, ranime la fureur d'une bête féroce. Ce sont donc ces deux espèces d'ennemis, vieillis dans leurs travaux, mais qui malheureusement, loin de sentir la décrépitude, semblent s'affermir, à mesure que ceux qu'ils dominent se trouvent appesantis sous le poids des années, qu'il faut combattre ; tâche digne d'un être pensant, mais difficile à remplir ! Il n'est pas aisé, je crois, d'abattre un ennemi vigilant et brave, armé des foudres de Mars, près d'être lancés ; mais il n'est pas moins difficile de faire revenir les mortels des erreurs dans lesquelles les passions et les préjugés les ont entraînés. Car au moment que l'homme commence à sentir son existence, on est pressé de plier cette jeune ame à des idées absolument contraires au bon sens ; et plus l'homme avance en âge, plus on nourrit ces préjugés qui, soutenus par le charme et la douceur qu'ils donnent aux passions, entraînent l'homme dans un abyme de faux raisonnemens, dont il ne peut se tirer qu'avec peine, et qui le font agir en conformité. D'où il arrive qu'il n'examine ses devoirs et toutes les actions de sa vie, que selon qu'elles flattent son goût ou qu'elles y répugnent, ou selon qu'elles correspondent avec ses préjugés. Ariste est donc discret, puisqu'il aime à jouer l'homme d'importance. Lysippe sera généreux, pour entendre faire ses éloges par ces malheureux sur qui il répand ses bienfaits mercenaires. Théophile, trop commode pour commettre un crime, se croira un saint ; tandis qu'Aristippe se moque de son Créateur et de ses loix, parce qu'elles le restreignent trop dans son penchant immodéré pour les plaisirs. De même, César aime la guerre, parce qu'elle flatte sa vanité, et Calpurnius (*a*), parce qu'elle remplit sa bourse ; un pauvre campagnard la déteste, parce qu'elle ruine sa campagne, et un pédant qui ne décide que sur les apparences, et sur quelques sentences scolastiques apprises par cœur et mal comprises, vomit feu et flamme au seul nom de *guerre*. Ce tableau suffit pour faire voir que l'un agit selon ses passions, et l'autre selon ses préjugés ; et qu'ils se trompent tous, tant qu'ils ne regardent les actions humaines que sous ce seul

---

(*a*) Premier consul qui commanda contre Jugurtha.

point de vue. Il seroit trop long, et d'ailleurs ce n'est point mon but, de m'arrêter aux différens écarts de la raison humaine ; j'ai choisi la guerre pour la matière de ce discours, ne trouvant, hélas ! que trop de fausses idées dont le gros du monde est rempli à son sujet.

Quoique la Nature avare ne m'ait point doué du sublime de Cicéron, ou de la naïveté de La Fontaine, je me flatte néanmoins de parvenir à mon but, me fondant sur la force de la vérité toute simple, laquelle, quelque mal énoncée qu'elle soit, ne change point de nature ; et j'espère pouvoir faire adopter aux uns le métier de la guerre pour des raisons plus louables que la vanité, ou le vil intérêt, et faire moins haïr la guerre à ceux qui décident sans raison contre elle.

Il ne sera pas nécessaire, je crois, de prouver combien sont méprisables toutes les actions humaines qui n'ont pour premier mobile que la vanité, ou l'intérêt. Tout homme gouverné par l'une ou l'autre de ces passions, sera incapable d'aucune bonne action, à moins qu'elle n'ait pour but le contentement de sa passion favorite. César fit à la vérité de grandes actions qui l'ont rendu digne de l'immortalité dont il jouit ; mais par ce fonds de vanité qui est presque insurmontable dans celui qui le possède, il les a pour la moitié obscurcies, de sorte qu'on blâmera toujours l'acteur, pendant qu'on approuvera ses actions. L'envie de délivrer sa patrie du joug de Pompée, fut un désir louable; mais hélas ! combien ne perd-il pas de sa beauté, si l'on envisage César comme tyran du peuple Romain, ne le délivrant que pour être en état de le mieux opprimer ; ainsi que la suite de ses actions l'a prouvé : de sorte qu'on peut dire presqu'avec certitude qu'il auroit laissé Pompée tranquille, quoiqu'injuste possesseur du pouvoir suprême, s'il n'avoit cru trouver ses avantages en l'empêchant de parvenir à ce but. Alexandre éblouit par les actions brillantes de sa vie; il fait bien plus, il s'acquiert le surnom de grand. Mais que devient-il, si l'on considère qu'il n'a répandu tant de sang que pour contenter son caprice, et qu'il a fait massacrer tant de braves Grecs comme victimes de sa vanité, pour opprimer des princes et des peuples innocens, qui ne faisoient que défendre la juste possession des pays que leurs aïeux leur avoient laissés? Comment! Les hommes ne seroient-ils créés que pour contenter la vanité d'un seul d'entr'eux? Non, non; le sang humain est trop beau pour être versé à chaque instant, et pour ne satisfaire que l'envie de s'agrandir d'un prince faussement ambitieux. Il n'y a que la nécessité qui justifie un pareil procédé ; et elle ne se trouve que quand un ennemi injuste veut faire des efforts pour opprimer un peuple innocent, et attaquer un prince qui ne l'a offensé en rien. Cependant, quelque blâmables que soient ces génies remplis d'une fausse idée de la gloire, on ne doit point hésiter de les préférer à ces ames rampantes, qui ne désirent la guerre, ou qui ne la font que pour s'enrichir. Il n'existe point de crime plus abominable et qui révolte tant la nature humaine. Ciel! quelle cruauté que de faire égorger tant de membres respectables d'un État et de la patrie pour s'amasser un trésor! Comment est-il possible que de telles ames soient l'ouvrage de la Nature? Elles devroient être retranchées du nombre des vivans de la façon la plus affreuse: mais la Nature dédaigne ces monstres, et les a en horreur. Même le prix de leurs bassesses crie vengeance au nom des malheureux qu'ils ont sacrifiés à leur avidité insatiable. L'or et l'argent qu'ils ont amassé par leurs cruautés répète la noirceur de leur crime; et les plaisirs qu'ils prétendent en retirer, doivent se changer en un poison rongeant qui y mêle la plus affreuse amertume, pour anéantir ces êtres qui, dépouillant la nature humaine, ne sont dignes que d'être comparés aux bêtes féroces. Oui, je le dis hardiment, et le dis en me fondant sur la justice de ma cause, que quiconque embrasse le métier de la guerre dans ces horribles desseins, ou pour contenter sa vanité, ou pour amasser des trésors, doit être rayé de la liste des humains, et ne mérite que le plus souverain mépris, étant l'opprobre de la nature.

Mais, quoique je déclame contre ces esprits remplis de vanité, je supplie chacun de ceux qui voudront faire quelqu'attention à ce discours, de ne point conclure delà que je méprise l'ambition, ou l'amour de la gloire: Non, non, bien loin de moi cette injustice! Je suis trop persuadé que ces deux qualités sont des aiguillons qui portent les hommes à l'exécution de leurs devoirs; c'est pourquoi il faut les posséder,

der, ou bien l'on jouera un triste et mauvais rôle sur le théâtre du monde : et je décide hardiment, sans crainte d'être contredit, que celui qui n'est point poussé par ces vertus, ne sera jamais digne de l'immortalité, ne faisant jamais d'actions qui le distinguent à juste titre du reste des hommes. D'ailleurs l'ambition et l'amour de la gloire, quoique souvent confondus avec la vanité, en sont si éloignés, que quiconque possède bien les deux premières qualités, n'aura guère lieu de craindre de tomber dans le défaut d'être vain. Car la vraie ambition consiste dans le désir de se distinguer par des actions vertueuses ; et c'est en cela que l'honnête homme met sa gloire, qu'il lui est bien permis d'aimer. Cependant l'ambition et l'amour de la gloire seuls ne doivent point nous porter à faire la guerre ; car souvent ils nous entraîneroient insensiblement à en faire d'injustes. Mais, me direz-vous, quels sont donc les motifs qui doivent nous y porter ? L'amour de la patrie, l'amour du bien public, qui nous portent à sacrifier, avec plaisir, nos biens et notre vie pour le soutien de l'État et pour le bonheur de nos concitoyens. C'étoient ces nobles ressorts qui faisoient agir ces vertueux Romains qui, quoiqu'avides de gloire, étoient prêts à la sacrifier, si le salut de la république le demandoit. Ce sont là les ressorts qui doivent faire agir tout homme d'honneur, et lesquels seuls donnent le poids à ses actions, et le rendent lui-même digne de louanges ; au lieu que tant qu'il n'est poussé que par des vues

Tome IV. D

d'intérêt particulier, il fera des actions louables, mais il ne le sera point lui-même : telle qu'une plante médicinale, qui, quoiqu'elle opère de bons effets, ne laisse pas d'être désagréable en elle-même. Cependant, quelque clairs et naturels que soient ces raisonnemens, la plupart de ceux qui embrassent le métier des armes, n'ont rien moins que ce but en vue. Il est honteux pour la nature humaine qu'elle puisse se démentir jusqu'à ce point ; et il est triste de voir que tant de malheureux s'égorgent entr'eux, gouvernés par des principes si indignes de tout être doué d'une ame raisonnable. Ce sont malheureusement aussi ces mêmes principes, qui étant les plus communs, fixent l'attention de ceux qui sans raisonner détestent la guerre, et la regardent comme le plus horrible des malheurs qui pourroient exister, et comme le métier le plus méprisable de tous ceux qu'on pourroit embrasser. Ne fondant leur preuve que sur les malheurs qui sont causés par la guerre, ils prétendent qu'il n'y a rien de plus détestable qu'elle, et de plus blâmable que ceux qui la font.

Je conviens que si l'on ne fait attention qu'aux effets malheureux que la guerre occasionne, la nature humaine ne peut que s'en effrayer. Des membres épars sur un champ de bataille, la fureur d'un soldat féroce qui se baigne dans le sang de son ennemi, des veuves abandonnées, des orphelins sans secours, une ville en flamme, les cris des tristes habitans chassés de leur demeure, ce sont des objets qui doivent faire frémir d'horreur, et pénétrer de douleur toute ame sensible. Mais est-ce là la guerre ? Ce sont les tristes suites qui l'accompagnent, il est vrai ; mais, quelque cruelles qu'elles soient, elles ne doivent pas empêcher, si la nécessité le requiert, d'avoir recours aux armes. La guerre même, loin d'être un carnage et un objet qui fait frémir, n'est que la juste défense de l'oppressé contre un injuste oppresseur ; elle est la vengeresse de la foi trahie ; c'est le moment où une partie des sujets hasarde de perdre la vie pour le repos de leurs concitoyens, pour le soutien de l'État, et pour les avantages de leur maître. Car telles doivent être les raisons qui nous portent à faire la guerre : dès qu'elle n'a point ces principes pour base, elle ne devient qu'un carnage ; et au-lieu d'être respectable, tout mortel doit la regarder avec horreur. Mais aussi, dès qu'elle n'est que la juste défense d'un peuple menacé de la tyrannie de son voisin, il n'y a rien de si innocent que la voie des armes, et même rien de plus louable que l'envie de parvenir à ce but. Les malheurs mêmes qui l'accompagnent, se font moins sentir, parce qu'ils en font éviter de plus grands encore, qui seroient inévitables. Les larmes de quelques veuves nous paroîtront inutiles, si nous considérons que par la mort de ceux qu'elles pleurent, tout un État a été sauvé : une ville en flamme, des morts épars sur le champ de bataille, enfin tous ces objets, quoique toujours tristes, n'offrent plus un aspect hideux, si l'on voit que par eux tant de monde a été sauvé, et l'innocent protégé contre les insultes de son ennemi. Un héros qui d'ailleurs, comme instrument de tous ces malheurs, devroit être l'objet de la haine publique, ne nous paroît alors qu'un ange tutélaire, envoyé par le Ciel pour délivrer les opprimés, et pour rendre les peuples heureux.

Quelque bien fondés que soient ces raisonnemens, ils ne suffisent cependant point encore pour faire respecter la guerre par ceux qui la détestent, et ne les empêchent point de faire encore une objection contre elle, qui paroît avoir une ombre de vérité, mais qui la perd bientôt, si l'on y fixe un peu son attention. Ils prétendent que la guerre invite aux crimes, les favorise et les nourrit. J'avoue qu'il seroit ridicule de soutenir qu'on n'en commet point pendant qu'elle se fait; car rien n'est plus certain. Mais il me sera permis de demander, si l'on en commet moins pendant la paix? J'en doute; car tout homme qui est capable d'indignités et de crimes, saura certainement profiter des occasions que la paix lui fournit pour les exécuter, tout comme de celles qu'il trouve dans la guerre: la seule différence consiste dans ce petit point, que, dans le premier cas, il cache et peut cacher ses crimes, au-lieu que dans l'autre, ils paroissent plus aisément au jour; par conséquent ils frappent davantage le public, qui conclut hardiment que la guerre en est la cause. Puis, voyant plus de crimes qu'à l'ordinaire commis dans le coin de la terre où elle se fait, il ne doute plus que ce ne soit la guerre qui y ait porté ces misérables. Quelle erreur! Ceux qui font la guerre, sont-ce d'autres gens que ceux qui vivoient déjà avant qu'on la fît, et avoient-ils moins de mauvais penchans ? Non, sans doute ; ils auroient, sans contredit, commis tout autant de crimes dans les différens lieux de leur demeure, qu'ils en ont fait pendant la guerre ; mais ces crimes n'auroient pas tant paru aux yeux du public, puisqu'ils ne se faisoient que secrétement, et par une ou deux personnes, au lieu que pendant la guerre, où la nécessité oblige de ramasser de tous côtés des gens de toute espèce, ces misérables font un corps, et commettent, joints ensemble, ce qu'ils n'auroient fait d'ailleurs que séparément. Pour prouver ce que j'avance, je n'ai qu'à en appeler aux habitans de tout endroit du monde ; ils conveindront généralement qu'il n'y a point de jour où ils n'entendent parler d'un meurtre, d'un vol, et de tant d'autres crimes ; car il est certain que personne ne fera de félonies pendant la guerre, qui ne soit naturellement fourbe, et qui n'ait déjà dressé sa conscience à ne plus rien sentir, ou du moins à se taire en cas qu'elle fût encore trop délicate. D'ailleurs, la discipline militaire retient encore ces vagabonds à l'égard d'un nombre de crimes qu'ils ne manqueroient point d'exécuter, s'ils avoient leur liberté. Mais enfin, supposons que la guerre occasionne bien des crimes, je crois cependant que le bien qui résulte d'une guerre juste et fondée sur la droiture, répare tout le mal occasionné par elle. Non, non : toutes ces objections ingénieuses qu'on fait contre la guerre, ne sont rien moins que fondées. On en sera pleinement convaincu, si l'on veut faire quelque attention aux raisonnemens qu'on vient d'entendre. Mais je crois qu'on sera bien étonné encore, si je prouve que la guerre peut avoir des avantages pour la société. Il est connu que toute chose, et que même le mal, a son bien ; il est donc indubitable aussi que la guerre doit avoir le sien, comme toute autre action humaine. Cependant l'avantage qu'elle peut avoir pour la société, ne donne point encore le droit de la commencer à chaque instant ; mais du moins prouvera-t-il que la guerre n'est point si détestable qu'on la fait, et qu'outre qu'elle défend l'innocent, elle a encore des parties qui la rendent estimable et louable.

On peut d'abord regarder comme telle l'influence que l'étude de son art a eue sur d'autres sciences, comme sur la méchanique et sur la physique, qui ont été sans contredit perfectionnées par la nécessité où l'on s'est trouvé de les employer dans la guerre, et par les expériences qu'on a eu lieu d'y faire, et auxquelles les différens effets de la poudre, des bombes, ect. ont donné lieu. D'ailleurs, Archimède, ce célèbre mathématicien, l'inventeur, pour ainsi dire, de cet art, n'en trouva les principes que dans les travaux militaires ; ce qui le mena plus loin, et lui fit frayer enfin le chemin à ses successeurs dans cet art, qui, trouvant déjà le fondement jeté, n'avoient qu'à ajouter ce qui manquoit encore à sa perfection si utile à la société humaine. Déjà d'autres avant moi ont reconnu l'utilité de l'étude de l'art de la guerre pour l'Etat. Cicéron même dit, dans un endroit de ses ouvrages, que *l'étude de l'art de la guerre préside à toutes les autres ; que la patrie, la liberté, les citoyens et les rois même, ne sont soutenus que par la protection des vertus militaires ; et que c'est sous leur tutelle qu'ils croissent et s'affermissent.* Ces paroles sont si vraies, que je crois que personne ne les révoquera en doute. Car quel est homme qui n'ait remarqué, en parcourant l'histoire, que tous ceux qui n'ont point étudié cet art, se sont égarés à chaque pas qu'ils ont fait dans la guerre : elle leur tient lieu d'un labyrinthe, et la honte, suite immédiate de l'inapplication qui les y déchire, est aussi indomptable que le Minotaure ; au-lieu que l'étude de cet art les y fera marcher aussi sûrement que Thésée avec le fil d'Ariadne, et leur servira pour vaincre la honte qui les voudroit accabler. D'ailleurs, il n'y a guère aussi de science qui exerce et étende autant l'esprit humain que celle de la guerre ; car il est prouvé que celle qui force l'homme à faire le plus d'efforts, pour parvenir à son but, est celle qui étend le plus le génie : et voilà le cas de la science de la guerre ; elle demande toujours plusieurs qualités à la fois ; au-lieu que les autres n'en requièrent qu'une seule. Aussi n'y en a-t-il aucune autre qui ait produit des César, des Scipion, des Annibal, des Turenne, et des Eugène. Elles ont à la vérité en revanche un Platon ; mais nous ne connoissons de lui que l'assiduité dans la recherche de la vérité ; de même qu'un Démosthène ne brille que par son éloquence, un Socrate et un Sénèque par leur fermeté, et un Locke par la justesse de son raisonnement. Mais toutes ces qualités, quoiqu'étant sans contredit très-grandes, ne se trouvoient pourtant pour l'ordinaire que seules dans ceux qui les possédoient : ou du moins la science qu'ils exerçoient n'en demandoit pas davantage : au-lieu que les héros que je viens de nommer, rassembloient en eux seuls tant de grandes parties qui les distingueront toujours du reste des hommes. Car il est certain que, pour être bon général, il ne faut point se contenter d'un talent, mais il faut tâcher d'en acquérir plusieurs. D'abord, il faut du courage. L'activité est absolument nécessaire ; sans quoi on laissera échapper les plus belles occasions de se rendre utile à l'Etat, son salut dépendant souvent dans la guerre d'un seul moment. Ici il faut de la promptitude comme suite naturelle de l'activité : là de la prudence pour restreindre ces deux dernières qualités qui, si elles n'étoient modérées par celle-ci, feroient faire des extravagances, et deviendroient dangereuses au-lieu d'être utiles. Ici de la présence d'esprit, sans quoi il ne fera jamais rien au monde qui soit digne d'être remarqué, et au premier cas inattendu qui lui surviendra, et qui l'obligera à changer de desseins, il sera dérouté, il perdra le fil de ses raisonnemens, il glissera, il tombera, il entraînera dans sa chûte toute l'armée ; que dis-je ? tout l'Etat : là un sang-froid mêlé de la plus sage vivacité ; et à chaque pas qu'il fait dans la guerre, il doit rassembler toutes ces qualités, et ne manquer d'aucune. Je ne crois point qu'on puisse me nommer quelque métier, ou quelque science, où l'on ait jamais besoin de pratiquer si fréquemment tous ces talens en un même moment : car, dans toutes les autres occupations de la vie humaine, on a le temps de réfléchir, et de prendre son parti après une mûre délibération ; au-lieu que dans la guerre il arrive à chaque instant des événemens qui dérangent tous nos projets, et nous forcent de prendre sur le champ un autre parti, nous menaçant de la plus grande honte, si nous ne choisissons le meilleur. Cela prouve assez, je pense, que la science de la guerre exerce, plus que toute autre, l'esprit de l'homme. Aussi tout sujet qui l'aura bien étudiée et bien pratiquée, pourra encore être utile à l'Etat de bien d'autres façons qu'en combattant simplement pour lui, puisque son esprit est accoutumé à digérer ses idées, à prévoir les événemens, et à chercher des moyens pour les diriger, et empêcher les mauvaises suites qu'ils devroient avoir naturellement.

Outre cet avantage que la guerre peut avoir pour la société, elle a encore celui de nourrir une infinité de gens qui se trouveroient d'ailleurs sans pain ; car d'abord, il n'y a presque point de métier sur lequel elle n'ait son influence, ce que l'expérience journalière nous confirme, et qu'il seroit trop ennuyeux de détailler. Ensuite, combien de gens sont entretenus en se faisant soldats, qui sans ce métier ne sauroient quel parti embrasser, et périroient de faim ? au-lieu que de cette manière ils trouvent le moyen de se nourrir du moins honnêtement, et de ne point être un fardeau pour l'État; et ceux qui gouvernent les peuples, trouvent celui d'employer pour son bien des fainéans, et souvent des vauriens, qui en troubleroient le repos, s'ils n'avoient point d'occupations, et s'ils n'étoient soumis à la sévérité des loix; au-lieu que par la discipline militaire on les retient, pour ainsi dire, dans des chaînes qui les empêchent de troubler l'État, et on les force à contribuer à son salut et à son repos malgré leur inclination naturelle. On me répondra sans doute que nos ancêtres n'avoient jamais de soldats pendant la paix, et que cependant ils vivoient en repos, et avoient trouvé moyen de se nourrir. Je ne disconviens pas du premier point, car il est connu; mais pour le second, je n'ai qu'à nommer les Vandales, les Pictes, les Celtes, les Saxons, et tant d'autres nations qui prouveront le contraire; car ils se traînoient d'une province à l'autre, ravageant la première qui leur tomboit entre les mains; ce qui confirme que le métier des armes est une ressource certaine pour l'Etat, qu'il garantit des incursions de ses voisins, et des troubles intérieurs auxquels il est d'ailleurs sans cesse exposé.

La noblesse même ne sauroit quel métier embrasser, si celui des armes n'existoit point : elle se verroit réduite à travailler comme un simple paysan; ou bien, si elle étoit assez riche pour n'avoir pas besoin de travailler elle-même, elle vivroit dans la fainéantise, ne s'occupant absolument de rien de solide; caractère indigne de tout être raisonnable, et doué d'une ame capable de quelque finesse de sentiment. Elle n'aspireroit qu'à contenter ses caprices, et n'emploieroit son argent et son temps qu'à s'abandonner au luxe et à la volupté, les vices les plus dangereux pour l'Etat, lorsqu'ils prennent le dessus. Mais heureusement la guerre en corrige aussi; ce qu'on doit hardiment compter parmi les avantages qu'elle peut avoir pour la société. Car il est certain que tant que les armes sont le plus estimées, et qu'on ne pense qu'à plier son génie de ce côté, le luxe ne prend jamais d'empire, mais se trouve négligé et bientôt entiérement abandonné; au-lieu que dès qu'un peuple n'a de long-temps fait la guerre, il s'adonne à cette passion si dangereuse pour l'État ; de sorte qu'on ne croit voir que des filles gâtées, là où l'on voyoit autrefois des hommes d'un caractère et d'une fermeté mâle. D'ailleurs, le bruit des armes ne laisse point le temps aux esprits qui auroient naturellement quelque penchant pour le luxe, de s'y abandonner entiérement; de sorte qu'on pourra être persuadé que jamais il ne s'introduira dans un État où l'on respecte le militaire, et où l'on tient toujours les peuples dans cette idée, qu'à tout moment ils pourront être dans le cas de se voir obligés de faire la guerre. Cette idée les soutient dans l'industrie, et les tient en action; au-lieu que, dès qu'ils se croient ensevelis dans une paix profonde, ils ne s'abandonnent qu'à leur goût pour le luxe, auquel la fainéantise succède immédiatement; et bientôt la ruine des particuliers, et enfin peu de temps après celle de tout l'État. L'exemple si souvent

cité du peuple Romain confirme ce que j'avance:
tant qu'il travailloit, qu'il cultivoit le métier des
armes, et qu'il faisoit la guerre, il croissoit de
jour en jour, et produisit des Scipion, des Paul-
Émile, un Cincinnatus, un Publicola, et tant
d'autres grands génies qui se vouoient entiérement au salut de la république; de sorte qu'en
peu de temps, cette ville, par-dessus les murs
de laquelle on pouvoit sauter lors de sa naissance, se vit la maîtresse du monde. Mais aussi-
tôt que le luxe y gouverna, il ne parut que des
fainéans, ou des esprits inquiets, prêts à troubler l'État, lorsque la jalousie les y portoit: et
si la république produisit un César, ce ne fut
que pour se donner un maître, le génie romain
se trouvant trop foible pour pouvoir gouverner
ce peuple par lui-même. L'on vit tomber la
république avec autant et même encore plus
de promptitude, qu'elle ne s'étoit agrandie; de
sorte que, dans nos temps, ce même peuple qui
produisit autrefois des hommes si illustres, ne
produit plus que de malheureux mutilés qui, au-
lieu de tâcher de ressembler à leurs aïeux, ne
font que représenter sur des théâtres leurs prédécesseurs, pendant que les spectateurs devroient
rougir, chaque fois qu'ils les voient paroître
sur la scène, de n'être plus capable de former
de génies pareils à ceux qui avoient élevé la
république à ce haut degré de gloire, qui les rendit si respectables à tout l'univers. Au-lieu qu'on
vit autrefois ce même peuple gouverné par un
sénat juste et prudent, on le voit maintenant en
proie à une foule de prêtres qui le laissent crou-

pir dans l'ignorance et dans l'inaction, afin d'en pouvoir mieux tirer leurs avantages. Voilà les suites du mépris des armes ; voilà la ruine d'un État, qui s'abandonnant au luxe et à la fainéantise, devient très-méprisable, tandis qu'il ne tenoit qu'à lui d'être fort grand et fort respectable.

La république de Hollande confirme tout ce que nous avons dit de la république Romaine ; car quel fut le ressort qui la porta à ce point d'élévation, dans lequel elle se soutient encore ? Ne fut-ce point la guerre ? C'est elle qui forma l'esprit d'un prince d'Orange et de tous ces grands hommes qui se mirent pour lors à la tête des affaires. Aussi, tant qu'elle respectera les armes, et qu'elle les nourrira, on pourra dire, sans passer pour prophète, qu'elle se soutiendra, ou rendra sa ruine bien difficile à celui qui voudroit l'entreprendre ; au contraire, dès qu'elle s'abandonnera au luxe, sa chûte sera rapide, et l'on verra tous les grands, tous les beaux travaux d'un prince d'Orange aussi inutiles que ceux de ces illustres Romains qui sacrifioient leurs biens, leur bonheur, leur famille, et enfin tout au bien de la république : car il n'y a certainement pas d'ennemis plus irréconciliables que la guerre et le luxe. Celui-ci, tel que le pavot assoupit l'esprit de l'homme, au lieu que l'autre l'éveille, l'élève, et le rend capable de tout entreprendre ; l'un est le chemin du mépris, l'autre celui de l'immortalité ; l'un ruine un État, l'autre le soutient ; enfin l'un est l'ennemi de la vertu ; l'autre son appui et son protecteur. Cela paroît à la vérité fort difficile à prouver; cependant je le hasarderai, m'exposant peut-être à me voir contredire; mais sans me laisser convaincre pourtant. Je dis d'abord, que toute chose qui rend un sujet utile à sa patrie, est louable, et que si un sujet remplit tout ce qu'il lui doit, il est vertueux; il est aussi indubitable que le métier de la guerre oblige l'homme à rendre le plus grand service à sa patrie, en lui ordonnant de sacrifier même sa vie, si le bien de l'État le requiert, et le force, pour ainsi dire, à le faire; donc elle encourage la vertu, et y porte les peuples. Elle défend aussi les innocens; car c'est, ainsi que nous l'avons dit, le but dans lequel on doit la faire. Il est donc vrai, sans contradiction, qu'elle protège la vertu, et qu'elle est son appui, puisqu'elle y porte les peuples. Le luxe au contraire ne porte l'homme à aucune vertu, mais émousse en lui tout sentiment, et lui donne une dureté de cœur qui le rend insensible aux malheurs de ses concitoyens, lui présentant des charmes qui l'endorment et le rendent inattentif aux maux de son prochain, lui faisant appercevoir tout infortuné aussi heureux que lui; il meurt de jalousie contre ceux qu'il croit pouvoir encore mieux contenter leurs passions que lui; de sorte qu'il emploie tous les moyens possibles de parvenir au même but, et se contente des plus indignes, si les autres lui sont refusés. Mais la guerre ouvre, même pendant qu'elle se fait, le plus beau champ à toutes les vertus dont un mortel est capable; car à tout moment la fermeté, la miséricorde, la grandeur d'ame, la générosité, la charité, et tant d'autres qualités peuvent y briller, chaque instant nous offrant un objet qui nous donne lieu de suivre une de ces vertus, ainsi que tous ceux qui ont fait la guerre avec quelque jugement, et quelque finesse de sentiment, le pourront attester. D'ailleurs, tant d'exemples célèbres de l'antiquité, ainsi que de nos jours, augmentent la force de cette vérité. Pompée qui dépouille l'esprit de vengeance, et chasse un traître qui par une trahison vouloit mettre en son pouvoir ses deux plus grands ennemis; César généreux envers Arioviste qui le trahit; Alexandre consolant la mère de Darius, et pleurant la mort de son ennemi; Epaminondas refusant des présens qu'il devoit mériter par une lâcheté; et Scipion qui sacrifie son fils au bien de sa patrie, prouvent suffisamment que la guerre, loin d'endurcir le cœur humain, peut le rendre capable des plus louables actions, et lui en fournit même l'occasion.

C'est encore elle qui relève les talens les plus cachés, et tire du néant des génies heureux, cachés sous la poussière. Un Marius, par exemple, un homme de la lie du peuple, qui n'étant pas même Romain, parvint cependant par ses vertus militaires jusqu'à sept consulats. Sans la guerre, peut-être n'auroit-on jamais pensé à lui, peut-être se seroit-il oublié lui-même, et doutant de sa capacité, eût-il manqué de cultiver son génie, ne trouvant aucune occasion où il eût pu croire en avoir besoin un jour; car

aucun emploi ne fournit tant d'occasions de se distinguer que la guerre, où le moindre soldat peut faire des actions qui le font connoître par toute l'armée, qui le poussent et le mettent au plus haut rang; ainsi que les exemples des Rose, Gassion, Fabert, Thoiras et Lesdiguières nous le prouvent; de même que celui d'un François Sforce qui, de fils de cordonnier qu'il étoit, devint général d'armée, et de Spinola qui, pauvre campagnard, parvint jusqu'aux premiers grades militaires. Sans la guerre, tous ces génies se seroient rouillés; Spinola, au-lieu de commander à tant de milliers de gens, n'auroit commandé qu'à des choux; et au-lieu de la liste de ses victoires, il n'en auroit eu qu'une de ses bestiaux. Je crois que tout le monde sera persuadé qu'il est toujours plus glorieux et plus louable de vaincre les ennemis de sa patrie, et de lui procurer le repos de la paix par ses travaux, que de ne s'amuser toute sa vie qu'à cultiver quelques arpens de terre. Bien loin de blâmer cette occupation, je la loue plutôt, mais je ne la trouve cependant convenable qu'à un génie borné, qui sans cela se trouveroit désœuvré, et ne rendroit aucun service à la patrie; au-lieu que le prix de ses travaux guerriers lui devient plus utile. Mais, pour un génie un peu plus étendu, cette carrière est trop bornée; il lui faut une occupation digne des talens que la Nature lui a donnés; car la Nature qui, ainsi que l'expérience nous le prouve, n'a rien fait sans raison, ne voudra pas non plus qu'un aussi bel ouvrage que celui
d'un

d'un heureux génie reste dans l'imperfection et dans l'oubli.

Il est donc certain, que comme le métier de la guerre est celui qui fournit le plus d'occasions pour atteindre à ce but, il est aussi sans contredit le plus estimable. Aucun homme à talent ne l'a dédaigné, mais tous s'y sont voués, ou l'ont respecté. Cicéron même, ce grand orateur des Romains, qui gouvernoit toute la république par sa langue, ne se crut digne de monter sur la tribune aux harangues qu'après qu'il fût monté sur les murs de Nole, et ne s'appliqua même à l'éloquence que lorsque l'ennemi de la paix, ainsi qu'il le dit lui-même, l'empêcha de servir la république par les armes. Oui, encore comme consul, il se crut heureux de pouvoir chasser les ennemis des Romains dans un fleuve, déjà célèbre par la victoire qu'Alexandre y avoit remportée (*a*); prouvant par-là qu'il lui paroissoit encore plus beau de servir la république par ses actions, que de l'y encourager seulement par des discours; c'est ce qui se voit dans son Dialogue de l'Orateur (*b*). Il n'y a point de véritablement roi non plus qui ait dédaigné de se mettre à la tête de ses armées, et de respecter et distinguer ceux qui se vouent à ce métier. Cela doit porter tout sujet

---

(*a*) Il gagna une petite bataille près de l'Issus.

(*b*) *Quis enim est, qui si clarorum hominum scientiam, rerum gestarum vel utilitate, vel magnitudine, metiri velit, non anteponat oratori imperatorem.* Cicer. Dial. de Orat. Lib. I.

en général, et particuliérement tout homme distingué par sa naissance, à s'y vouer; ce métier seul étant celui qui le rend digne des avantages que la Nature lui avoit donnés, avant qu'il les eût pu mériter.

Sans talens et sans vertus, les grands ne sont pas plus, sont même beaucoup moins que les derniers des hommes; ils ne doivent donc point s'imaginer que c'est remplir leur destinée que de passer leur vie dans l'antichambre d'un ministre favori, pour obtenir un titre qui les exclue des devoirs d'un bon citoyen, et qui leur procure la liberté de vivre comme des insensés, de croupir dans l'ignorance. Ces fainéans passent, ainsi que Salluste le dit, leur vie en voyageurs, et n'osent voir sur leur tombeau que cette honteuse épitaphe : *Alcidor naquit, prit femme, fit quelques enfans, et rien de plus; et mourut aussi sage et aussi utile à sa patrie, qu'il le fut le premier jour de sa naissance.* O honte pour la nature humaine de produire de pareils rejetons de son être! O encouragement pour tout homme à tâcher de s'arracher de cette classe indigne des mortels! Non, non, ne suivons point ces honteux exemples; suivons plutôt les traces des Turenne, des Condé, et de tous ces génies illustres qui sont l'ornement du genre-humain. Courons où la gloire nous appelle, et puis, ceints des lauriers qu'elle nous présente, montons au temple de l'immortalité, pour y jouir des fruits de nos travaux.

ÉLOGE

DE GOLTZE.

GEorge-Conrad, baron de Goltze, major-général des armées du roi, commandant des gendarmes, commissaire-général de guerre, drossart de Cotbus, de Peitz et d'Aschersleben, chevalier de l'ordre de St-Jean, seigneur de Kutlau, Neucranz, Mélentin, Henrisdorff, Pépau, Blumwerder, Larisch et Langenhoff, naquit à Parsaw en Poméranie, l'an 1704, de Henning-Bernard, baron de Goltze, capitaine de cavalerie au service de Pologne, et de Marie-Catherine de Heidebrecht. Il fit ses humanités aux Jésuites de Thorn, d'où il passa à l'université de Halle, où il acheva de se perfectionner dans l'étude, et d'acquérir les connoissances qui conviennent à un jeune-homme de condition que ses parens destinent aux affaires.

Il fut attiré l'année 1725 au service du roi de Pologne, par son oncle le comte de Manteuffel, qui étoit ministre d'Etat. M. de Goltze fut envoyé en France l'année 1727 avec le comte de Hoym, en qualité de conseiller d'ambassade. Deux ans après il fut rappellé en Saxe, où il devint conseiller de légation actuel, et reçut en même temps la clef de chambellan.

Les cabales d'une cour remplie d'intrigues renversèrent son protecteur, et ébranlèrent sa fortune naissante. M. de Goltze fut bientôt dégoûté de la carrière épineuse dans laquelle il s'étoit engagé : il ne voyoit devant lui que des chûtes célèbres et des passages rapides du comble de la faveur à la disgrace et à l'oubli : il renonça à la politique ; et quittant le service de Saxe, il choisit une profession où il suffit d'être honnête homme pour faire son chemin.

La réputation des troupes Prussiennes et l'amour de la patrie l'engagèrent à préférer ce service à tout autre. Ce fut l'année 1730 qu'il reçut une compagnie de dragons dans le régiment de Bareuth. Ce n'étoit pas alors une chose facile de passer d'un autre service dans celui de Prusse; et il falloit avoir un mérite reconnu pour être reçu. M. de Goltze justifia bien la bonne opinion qu'on avoit de lui. Doué d'un génie heureux et de toutes sortes de talens, il ne dépendoit que de lui d'être tout ce qu'il vouloit et d'exceller en chaque genre. A peine fut-il officier, qu'il surpassa tous ceux de son régiment en exactitude et en vigilance; et il parvint par son application à une connoissance si parfaite de son métier, qu'on jugea d'abord par ces commencemens de ce qu'il seroit un jour. Ulysse reconnut ainsi Achille en lui présentant des armes.

Le génie de M. de Goltze n'avoit pas échappé au feu roi (a), qui se connoissoit bien en hom-

_____

(a) Fréderic-Guillaume I, père de Fréderic II.

mes. Il l'envoya à Varsovie en 1733, lorsque la mort d'Auguste, roi de Pologne, ouvroit un vaste champ aux intrigues, aux partis et aux dissentions de cette république, qui étoit agitée par les mouvemens que se donnoient les puissances de l'Europe pour l'élection d'un nouveau roi.

M. de Goltze connoissoit non-seulement les intérêts de toutes les grandes familles de ce royaume ; il avoit de plus une perception vive, et cet heureux talent de démêler d'abord la vérité de la vraisemblance. Ses relations pronostiquèrent exactement les desseins de la Pologne : il lut l'avenir dans les causes présentes, et s'acquitta de sa commission avec tant de dextérité, que l'estime que le feu roi avoit pour lui, en augmenta encore.

Le roi ne pouvoit lui en donner des marques plus agréables qu'en lui faisant naître des occasions où il pût se distinguer. Il le choisit pour faire la campagne du Rhin en 1734, avec les dix mille Prussiens qui servirent dans les armées de l'empereur. Cette campagne, stérile en grands événemens, trompa l'attente de ce jeune-homme, qui brûloit de se distinguer. Les bons esprits savent tirer parti de tout : M. de Goltze étudia l'arrangement des subsistances, et dans peu il fut supérieur à ses maîtres.

La campagne suivante, le roi le plaça comme lieutenant-colonel dans le régiment de Cosel ; mais la paix qui survint immédiatement après, ramena M. de Goltze de la pratique de la guerre à la simple théorie. Il retourna en Prusse avec son régiment ; il y reprit son ancienne étude, c'est-à-dire celle des belles-lettres : étude si utile à ceux qui se vouent aux armes, que la plupart des grands capitaines y ont consacré leurs heures de loisir.

En 1740, après la mort de Frédéric-Guillaume, le roi appella M. de Goltze, pour l'attacher à sa personne. La guerre de Silésie qui survint alors, fournit aux militaires les plus belles occasions de se distinguer. M. de Goltze dressa la capitulation de Breslau ; il fut dépêché au prince Léopold d'Anhalt, avec ordre de donner l'assaut à la ville de Glogau. Il fut même des premiers qui escaladèrent les remparts, et après en avoir donné la nouvelle au roi, il eut commission de hâter la marche de quatorze escadrons qui devoient joindre l'armée et qui n'arrivèrent qu'à la fin de la bataille de Molwitz : M. de Goltze s'en servit à poursuivre les ennemis dans leur fuite.

Ces services lui valurent la seigneurie de Kutlau, dont le fief étoit venu à vaquer. Mais M. de Goltze, sensible aux bontés du roi, préféroit l'avantage de lui être utile, à celui d'être récompensé. Laborieux comme il étoit, il ne pouvoit pas manquer d'occasions pour satisfaire une aussi noble passion.

C'est sur-tout à la guerre que l'on reconnoît le prix de l'activité et de la vigilance. C'est là que la faveur se tait devant le mérite, que les talens éclipsent la présomption, et que le bien des affaires exige un choix sûr et judicieux des personnes qui sont les plus employées. Car combien de ressorts ne faut-il pas faire jouer à la fois, pour faire subsister et pour mettre en action ces armées nombreuses que l'on assemble de nos jours ? Ce sont des émigrations de peuples qui voyagent en faisant des conquêtes, mais dont les besoins, qui se renouvellent tous les jours, veulent être satisfaits régulièrement. Ce sont des nations entières et ambulantes, qu'il est plus difficile de défendre contre la faim que contre leurs ennemis. Le dessein du général se trouve par conséquent enchaîné à la partie des subsistances ; et ses plus grands projets se réduisent à des chimères héroïques, s'il n'a pas pourvu avant toutes choses aux moyens d'assurer les vivres. Celui auquel il confie cet emploi, devient en même temps dépositaire de son secret, et tient par-là-même à tout ce que la guerre a de plus sublime, et l'Etat, de plus important.

Mais quelle habileté ne faut-il pas dans ce poste, pour embrasser des objets aussi vastes, pour prévoir des incidens combinés, des cas fortuits ; et pour prendre d'avance des mesures si exactes, qu'elles ne puissent être dérangées par aucune sorte de hasard ? Quelles ressources dans l'esprit, et quelle attention ne faut-il pas, pour fournir, en tous lieux et en tout temps, le nécessaire et le superflu, à une multitude composée de gens inquiets, impatiens et insatiables ? Toutes ces heureuses dispositions et tous ces talens divers se trouvoient réunis en la personne de M. de Goltze. Le roi lui confia l'intendance de son armée ; et ce qui est plus remarquable encore, c'est que tout le monde applaudit à ce choix.

M. de Goltze étoit comme le Protée de la fable. Dans cette seule campagne, il fit le service d'aide-de-camp, de général, d'intendant, et même de négociateur. Il fut chargé d'une commission importante et secrète, dont le public n'a jamais eu une entière connoissance; mais ce que le public n'ignoroit pas, c'est qu'il passoit d'un emploi à l'autre, sans qu'on s'apperçût qu'il changeoit de travail, s'acquittant toujours également bien de celui qu'il faisoit.

L'année 1742 il suivit le roi en Bohême, et donna des marques de sa capacité à la bataille de Czaslau, qui firent juger aux connoisseurs que son génie lui tenoit lieu d'expérience. Il devint colonel à la fin de la campagne, et reçut en même temps le commandement des gendarmes.

La paix de Breslau, qui fut une suite de cette victoire, le ramena à Berlin, où, au renouvellement de l'académie royale des sciences, il en fut élu membre honoraire. Il assista souvent à nos assemblées, y apportant des connoissances si variées et si étendues, qu'aucune des matières qui se traitoient, ne lui étoit étrangère ou nouvelle.

Il devint major-général en 1743, et remplit bien les devoirs de son état l'année d'après, à l'occasion de la guerre qui se ralluma de nouveau. M. de Goltze fut de toutes les expéditions de cette campagne, et y fut utile en toutes; trouvant des ressources dans son intelligence pour la subsistance des troupes, là même où il paroissoit que la famine devoit suspendre les hostilités.

Nous venons enfin à la plus belle époque de sa vie, je veux dire la campagne de l'année 1745, campagne où il eut occasion de déployer toute l'étendue de sa capacité. Au commencement de cette année, le roi lui communiqua le projet de sa campagne, qui étoit de rendre la guerre offensive par le moyen d'une bataille, et de poursuivre les ennemis jusque dans leurs propres provinces. Ce qui rendoit l'opération de M. de Goltze plus difficile, c'étoit l'incertitude du lieu par lequel l'ennemi feroit des efforts; ce qui l'obligeoit à prendre des arrangemens doubles, tant vers les frontières de la Moravie que vers celles de Bohème.

Tout le monde sait que les ennemis pénétrèrent en Silésie par la Bohème, et qu'à cette occasion se donna le 4 de juin la bataille de Friedberg. M. de Goltze combattit à la droite, à la tête de sa brigade de cavalerie, et fit des merveilles pendant la bataille et pendant la poursuite. A peine fut-il descendu de cheval, que prenant la plume à la main, il donnoit cent ordres différens, pour arranger les convois qui devoient suivre l'armée.

Les Prussiens poussèrent les troupes de la reine jusqu'au delà de Kœnigsgrætz. Le roi passa l'Elbe, et se campa au village de Clum, qui est encore à un mille au-delà. Ainsi les Prussiens étoient à dix milles de leurs magasins, ayant derrière eux une chaîne de montagnes qui les en séparoit; aucune rivière navigable pour s'en servir, et à l'entour de leur camp une contrée abandonnée de ses habitans, ce qui en faisoit un désert. M. de Goltze surmonta tous ces obstacles ; et quoique les subsistances se tirassent de la Silésie, personne ne s'apperçut de ces embarras, et l'armée vécut dans l'abondance.

En examinant le nombre prodigieux de détails qu'entraînoit son emploi, on croiroit qu'un seul homme ne pourroit y suffire. Mais M. de Goltze avoit ce talent particulier à César ; il dictoit, comme ce grand homme, à quatre secrétaires à la fois, conservant toujours la tête fraîche, malgré le poids des occupations les plus compliquées et les plus difficiles.

A peine M. de Goltze devint-il commissaire-général et drossart de Cotbus et de Peitz, qu'il en témoigna sa reconnoissance à son maître, de la façon la plus noble qu'un sujet le puisse faire envers son souverain, c'est-à-dire par des services plus importans encore que ceux qu'il avoit rendus.

Des raisons politiques et militaires engagèrent le roi de se rapprocher des frontières de la Silésie. Son armée étoit affoiblie par trois gros détachemens, dont l'un avoit joint le vieux prince d'Anhalt, au camp de Magdebourg ; le second, sous le général de Nassau, avoit repris la forteresse de Cosél ; et le troisième, sous le général du Moulin, occupoit les gorges des montagnes qui mènent en Silésie et par où les convois arrivoient à l'armée. Les Autrichiens jugeant ces circonstances favorables, vinrent de nuit, et se rangèrent à la droite de l'armée du roi, sur une montagne qui ajoutoit à l'avantage du nombre qu'ils avoient, celui du terrein.

M. de Goltze, qui campoit à la droite, fut le premier qui avertit le roi de l'arrivée des ennemis. Aussi-tôt l'armée prit les armes, et se mit en devoir de les attaquer. Dix escadrons, qui composoient la première brigade que commandoit M. de Goltze, et deux escadrons de la seconde, avec cinq bataillons de grenadiers, étoient à peine en bataille que M. de Goltze eut ordre de donner.

Il avoit devant lui cinquante escadrons des troupes de la reine, rangés en trois lignes sur la croupe d'une montagne. Les attaquer, les enfoncer et les disperser, fut pour lui l'ouvrage d'un moment. Cette cavalerie, débandée et fugitive à travers des vallons, ne put jamais se rallier, et l'infanterie Prussienne trouva toutes les facilités nécessaires pour emporter alors la batterie principale des Autrichiens. On étoit accoutumé d'exiger de M. de Goltze le double de ce qu'on demande aux autres : et comme si c'eût été trop peu de gagner une bataille en un jour, on le détacha, avec sa brigade, qui devenoit inutile à la droite, vers la gauche, où il combattit une seconde fois avec le même succès que la première. Le roi lui-même rendit le témoignage à ce général, qu'il avoit eu la plus grande part au gain de cette bataille, où la valeur suppléa au nombre ; et l'intelligence des officiers, aux dispositions que le temps n'avoit pas permis de faire.

L'armée entra ensuite dans ses quartiers de cantonnement en Silésie. Mais un nouvel orage s'éleva bientôt. Les ennemis de la Prusse, vaineus tant de fois, n'en étoient pas moins animés à notre perte. Ils méditoient de faire une irruption dans le Brandebourg, en traversant la Saxe. Ce projet découvert demanda de nouvelles mesures pour s'y opposer. M. de Goltze travailla aux arrangemens des subsistances avec tout le zèle d'un bon patriote, et surpassa dans cette occasion tout ce qu'il avoit fait d'utile en ce genre jusqu'alors.

L'expédition de la Lusace fut une marche continuelle, sans relâche, qui dura huit jours, pendant lesquels l'armée fut abondamment pourvue. Il régla ensuite les contributions avec humanité et désintéressement, et revint après la paix de Dresde à Berlin, où il exerça ses talens à des vertus civiles, qui le rendoient aussi estimable qu'il l'étoit par les vertus militaires.

Ce fut par ses soins que se perfectionnèrent les arrangemens de ces magasins qui préservent toutes les provinces de la domination prussienne du fléau de la famine, et des suites encore plus funestes qu'elle attire après elle. Ce fut à ses bonnes dispositions que l'économie de l'hôtel royal des Invalides eut l'obligation de ses meilleurs réglemens. Ce fut à son industrie qu'on dut le projet nouveau pour les caissons, les fours et les bateaux du commissariat.

Monsieur de Goltze ne perdoit jamais de vue le bien de l'État : il dressa des mémoires, pour le défrichement des terres, pour saigner des marais, pour établir de nouveaux villages, pour proportionner des taxes et pour réformer différens abus, sur les observations qu'il avoit faites en parcourant les provinces dans ses voyages ; plusieurs de ces mémoires devinrent d'une utilité réelle par leur exécution.

A la fin de 1746 il fut attaqué d'une espèce d'asthme, que les médecins, superficiels dans leurs conjectures, méprisèrent selon leur coutume. Au commencement de l'année 1747 son mal augmenta, et fut suivi d'un crachement de sang assez violent, par lequel on s'apperçut, mais trop tard, du mal qui le menaçoit. Le roi l'avoit admis dans sa plus grande familiarité. Il aimoit sa conversation, qui étoit toujours pleine de choses, mêlées de connoissances agréables et de connoissances solides ; passant des unes aux autres avec cette facilité qu'y apporte un esprit rempli d'aménité et formé par un long usage du monde. Sa majesté le vit souvent, et sur-tout pendant les derniers jours de sa vie, pendant lesquels il conserva une présence d'esprit et une fermeté admirables, dictant ses dernières volontés sans embarras, consolant ses parens, et se préparant à la mort en philosophe qui foule aux pieds les préjugés du vulgaire, et dont la vie vertueuse et pure de crimes ne donnoit lieu à aucune espèce de repentir.

Le samedi, 4 d'août, il se trouva plus mal le matin que d'ordinaire, et sentant que sa fin approchoit, il eut la présence d'esprit d'ordonner à son valet-de-chambre de fermer la porte de l'appartement de son épouse, qui étoit enceinte : il lui prit en même temps un crachement de sang plus fort que ceux qu'il avoit eus jusqu'alors, pendant lequel il expira.

Il avoit épousé Charlotte Wilhelmine de Grebnitz, de laquelle il eut trois fils et trois filles, qu'il laissa en bas âge, sans compter un fils posthume dont sa femme accoucha peu de temps après sa mort. Monsieur de Goltze avoit toutes les qualités d'un homme aimable et d'un homme utile. Son esprit étoit juste et pénétrant, sa mémoire vaste, et ses connoissances aussi étendues que celles d'un homme de condition puissent l'être. Il fuyoit l'oisiveté, et aimoit le travail avec passion. Son cœur étoit noble, toujours porté au bien : et son ame étoit si généreuse, qu'il secourut quantité de pauvres officiers dans leurs besoins. En un mot, il étoit honnête homme : louange trop peu estimée de nos jours, et qui cependant contient en elle plus que toutes les autres. Il avoit dans ses mœurs cette simplicité qui a si souvent été la compagne des grands hommes. Sa modestie fut poussée au point, qu'il ne voulut point être enterré avec cette pompe par laquelle la vanité des vivans croit encore triompher des injures de la mort. Le roi, pour honorer la mémoire d'un homme qui avoit rendu tant de services à l'État, et à la perte duquel il étoit si sensible, ordonna, par une distinction particulière, à tous les officiers des gendarmes d'en porter le deuil.

Il est vrai de dire qu'il étoit de ces génies dont il ne faut que trois ou quatre pour illustrer tout un règne. Il vécut long-temps, parce que toute sa vie se passa en méditations et en actions. La mort l'empêcha de faire de plus grandes choses. On peut lui appliquer cette strophe si connue de Rousseau :

> Et ne mesurons point au nombre des années
> La trame des héros.

ÉLOGE
DU GÉNÉRAL DE STILL.

CHristophe-Louis de Still naquit à Berlin l'an 1696, d'Ulric de Still, lieutenant-général des armées du roi, commandant de la ville de Magdebourg; et de Marie de Cosel. Il fit ses humanités au collège de Helmstedt, et acheva de se perfectionner dans ses études à l'université de Halle. L'amour des lettres n'altéra pas en lui le désir de la gloire : en 1715, lorsque la guerre survint avec la Suède, M. de Still voulut servir sa patrie; il fit le siège de Stralsund, et de l'infanterie il passa dans la cavalerie, pour laquelle sa vivacité sembloit le destiner. Il ne se contentoit pas d'avoir une charge, il vouloit être digne de la remplir. La longue paix depuis l'année 1717 jusqu'à 1733 n'avoit fourni aux militaires aucune occasion d'acquérir l'expérience de leur art. Tous étoient réduits à la simple théorie, qui en comparaison de l'expérience ne doit se regarder que comme l'ombre à l'égard de l'objet réel. A la mort d'Auguste premier, roi de Pologne, M. de Still ne laissa point échapper l'occasion qui se présenta à lui; il assista au fameux siège de Dantzick qui se fit sous la direction du maréchal Munnich, et il eut la satisfaction de faire sous le prince Eugène la dernière campagne où ce prince commanda sur le Rhin. Après la mort du feu roi, Fréderic II le nomma gouverneur de son frère, le prince Henri. M. de Still étoit d'autant plus digne de cet emploi, qu'il réunissoit les qualités du cœur aux talens de l'esprit, et aux vertus militaires. Au renouvellement de l'académie, M. de Still en fut élu curateur. Il est honteux de le dire, mais il n'en est pas moins vrai, qu'on trouve rarement parmi les personnes de naissance des esprits aussi éclairés que le sien, et un mérite aussi digne de l'académie que l'avoit M. de Still. Il n'étoit point étranger aux différentes sciences que notre académie réunit en corps; il auroit même été capable de nous enrichir de ses travaux littéraires, si ses différentes fonctions ne lui en avoient dérobé le temps. Son penchant le portoit aux belles lettres; il préféroit aux sciences austères les grâces de l'éloquence, non pas cette profusion de mots qui n'opère qu'une espèce de bourdonnement agréable aux oreilles, mais la force des pensées qui, par des expressions majestueuses, forcent l'auditeur à les entendre, persuade, et entraîne les suffrages.

Il regardoit les anciens comme nos maîtres, et leur donnoit sur-tout la préférence sur les modernes par l'étude plus profonde qu'ils avoient faite de leur art. Nous lui avons souvent entendu dire, qu'autrefois un homme pouvoit devenir habile, parce qu'il ne consacroit ses talens

lens qu'à l'art qu'il embrassoit ; mais que le goût de notre siècle pour l'universalité des sciences ne pouvoit produire que des hommes superficiels en tout genre ; et il regardoit ce goût comme la cause de la décadence des lettres : il ne croyoit pas que Virgile dût commenter Euclide, ni Platon faire des vaudevilles ; la vie d'un homme ne suffisant pas pour approfondir une science. La guerre tira bientôt M. de Still de l'asile des Muses ; il suivit le Roi en Moravie l'année 1742. Il reçut en 1743 le régiment de cavalerie du prince Eugène d'Anhalt, et fut de la promotion des majors-généraux.

La seconde guerre de 1745 lui fournit des occasions pour déployer ses vertus militaires ; il battit avec sa brigade le général Nadasti dans une affaire d'avant-garde auprès de Landshut, et le poursuivit jusqu'en Bohême. Peu de temps après il fut blessé à la bataille de Friedberg : il est superflu de dire qu'il y acquit de la gloire. Les exploits que fit la cavalerie Prussienne en ce jour-là sont trop connus pour les rappeler ici. Après l'expédition de Saxe, M. de Still revint avec le Roi à Berlin, où il trouva M. de Maupertuis, devenu depuis peu président de l'académie ; il participa à la joie que tout notre corps ressentit d'avoir à sa tête un savant aussi illustre. Les sciences et les arts se tiennent tous comme par la main : la méthode qui conduit un géomètre dans les profondeurs de la nature, ou qui guide un philosophe dans les ténèbres de la métaphysique, est la même pour tous les arts. M. de Still, qui avec le goût des sciences s'étoit acquis cette méthode, voulut l'appliquer à un métier qu'il faisoit avec succès, et qui dans la guerre l'avoit couvert de gloire ; il composa un ouvrage sur l'origine et les progrès de la cavalerie ; ce que nous en avons vu est plein de recherches curieuses, et de détails remplis d'érudition. Il l'avoit poussé jusqu'à l'an 1750, et la mort l'empêcha d'achever ce que ses recherches auroient eu de plus intéressant à nous apprendre. Le manuscrit est entre les mains de sa famille : ce seroit une perte pour le public s'il étoit frustré de cet héritage.

Depuis l'année 1750, M. de Still se sentit attaqué d'un asthme, qui allant toujours en empirant, causa enfin sa mort le 19 d'octobre 1752. Il avoit épousé Charlotte de Hus, fille du président de la régence de Magdebourg ; il laissa deux fils, qui sont officiers, et quatre filles, dont deux sont en bas âge. Il avoit le cœur serviable, plein de candeur et de désintéressement; sa sagesse étoit gaie, et sa joie étoit sage. Les talens de son esprit ne servoient qu'à relever les qualités de son cœur ; né pour les arts comme pour la guerre, pour la cour comme pour la retraite, il étoit de ce petit nombre de gens qui ne devroient jamais mourir ; mais comme la vertu ne se dérobe pas aux atteintes de la mort, il a su survivre à lui-même en laissant un nom cher aux arts, et estimé des honnêtes gens.

ÉLOGE
DE LA METTRIE.

Julien Offray de la Mettrie naquit à Saint-Malo, le 25 décembre 1709, de Julien Offray de la Mettrie et de Marie Gaudron, qui vivoient d'un commerce assez considérable pour procurer une bonne éducation à leur fils. Ils l'envoyèrent au collège de Coutance pour faire ses humanités, d'où il passa à Paris dans le collège du Plessis; il fit sa rhétorique à Caen, et comme il avoit beaucoup de génie et d'imagination, il remporta tous les prix de l'éloquence. Il étoit né orateur; il aimoit passionnément la poésie et les belles-lettres; mais son père, qui crut qu'il y avoit plus à gagner pour un ecclésiastique que pour un poëte, le destina à l'église; il l'envoya l'année suivante au collège du Plessis, où il fit sa logique sous M. Cordier, qui étoit plus janséniste que logicien.

C'est le caractère d'une ardente imagination de saisir avec force les objets qu'on lui présente, comme c'est le caractère de la jeunesse d'être prévenue des premières opinions qu'on lui inculque; tout autre disciple auroit adopté les sentimens de son maître; ce n'en fut pas assez pour le jeune la Mettrie; il devint janséniste, et composa un ouvrage qui eut vogue dans le parti.

En 1725, il étudia la physique au collège d'Harcourt, et y fit de grands progrès. De retour en sa patrie, le sieur Hunault, médecin de Saint-Malo, lui conseilla d'embrasser cette profession : on persuada le père ; on l'assura que les remèdes d'un médecin médiocre rapporteroient plus que les absolutions d'un bon prêtre. D'abord le jeune la Mettrie s'appliqua à l'anatomie ; il disséqua pendant deux hivers ; après quoi il prit en 1727 à Rheims le bonnet de docteur, et y fut reçu médecin.

En 1733, il fut étudier à Leyde sous le fameux Boerhaave. Le maître étoit digne de l'écolier, et l'écolier se rendit bientôt digne du maître. M. la Mettrie appliqua toute la sagacité de son esprit à la connoissance et à la cure des infirmités humaines ; et il devint grand médecin dès qu'il voulut l'être. En 1734, il traduisit, dans ses momens de loisir, le traité de feu M. Boerhaave, son *Aphrodisiacus*; et y joignit une dissertation sur les maladies vénériennes, dont lui-même étoit l'auteur. Les vieux médecins s'élevèrent en France contre un écolier qui leur faisoit l'affront d'en savoir autant qu'eux. Un des plus célèbres médecins de Paris lui fit l'honneur de critiquer son ouvrage (marque certaine qu'il étoit bon). La Mettrie repliqua ; et, pour confondre d'autant plus son adversaire, en 1736 il composa un traité du *Vertige*, estimé de tous les médecins impartiaux.

Par un malheureux effet de l'imperfection humaine, une certaine basse jalousie est devenue un des attributs des gens-de-lettres ; elle irrite l'esprit de ceux qui sont en possession des réputations contre les progrès des naissans génies ; cette rouille s'attache aux talens sans les détruire, mais elle leur nuit quelquefois. M. la Mettrie, qui avançoit à pas de géant dans la carrière des sciences, souffrit de cette jalousie, et sa vivacité l'y rendit trop sensible.

Il traduisit à Saint-Malo les *Aphorismes* de Boerhaave, la *Matière médicale*, les *Procédés chimiques*, la *Théorie chimique*, et les *Institutions* du même auteur. Il publia presqu'en même temps un abrégé de Sydenham. Le jeune médecin avoit appris par une expérience prématurée, que pour vivre tranquille il vaut mieux traduire que composer ; mais c'est le caractère du génie de s'échapper à la réflexion. Fort de ses propres forces, si je puis m'exprimer ainsi, et rempli des recherches de la nature qu'il faisoit avec une dextérité infinie, il voulut communiquer au public les découvertes utiles qu'il avoit faites. Il donna son traité sur la *petite Vérole*, sa *Médecine pratique*, et six volumes de *commentaires* sur la Physiologie de Boerhaave ; tous ces ouvrages parurent à Paris, quoique l'auteur les eût composés à Saint-Malo. Il joignoit à la théorie de son art une pratique toujours heureuse ; ce qui n'est pas un petit éloge pour un médecin.

En 1742, M. la Mettrie vint à Paris, attiré par la mort de M. Hunault, son ancien maître ; les sieurs Morand et Sidobre le placèrent auprès du duc de Grammont, et peu de jours après, ce seigneur lui obtint le brevet de médecin des gardes ; il accompagna ce duc à la guerre, et fut avec lui à la bataille de Dettingue, au siège de Fribourg, et à la bataille de Fontenoi, où il perdit son protecteur, qui y fut tué d'un coup de canon.

M. la Mettrie ressentit d'autant plus vivement cette perte, que ce fut en même temps l'écueil de sa fortune. Voici ce qui y donna lieu. Pendant la campagne de Fribourg, M. la Mettrie fut attaqué d'une fièvre-chaude : une maladie est pour un philosophe une école de physique; il crut s'appercevoir que la faculté de penser n'étoit qu'une suite de l'organisation de la machine, et que le dérangement des ressorts influoit considérablement sur cette partie de nous-mêmes, que les métaphysiciens appellent l'ame. Rempli de ces idées pendant sa convalescence, il porta hardiment le flambeau de l'expérience dans les ténèbres de la métaphysique ; il tenta d'expliquer, à l'aide de l'anatomie, la texture déliée de l'entendement; et il ne trouva que de la méchanique où d'autres avoient supposé une essence supérieure à la matière. Il fit imprimer ses conjectures philosophiques sous le titre d'*Histoire naturelle de l'ame*. L'aumônier du régiment sonna le tocsin contre lui; et d'abord tous les dévots crièrent.

Le vulgaire des ecclésiastiques est comme Dom Quichotte, qui trouvoit des aventures merveilleuses dans des événemens ordinaires ; ou comme ce fameux militaire, qui trop rempli de son système, trouvoit des colonnes dans tous les livres qu'il lisoit. La plupart des prêtres examinent tous les ouvrages de littérature comme si c'étoient des traités de théologie ; remplis de ce seul objet, ils voient des hérésies par-tout ; de-là viennent tant de faux jugemens ; et tant d'accusations formées, pour la plupart, mal à propos contre les auteurs. Un livre de physique doit être lu avec l'esprit d'un physicien ; la nature, la vérité est son juge ; c'est elle qui doit l'absoudre ou le condamner ; un livre d'astronomie veut être lu dans un même sens. Si un pauvre médecin prouve qu'un coup de bâton fortement appliqué sur le crâne dérange l'esprit, ou bien qu'à un certain degré de chaleur la raison s'égare, il faut lui prouver le contraire ; ou se taire. Si un astronome habile démontre, malgré Josué, que la terre et tous les globes célestes tournent autour du soleil, il faut ou mieux calculer que lui, ou souffrir que la terre tourne.

Mais les théologiens, qui par leurs appréhensions continuelles pourroient faire croire aux foibles que leur cause est mauvaise, ne s'embarrassent pas de si peu de chose. Ils s'obstinèrent à trouver des semences d'hérésie dans un ouvrage qui traitoit de physique : l'auteur essuya une persécution affreuse, et les prêtres soutinrent qu'un médecin accusé d'hérésie, ne pouvoit pas guérir les gardes Françoises.

A la haine des dévots se joignit celle de ses rivaux de gloire ; celle-ci se ralluma sur un ouvrage de M. la Mettrie, intitulé : *La Politique des Médecins.* Un homme plein d'artifice et dévoré d'ambition, aspiroit à la place vacante de premier médecin du roi de France ; il crut, pour y parvenir, qu'il lui suffiroit d'accabler de ridicule ceux de ses confrères qui pouvoient prétendre à cette charge. Il fit un libelle contre eux; et abusant de la facile amitié de M. la Mettrie, il le séduisit à lui prêter la volubilité de sa plume, et la fécondité de son imagination; il n'en fallut pas davantage pour achever de perdre un homme peu connu, contre lequel étoient toutes les apparences, et qui n'avoit de protection que son mérite.

M. la Mettrie, pour avoir été trop sincère comme philosophe, et trop officieux comme ami, fut obligé de renoncer à sa patrie. Le duc de Duras et le vicomte du Chaila lui conseillèrent de se soustraire à la haine des prêtres et à la vengeance des médecins. Il quitta donc en 1746 les hôpitaux de l'armée, où M. de Séchelles l'avoit placé, et vint philosopher tranquillement à Leyde. Il y composa sa *Pénélope*, ouvrage polémique contre les médecins, où, à l'exemple de Démocrite, il plaisantoit sur la vanité de sa profession : ce qu'il y eut de singulier, c'est que les médecins, dont la charlatanerie y est peinte au vrai, ne purent s'empêcher d'en rire eux-mêmes en le lisant; ce qui marque bien qu'il se trouvoit dans l'ouvrage plus de gaieté que de malice.

M. la Mettrie ayant perdu de vue ses hôpitaux et ses malades, s'adonna entièrement à la philosophie spéculative; il fit son *Homme machine*, ou plutôt il jeta sur le papier quelques pensées fortes sur le matérialisme, qu'il s'étoit sans doute proposé de rédiger. Cet ouvrage, qui devoit déplaire à des gens qui par état sont ennemis déclarés des progrès de la raison humaine, révolta tous les prêtres de Leyde contre l'auteur : calvinistes, catholiques et luthériens oublièrent en ce moment que la consubstantiation, le libre arbitre, la messe des morts et l'infaillibilité du pape les divisoient ; ils se réunirent tous pour persécuter un philosophe qui avoit de plus le malheur d'être François, dans un temps où cette monarchie faisoit une guerre heureuse à leurs hautes puissances.

Le titre de philosophe et de malheureux fut suffisant pour procurer à M. la Mettrie un asile en Prusse, avec une pension du Roi. Il se rendit à Berlin au mois de février de l'année 1748 ; il y fut reçu membre de l'académie royale des sciences. La médecine le revendiqua à la métaphysique, et il fit un traité de la *Dyssenterie*, et un autre de l'*Asthme*, les meilleurs qui aient été écrits sur ces cruelles maladies. Il ébaucha différens ouvrages sur des matières de philosophie abstraite qu'il s'étoit proposé d'examiner ; et par une suite des fatalités qu'il avoit éprouvées, ces ouvrages lui furent dérobés ; mais il en demanda la suppression aussi-tôt qu'ils parurent.

M. la Mettrie mourut dans la maison de mylord Tirconnel, ministre-plénipotentiaire de France, auquel il avoit rendu la vie. Il semble que la maladie, connoissant à qui elle avoit à faire, ait eu l'adresse de l'attaquer d'abord au cerveau, pour le terrasser plus sûrement : il prit une fièvre-chaude avec un délire violent : le malade fut obligé d'avoir recours à la science de ses collègues, et il n'y trouva pas la ressource qu'il avoit si souvent, et pour lui et pour le public, trouvée dans la sienne propre.

Il mourut le 11 de novembre 1751, âgé de 43 ans. Il avoit épousé Louise-Charlotte Dréauno, dont il ne laissa qu'une fille âgée de cinq ans et quelques mois.

M. la Mettrie étoit né avec un fond de gaieté naturelle intarissable ; il avoit l'esprit vif, et l'imagination si féconde, qu'elle faisoit croître des fleurs dans le terrein aride de la médecine. La Nature l'avoit fait orateur et philosophe ; mais un présent plus précieux encore qu'il reçut d'elle, fut une ame pure et un cœur serviable. Tous ceux auxquels les pieuses injures des théologiens n'en imposent pas, regrettent en M. la Mettrie un honnête homme et un savant médecin.

ÉLOGE
DU BARON DE KNOBELSDORF.

Jean-George Wenceslas, baron de Knobelsdorf, naquit en 1697. Son père étoit seigneur du village de Costar, dans le duché de Crossen, et sa mère étoit baronne de Hauchwitz.

Dès l'âge de quinze ans il embrassa le métier des armes; il fit la campagne de Poméranie, et le siège de Stralsund, dans le régiment de Lottum, où il s'étoit engagé, se distinguant autant que le permettoit la sphère étroite des grades subalternes de la guerre. Les fatigues d'une campagne rude, et d'un siège poussé jusqu'au commencement de l'hiver, altérèrent sa santé, et lui causèrent un crachement de sang; il se roidit contre ces infirmités précoces, et s'obstina à servir malgré son tempérament délicat, jusqu'à l'année 1730, qu'il quitta comme capitaine.

Le caractère du génie est de pousser fortement ceux qui en sont doués à s'abandonner au penchant irrésistible de la nature, qui leur enseigne à quoi ils sont propres ; delà vient que tant d'habiles artistes se sont formés eux-mêmes, et se sont ouvert des routes nouvelles dans la carrière des arts. Cette puissante inclination se remarque sur-tout dans ceux qui sont nés poëtes, ou peintres. Sans citer Ovide, qui fit des vers malgré la défense de son père, sans citer le Tasse, qui fut dans le même cas, et sans faire mention du Corrège, qui se trouva peintre en voyant les tableaux de Raphaël, nous trouvons dans M. de Knobelsdorf un pareil exemple. Il étoit né peintre et grand architecte; la nature en avoit fait les frais, et il ne restoit qu'à l'art d'y mettre la dernière main.

Pendant que M. de Knobelsdorf étoit au service, il employoit son loisir à dessiner d'après le Bosse. Il peignoit déjà des paysages dans le goût de Claude-Lorrain, sans connoître un maître avec lequel il avoit une si grande ressemblance. Dès qu'il eut quitté le service, il se livra à ses goûts sans retenue, il lia amitié avec le célèbre Pesne, et il n'eut point honte de lui confier l'éducation de ses talens. Sous cet habile maître, il étudia sur-tout ce coloris séduisant qui par une douce illusion empiète sur les droits de la nature, en animant la toile muette. Il ne négligea aucun genre, depuis l'histoire jusqu'aux fleurs, depuis l'huile jusqu'au pastel. La peinture le conduisit par la main à l'architecture; et ne considérant cette connoissance dans le commencement que pour l'emploi qu'il en pouvoit faire dans les tableaux, il se trouva que ce qu'il ne regardoit que comme un accessoire, fut son talent principal.

La retraite dans laquelle il vivoit, ne le cacha pas au Roi, alors prince royal : ce prince l'appella à son service, et M. de Knobelsdorf pour premier essai orna le château de Rheinsberg, et le mit, ainsi que les jardins, dans l'état où on le voit à présent. Monsieur de Knobelsdorf embellissoit l'architecture par un goût pittoresque, qui ajoutoit des grâces aux ornemens ordinaires; il aimoit la noble simplicité des Grecs, et un sentiment fin lui faisoit rejeter tous les ornemens qui n'étoient pas à leur place. Son avidité de connoissances lui fit désirer de voir l'Italie, afin d'étudier jusque dans ses ruines les règles de son art. Il fit ce voyage l'année 1738. Il admira le coloris de l'école vénitienne, le dessin de l'école romaine; il vit tous les tableaux des grands maîtres : mais de tous les peintres d'Italie il ne trouva que Solimène digne de ceux qui sous les Léon X avoient illustré leur patrie. Il trouvoit plus de majesté dans l'architecture ancienne que dans celle des modernes; il admiroit la fastueuse basilique de S. Pierre, sans cependant s'aveugler sur ses défauts, remarquant que les différens architectes qui y ont travaillé, se sont écartés à tort du premier dessin qu'en a fait Michel Ange. M. de Knobelsdorf revint ainsi à Berlin, enrichi des trésors de l'Italie, affermi dans ses principes d'architecture, et confirmé par son expérience dans les préjugés favorables qu'il avoit pour le coloris de M. Pesne. A son retour, il fit le portrait du feu roi, du prince royal, et beaucoup d'autres qui auroient fait la réputation d'un homme qui n'auroit été que peintre.

En 1740, après la mort de Frédéric-Guillaume, le Roi lui confia la surintendance des bâtimens et jardins. M. de Knobelsdorf s'appliqua d'abord à orner le parc de Berlin; il en fit un endroit délicieux par la variété des allées, des palissades, des salons, et par le mélange agréable que produisent à la vue les nuances des feuilles de tant d'arbres différens : il embellit le parc par des statues et par la conduite de quelques ruisseaux ; de sorte qu'il fournit aux habitans de cette capitale une promenade commode et ornée, où les raffinemens de l'art ne se présentent que sous les attraits champêtres de la nature.

Monsieur de Knobelsdorf, non content d'avoir vu en Italie ce que les arts y furent autrefois, voulut les considérer dans un pays où ils fleurissent actuellement ; il obtint la permission de faire le voyage de France. Il ne s'écarta pas de son objet pendant le temps qu'il y fut. Trop attaché aux beaux-arts pour se répandre dans le grand monde, et trop ardent à s'instruire pour sortir de la société des artistes, il ne vit que des atteliers, des galeries de tableaux, des églises, et de l'architecture. Il n'est pas hors de notre sujet de rapporter ici le jugement qu'il portoit des peintres de l'école françoise. Il approuvoit la poésie qui règne dans la composition des tableaux de le Brun, le dessin hardi du Poussin, le coloris de Blanchard et des Boulognes, la ressemblance et le fini des draperies de Rigaut, le clair-obscur de Raoux, la naïveté et la vérité de Chardin, et il faisoit beaucoup de cas des tableaux de Charles Vanloo et des instructions de de Troy. Il trouvoit cependant le talent des François pour la sculpture supérieur à celui qu'ils ont pour la peinture, l'art étant poussé à sa perfection par les Bouchardon, les Adam, les Pigale, etc. De tous les bâtimens de France, deux seuls lui paroissoient d'une architecture classique, savoir, la façade du Louvre par Perrault, et celle de Versailles qui donne sur le jardin. Il donnoit la préférence aux Italiens pour l'architecture extérieure, et aux François pour la distribution, la commodité, et les ornemens des appartemens. En quittant la France il passa par la Flandre, où, comme on s'en doute bien, les ouvrages des Van-Dick, des Rubens, et des Wauwermans, ne lui échappèrent pas.

Arrivé à Berlin, le Roi le chargea de la construction de la maison d'opéra, un des édifices les plus beaux et les plus réguliers qui ornent cette capitale. La façade en est imitée, et non pas copiée, d'après celle du Panthéon; et dans l'intérieur, le rapport heureux des proportions rend ce vase sonore, quelle que soit son immensité. Monsieur de Knobelsdorf fut occupé ensuite à bâtir la nouvelle aile du palais de Charlottenbourg, dont les amateurs approuvent la beauté du vestibule et de l'escalier; la noblesse du salon, et l'élégance de la galerie. Il eut occasion d'exercer ses talens à la décoration du péristile nouveau du château de Potsdam, à l'escalier de marbre, et au salon où est représentée l'apothéose du grand-électeur. Le salon de Sans-Souci, qui imite l'intérieur du Panthéon, fut exécuté d'après ses dessins, de même que la grotte et la colonnade de marbre qui se trouvent dans les jardins de ce palais. Outre les édifices dont je viens de parler, une infinité de maisons particulières, tant à Berlin qu'à Potsdam, entr'autres le château de Dessau, ont été bâties d'après les dessins qu'il en a donnés.

Un homme qui possédoit tant de talens, fut revendiqué par l'académie royale des sciences à son renouvellement ; et M. de Knobelsdorf en devint membre honoraire. Qu'on ne s'étonne pas de voir un peintre, grand architecte, placé entre des astronomes, des géomètres, des physiciens et des poëtes. Les arts et les sciences sont des jumeaux qui ont le génie pour père commun, ils tiennent les uns aux autres par des liens naturels et inséparables : la peinture exige une connoissance parfaite de la mythologie et de l'histoire ; elle conduit à l'étude de l'anatomie pour tout ce qui a rapport au jeu des ressorts qui font mouvoir le corps humain, afin que dans l'attitude des figures la contraction des muscles opère des effets véritables, et ne représente, ni enfoncemens, ni élévations dans les membres, que ceux qui doivent y être. Le paysage veut une connoissance de l'optique et de la perspective, qui jointe à l'architecture exige l'étude de la géométrie, des forces mouvantes et de la méchanique. La peinture tient sur-tout à la poésie ; le même feu d'imagination qui sert le poëte, doit se trouver dans le peintre. Toutes ces parties entrent dans la composition d'un bon peintre : et c'est peut-être un des grands avantages de notre siècle éclairé que d'avoir rendu les sciences plus communes en les rendant plus nécessaires.

Tant de connoissances que M. de Knobelsdorf possédoit, le rendoient un sujet véritablement

blement académique, et lui auroient fait plus d'honneur, si la mort ne nous l'avoit enlevé dans un âge où ses talens étoient dans toute leur maturité. Il avoit été sujet à des accès de goutte : soit qu'il traitât son mal avec trop d'indifférence, soit que sa santé se dérangeât d'elle-même, il se plaignit d'obstructions, et son mal dégénéra enfin en hydropisie. Les médecins l'envoyèrent aux eaux de Spa, croyant s'en défaire; mais il sentit que ce remède n'étoit pas propre à son mal, il regagna Berlin avec peine, où il mourut le 15 de septembre 1753, âgé de 56 ans.

Monsieur de Knobelsdorf avoit un caractère de candeur et de probité qui le fit estimer généralement ; il aimoit la vérité et se persuadoit qu'elle n'offensoit personne ; il regardoit la complaisance comme une gêne, et fuyoit tout ce qui paroissoit contraindre sa liberté ; il falloit le connoître particuliérement pour sentir tout son mérite. Il favorisa les talens, il aima les artistes, et se faisoit plutôt rechercher qu'il ne se produisoit. Il faut sur-tout dire à son éloge, qu'il ne confondit jamais l'émulation avec l'envie ; sentimens si différens en effet, et qu'on ne sauroit assez recommander aux savans et aux artistes de distinguer pour leur honneur, pour leur repos, et pour le bien de la société.

ÉLOGE

DU PRINCE HENRI DE PRUSSE,

Neveu du Roi,

Lu dans l'assemblée extraordinaire de l'Académie Royale des Sciences, le 30 décembre 1767.

Messieurs,

Si l'affliction est permise à un homme raisonnable, c'est sans doute quand il partage avec sa patrie et un peuple nombreux la douleur d'une perte irréparable. Bien loin que l'objet de la philosophie soit d'étouffer la nature en nous, elle se borne à régler et modérer les écarts des passions : en munissant le cœur du sage d'assez de fermeté pour soutenir l'infortune avec grandeur d'ame, elle le blâmeroit si dans un engourdissement stupide il voyoit d'un œil insensible les pertes et les désastres de ses concitoyens. Me seroit-il donc permis de demeurer seul insensible au funeste événement qui trouble la sérénité de vos jours, à la vue du spectacle lugubre qui vient de vous frapper, à ce triomphe de la Mort qui s'élève des trophées de nos dépouilles, et qui s'applaudit de s'être immolé nos plus illustres têtes ? Non, Messieurs, mon silence seroit criminel : il me doit être permis de mêler ma voix à celle de tant de citoyens vertueux, qui déplorent la destinée d'un jeune prince que les Dieux n'ont fait que montrer à la terre. De quelque côté que je tourne mes regards, je n'apperçois que des fronts abattus, des visages sombres, l'empreinte de la douleur, des ruisseaux de larmes qui coulent des yeux; je n'entends que des soupirs et des regrets étouffés par des sanglots. Ceci me rappelle la famille royale éplorée, redemandant, mais hélas en vain! le prince aimable qu'elle a perdu pour toujours.

La haute naissance qui approchoit le prince Henri si près du trône, ne fut pas la cause d'une douleur si universelle : la grandeur, l'illustration, la puissance n'inspirent que la crainte, une soumission forcée, et des respects aussi vains que l'idole qui les reçoit : l'idole tombe-t-elle ? la considération finit, et la malignité la brise. Non, Messieurs, ce n'étoit pas l'ouvrage de la Fortune qu'on estimoit dans le prince Henri, mais l'ouvrage de la Nature, mais les talens de l'esprit, mais les qualités du cœur, mais le mérite de l'homme même. S'il n'avoit eu qu'une ame vulgaire, peut-être par bienséance lui eût-on prodigué de froids regrets, démentis par l'indifférence publique ; des éloges peinés, entendus avec ennui ; de frivoles démonstrations de sensibilité, qui n'auroient pas abusé les plus stupides : et son nom auroit été condamné à un éternel oubli.

Hélas, que nous sommes éloignés de nous trouver dans ce cas! N'eût-il été qu'un particulier, le prince Henri auroit gagné les cœurs de tous ceux qui l'auroient approché. En effet, qui pouvoit se refuser à son air affable, à son abord facile, à ce caractère de douceur qui ne le quittoit jamais, à ce cœur tendre et compatissant, à ce génie plein de noblesse et d'élévation, à cette maturité de raison dans l'âge des égaremens, à cet amour des sciences et de la vertu dans cette vive jeunesse où la plupart des hommes n'ont qu'un instinct de plaisir et de folie, enfin à cet assemblage admirable de talens et de vertus qui se rencontrent si rarement chez des particuliers, plus rarement encore parmi les personnes d'une haute naissance, parce que leur nombre est moins considérable?

Se trouveroit-il dans cette assemblée quelque esprit assez méchant, assez satyrique, censeur assez dur, assez impitoyable, qui osant tourner en dérision le sujet respectable de notre juste douleur, trouvât à redire que nous entreprenions aujourd'hui l'éloge d'un enfant qui a passé avec rapidité, et qui n'a laissé aucune trace de son existence? Non, Messieurs, j'ai une trop haute idée du caractère de cette nation, pour soupçonner qu'on y trouve des hommes féroces par insensibilité, et inhumains par esprit de contradiction : on peut ignorer nos pertes, mais on ne peut les connoître qu'avec attendrissement. S'il se trouvoit ailleurs de ces censeurs dédaigneux, que ne pourrions-nous pas leur répondre?

Se figurent-ils que tout un peuple se trompe, quand à la mort d'un jeune prince il donne les marques de la plus profonde douleur? Croient-ils qu'on gagne la faveur du public, et qu'on peut le mettre dans une espèce d'enthousiasme sans mérite ? Pensent-ils que le genre-humain, si peu disposé à donner son suffrage, l'accorde légérement, s'il n'y est forcé par la vertu ? Qu'ils conviennent donc que cet enfant, qui n'a laissé aucune trace de son existence, méritoit nos regrets, tant par ce que nous espérions de lui, que par le peu de princes qu'il nous restoit à perdre. Justifions les larmes de la famille royale, les regrets des véritables citoyens attachés au gouvernement, et la consternation publique à la nouvelle d'une perte aussi importante.

Qu'est-ce qui fait, Messieurs, la force des États ? sont-ce des limites étendues, auxquelles il faut des défenseurs ? sont-ce des richesses accumulées par le commerce et l'industrie, qui ne deviennent utiles que par leur bon emploi ? sont-ce des peuples nombreux, qui se détruiroient eux-mêmes s'ils manquoient de conducteurs ? Non, Messieurs, ces objets sont des matériaux bruts, qui n'acquièrent de prix et de considération qu'autant que la sagesse et l'habileté savent les mettre en œuvre. La force des États consiste dans les grands hommes que la Nature y fait naître à propos. Parcourez les annales du monde, vous verrez que le temps d'élévation et de splendeur des empires ont été ceux où des génies sublimes, des ames vertueuses, des hommes doués d'un mérite éminent, y ont brillé, en soutenant le poids du gouvernement par leurs efforts généreux. C'est ce sentiment confus qui rend le public sensible à la mort des hommes d'une naissance illustre, parce qu'il attendoit d'eux des services importans. Comme on regrette plus la perte d'une tendre plante, qui est près de produire, et qu'un hiver rigoureux emporte, que celle d'un arbre antique dont la sève tarie a desséché les rameaux; de même, Messieurs, le public est plus sensible aux espérances qu'on lui enlève, lorsqu'il touche au moment d'en jouir, qu'à la perte de ceux dont la caducité ne lui fait plus attendre les mêmes services qu'ils lui rendirent dans leur jeunesse.

Sur qui pouvions-nous jamais fonder de plus solides espérances, que sur un prince dont les moindres actions nous découvroient le caractère admirable, et nous annonçoient de quoi il seroit capable un jour? Hélas! nous voyions le germe des talens et des vertus s'accroître et prospérer dans un champ qui nous promettoit de riches moissons.

Les personnes les plus éclairées, ceux qui ont le plus l'usage de monde, et qui en même temps ont le plus fouillé dans le cœur de l'homme, savent déchiffrer dans le fond du caractère les actions qu'on peut en attendre; que ne trouvoient-ils pas dans le caractère de ce jeune prince? Une ame où la vertu étoit empreinte, un cœur plein de sentimens nobles, un esprit avide de s'instruire, un génie de la plus grande élévation, une raison mâle et prématurée. Voulez-vous des exemples de ce que la raison pouvoit sur lui dans un âge aussi tendre? Rappellez-vous, Messieurs, ces jours de troubles, marqués par tant de calamités, où l'Europe, dans une espèce de délire, s'étoit conjurée pour bouleverser cette monarchie ; où nous ne pouvions compter le nombre de nos ennemis, et où il étoit difficile de discerner nos amis à des marques certaines. Dans ce temps, le prince de Prusse quitta Magdebourg, dont les boulevards servoient de dernier asile à la maison royale, pour accompagner le Roi dans la campagne de 1762. Le prince Henri, qui brûloit d'entrer dans la carrière où le prince son frère alloit s'engager, conçut que non-seulement sa jeunesse l'écartoit des fatigues de la guerre, mais qu'encore le Roi son oncle ne pouvoit, sans inconsidération, exposer à la fois, à des dangers évidens, toutes les espérances de l'État. Ces réflexions tournèrent toute son application à l'étude : il disoit qu'il rendroit utiles tous les mómens de son loisir qu'il ne pouvoit consacrer à la gloire. Ses progrès répondirent à ses résolutions. Il ne traitoit point l'étude comme cette jeunesse frivole et corrompue, qui par la crainte des maîtres se hâte de remplir un devoir qui lui répugne, pour se livrer ensuite à l'oisiveté, ou bien à la licence et à la dépravation dont les exemples ne lui fraient que trop communément les chemins.

Notre prince, plus éclairé, savoit que lui-même, ainsi que tous les hommes, n'avoit reçu en naissant que la capacité de s'instruire, qu'il falloit qu'il apprît ce qu'il ignoroit, et remplît sa mémoire, ce magasin précieux, de connoissances dont il pourroit faire usage dans le cours de sa vie. Il étoit persuadé que les lumières acquises par l'étude rendent l'expérience prématurée, et qu'une théorie bien digérée conduit à une pratique facile. Voulez-vous savoir quel vaste champ de connoissances il avoit embrassé? Depuis l'histoire ancienne jusqu'à la moderne, il avoit tout lu : il s'étoit sur-tout appliqué à s'imprimer dans la mémoire les caractères des grands hommes, les événemens principaux et frappans, et ce qui a le plus contribué à l'élévation ou bien à la décadence des empires ; ce choix exquis et précieux, il se l'étoit rendu familier.

Point d'ouvrage militaire qui jouit de quelque réputation, qu'il n'ait étudié, et sur lequel il n'ait consulté le sentiment des personnes expérimentées. Voulez-vous des témoignages encore moins équivoques de l'ardeur qu'il témoignoit de s'instruire à fond des choses ? Apprenez donc, Messieurs, qu'ayant parcouru les systêmes différens de fortification, et ne se sentant pas aussi avancé dans cette partie qu'il l'auroit désiré, durant six mois il prit de leçons du colonel Ricaut, sans y avoir été incité par personne, et à l'insu de ses parens mêmes. O jeune homme ! quel exemple que le vôtre pour la jeunesse lâche et inappliquée qu'il faut contraindre à s'instruire ? et que ne devoit-on pas se promettre de vos heureuses dispositions ? Voulez-vous des marques frappantes de la solidité de son esprit? Publions hardiment la vérité : osons dire devant cet auditoire illustre, ce qui doit être au moins connu d'une partie de ceux qui le composent.

Agé de dix-huit ans, le prince savoit rendre compte des systêmes de Descartes, de Leibnitz, de Malebranche et de Locke : non-seulement sa mémoire avoit retenu toutes ces matières abstraites, mais son jugement les avoit toutes épurées. Il étoit étonné de trouver dans les recherches de ces grands hommes moins de vérités que de suppositions ingénieuses ; et il étoit parvenu à penser, comme Aristote, que le doute est le commencement de la sagesse.

Un jugement droit, qui le conduisoit dans toutes ses démarches, l'avoit borné dans l'étude de la géométrie aux élémens d'Euclide ; il disoit qu'il abandonnoit la géométrie transcendante à des génies désœuvrés qui pouvoient la cultiver par luxe d'esprit. Sera-t-il croyable pour la postérité, que ce prince aimable, ayant à peine passé le seuil du sanctuaire des sciences, ait dû faire rougir tant de savans blanchis sous le harnois, qui remplissant leur mémoire, n'ont jamais éclairé leur raison ?

Un bon esprit apporte des dispositions à tout ce qu'il veut entreprendre ; il est tel qu'un Protée, qui change sans peine de formes, et paroît toujours réellement l'objet qu'il représente. Notre prince, qui étoit né avec ce don heureux, ne laissa point échapper la pratique de l'art militaire à la sphère de ses connoissances : il paroissoit né pour tout ce qu'il faisoit. Son émulation et son penchant se découvroient surtout dans ces courses annuelles, où se trouvant à la suite du Roi il parcouroit les provinces ; il connoissoit l'armée, et il en étoit connu ; depuis les moindres détails jusqu'aux parties sublimes de cet art dangereux, rien n'échappoit à son activité ; avec cela, d'une humeur toujours égale, tempérant dans ses mœurs, adroit dans les exercices du corps, persévérant dans ses entreprises, infatigable dans ses travaux, et porté par préférence à tout ce qui peut être utile et honorable.

Tant de talens admirables que la Nature avoit accordés au prince Henri, ne formeroient cependant pas un éloge parfait, si les qualités du cœur, essentielles à tous les hommes, et surtout aux grands, ne s'y étoient jointes et n'eussent couronné l'œuvre.

Un plus vaste champ se présente à ma vue, et m'offre une riche moisson de vertus. Un enfant, dans l'âge où à peine l'ame commence à se développer, me fournit une foule d'exemples de perfections. Je n'avancerai rien, Messieurs, qui ne soit soutenu par des preuves ; et quel que fût mon attachement pour ce prince, il ne m'aveugleroit pas assez pour que je voulusse en imposer à des témoins. Mais qui me démentira, si je dis que le prince Henri, né avec un tempérament tout de feu, savoit tempérer sa vivacité par sa sagesse ? Ceux qui ont eu l'honneur de l'approcher, savent qu'on pouvoit hardiment épancher son cœur dans son sein, sans craindre qu'il trahît les secrets qu'on lui avoit confiés. Son cœur sur-tout étoit sa plus belle comme sa plus noble partie : doux pour ceux qui l'approchoient, compatissant pour les malheureux, tendre pour ceux qui souffroient, humain pour tout le monde. Il sembloit partager le sort des affligés, il étanchoit les pleurs des infortunés, il répandoit abondamment sa générosité sur les indigens : rien ne lui étoit trop précieux, pour qu'il ne l'employât au soulagement de ceux qui étoient dans le besoin. Je vous en atteste, ô familles malheureuses qu'il secourut de tout son pouvoir, vous pauvres honteux qui trouviez en lui une ressource toujours assurée, vous malheureux de toute espèce qui avez perdu en lui un bienfaiteur, un père! Ces excellentes dispositions lui étoient si naturelles; il se faisoit si peu d'effort pour les mettre au jour, qu'on voyoit évidemment qu'elles partoient d'une source pure et inépuisable : faut-il qu'un destin ennemi l'ait fait tarir si-tôt ? Oublierai-je ce peu de jours qu'il passa à son régiment ? Vous ses officiers, et vous vaillans cuirassiers, glorieux de servir sous ses ordres, est-il aucun de vous qui me démente, si je dis que vous n'avez appris à le connoître que par ses bienfaits, et que ce prince si jeune pouvoit vous servir de guide et de modèle ?

Vous savez, Messieurs, que le désintéressement parfait est la source d'où découle toute vertu : c'est lui qui fait préférer une réputation honorable aux avantages de la richesse, l'amour de l'équité et de la justice aux désirs d'une cupidité effrénée, les intérêts publics et de l'État aux siens propres et à ceux de sa famille, le salut et la conservation de la patrie à sa conservation personnelle, à ses biens, à sa santé, à sa vie; qui en un mot élève l'homme au-dessus de l'homme, et le rend presqu'un citoyen des cieux. Ce sentiment noble et généreux de l'ame se remarquoit dans toutes les actions de notre prince ; combien ne forma-t-il pas de vœux pour la fécondité du mariage du prince de Prusse son frère, et quoiqu'il ne pût se déguiser que la stérilité de cette union le rapprocheroit du trône, il marqua la joie la plus sincère en apprenant la délivrance de la princesse sa belle-sœur, regrettant seulement que ce ne fût pas un prince qu'elle eût mis au monde. Je ne serois pas embarrassé de vous citer encore de pareils traits qui vous rempliroient d'amour, et vous raviroient en admiration ; toutefois souffrez, Messieurs, que je m'arrête, et que je ne lève point le voile qui couvre aux yeux des profanes ce qui regarde l'intérieur de la maison royale.

Après tout ce que vous venez d'entendre du prince Henri, qui ne craindroit que l'extrême penchant qu'ont tous les hommes à s'approuver eux-mêmes, que cette complaisance avec laquelle ils relèvent leurs moindres actions, que cette flatteuse disposition qu'ils ont à s'applaudir, n'eût enflé le cœur d'un jeune-homme d'une vanité toujours odieuse, quoiqu'elle n'eût pas été dépourvue de tout fondement ? Quel écueil pour l'amour-propre que tant de talens, et même tant de vertus ! Heureusement nous n'avons rien à appréhender pour lui : une raison supérieure le préserva de cet écueil dangereux. J'en appelle à la cour, à la ville, à l'armée, aux provinces, à vous-mêmes, Messieurs : vous savez que sa belle ame étoit la seule qui ne fût pas satisfaite d'elle-même. Peu content des qualités qu'il possédoit, il avoit une plus haute idée de celles qu'il espéroit d'acquérir ; c'étoit le principe qui excitoit son ardeur à se procurer les connoissances qui lui manquoient, afin d'approcher en tout genre aussi près de la perfection qu'il est permis à la fragilité humaine d'y atteindre. Mais si la vanité lui parut une foiblesse ridicule, il ne fut pas insensible aux attraits de la gloire. Quel homme vertueux l'a jamais dédaignée? C'est la dernière passion du sage ; les plus austères philosophes même n'ont pu la déraciner. Avouons-le franchement, Messieurs ; le désir d'établir une réputation solide est le mobile le plus puissant, est le principal ressort de l'ame, est la source et le principe éternel qui pousse les hommes à la vertu, et qui produit ces actions par lesquelles ils s'immortalisent. Le prince Henri ne vouloit pas devoir sa réputation à la lâche condescendance du vulgaire, méprisable adorateur des idoles de la Fortune, qui les encense par bassesse, fussent-elles même sans mérite ; il vouloit une gloire inhérente à sa personne, et que l'envie ne pût rendre douteuse ; point de réputation d'emprunt, mais un nom réel, soutenu par le fond d'un caractère invariable.

Que ne présagions-nous pas de tant d'admirables qualités, accompagnées de tant de modestie ? Avec quel plaisir ne composions-nous pas d'avance l'histoire de la vie que ce grand prince nous faisoit attendre ? Nous le vîmes entrer dans le monde : la carrière de la gloire s'entr'ouvroit pour lui ; il nous parut comme un athlète préparé à rendre sa course célèbre : sa jeunesse florissante enfloit nos espérances : d'avance nous jouissions de tout son mérite ; mais nous ignorions, hélas ! qu'un arrêt fatal de la destinée devoit nous l'enlever si-tôt.

Malheureux que je suis ! Dois-je renouveller votre douleur ? faut-il r'ouvrir la source de vos larmes ? Et ma main sera-t-elle destinée à retourner le poignard dans la plaie de vos cœurs qui saigne encore ? En vain, Messieurs, je m'étudierois à vous déguiser notre perte commune; elle n'est, hélas, que trop réelle ! Foibles orateurs, que pouvez-vous pour calmer une douleur aussi vive ? mêlez plutôt vos larmes au torrent de celles qui se répandent. Vous le savez, malheureusement le prince Henri fut subitement saisi d'une maladie autant cruelle qu'affreuse. Ce prince, qui ignoroit le sentiment de la crainte, n'appréhendoit pas la petite vérole, malgré les ravages prodigieux qu'elle avoit faits l'hiver précédent, et malgré l'horreur générale qu'en a presque tout le monde. Admirez son humanité : dès que les médecins lui eurent appris le mal dont il étoit atteint, il interdit son accès à tous ceux de ses domestiques qui n'avoient point eu la même maladie : un de ses valets-de-chambre, qui étoit dans ce cas, n'osa le servir : il dit que si l'on vouloit qu'il fût tranquille, on devoit lui laisser courir ses propres risques, sans l'exposer à les communiquer à d'autres. Un des aides-de-camp du Roi, qui n'avoit point eu la petite vérole, s'offrit à le veiller ; mais le prince ne voulut point qu'il s'exposât : en craignant de risquer la vie de ceux qui l'entouroient, il bravoit ses propres dangers. Cette bonté, cette noblesse de sentimens, cette façon généreuse de penser, cette humanité, la première des vertus, le caractérisèrent jusqu'au trépas; il souffrit patiemment, il jeta sur la mort des regards intrépides, et s'y abandonna avec héroïsme.

Quel coup de foudre pour la maison royale, que cette nouvelle autant désastreuse qu'inopinée! Hélas, nous nous flattions tous, chacun tâchoit à se faire illusion, nous écartions de nos esprits les images funestes dont l'impression douloureuse blessoit la délicatesse de nos sentimens: ces hommes réduits, par leur art borné, à n'être que les témoins des maladies, nous entretenoient dans cette sécurité trompeuse; quand tout-à-coup les accens d'une voix lugubre vinrent tarir nos espérances, et nous plonger dans la douleur la plus profonde.

Souvenez-vous, Messieurs, de ce jour funeste où la Renommée, qui divulgue tout, répandit subitement ces tristes paroles: *Le prince Henri est mort.* Quelle consternation! que d'inutiles et sincères regrets! que de larmes répandues! Ce n'étoit point le sentiment feint d'une douleur affectée, mais l'affliction sincère d'un public éclairé, qui connoissoit la grandeur de ses pertes. Les jeunes gens disoient: » Comment est
» mort celui sur lequel nous avions fondé tant
» d'espérances»? Les vieillards disoient: »C'étoit
» à lui de vivre, à nous de mourir ». Chacun pensoit avoir perdu en lui un parent, un ami, un exemple, un bienfaiteur. Marcellus, enlevé dans la fleur de son printemps, fut moins re-

gretté : Germanicus mourant, coûta moins de larmes aux Romains : et la perte d'un jeune homme devint une calamité publique.

O pompe fatale ! ta marche fut arrosée par des torrens de larmes, et tu ne parvins au tombeau qu'à travers les gémissemens, les pleurs, les cris du peuple, et les symboles du désespoir qui t'environnoient.

Tel est, Messieurs, le privilège de la vertu quand elle brille dans toute sa pureté ; les hommes, quelqu'adonnés qu'ils soient eux-mêmes au vice, sont pour leur propre avantage contraints de l'aimer, et forcés de lui rendre justice. Les suffrages sincères de toute une nation, le témoignage universel de l'estime publique, ces louanges du prince Henri après sa mort, et par conséquent à l'abri de toute flatterie, ne sont-elles pas dans le cas de ces acclamations générales où la voix de Dieu paroît se manifester par la voix de tout un peuple ? Ne mesurons donc point la vie des hommes selon son plus ou moins d'étendue, mais selon l'usage qu'ils ont fait du temps de leur existence. O prince aimable ! votre sagesse vous avoit bien averti de cette vérité. Votre course fut bornée ; mais vos jours furent remplis. Vous-même, non, vous ne regretteriez pas la courte durée du terme que la Nature vous avoit prescrit, si vous pouviez savoir combien vous avez été aimé, combien de cœurs vous étoient sincérement attachés, et quelle confiance le public mettoit en votre mérite. Une vie plus longue, que pouvoit-elle vous procurer davantage ?

Ah,

Ah, Messieurs! ces tristes réflexions, loin de calmer notre douleur, l'aggravent, en nous rappellant tous les avantages dont nous jouissions, et qui se sont soudainement évanouis : un instant fatal nous oblige à renoncer pour jamais à l'espérance de voir briller tant de vertus pour l'avantage de la patrie. Jour désastreux, qui nous privas de ce doux espoir! Cruelle maladie qui terminas de si beaux jours! Sort impitoyable qui ravis les délices du peuple, pourquoi nous laissas-tu la lumière, après la lui avoir ravie?.... Mais que dis-je?.... où m'égare ma douleur?.... Non, Messieurs, supprimons des murmures aussi coupables qu'inutiles, respectons les arrêts des destinées, souvenons-nous que la condition d'hommes nous assujettit à la souffrance, que les lâches en sont abattus, et que les courageux la soutiennent avec fermeté. Ce prince si aimable et si aimé, s'il pouvoit entendre nos tristes regrets, et les accens plaintifs de tant de voix lamentables, n'approuveroit pas ces témoignages lugubres de notre impuissante et stérile douleur : il penseroit que si dans la courte durée de sa vie, il n'a pu nous être utile selon ses excellentes intentions, nous devrions au moins retirer quelques instructions de sa mort.

O vous, jeunesse illustre, qui ne respirez que pour la gloire, et qui dévouez vos travaux aux armes! approchez de ce tombeau; rendez les derniers devoirs à ce prince, votre émule et votre exemple : contemplez ce qui nous reste de lui, un cadavre défiguré, des cendres, des ossemens, de la poussière; destinée commune

de ceux qu'a moissonnés la faux du trépas ! Mais considérez en même temps ce qui lui survit, et qui ne périra jamais, le souvenir de ses belles qualités, l'exemple de sa vie, l'image de ses vertus. Il me semble le voir, qui ranimant sa cendre éteinte, sort de ce sépulcre où reposent ses froides reliques, pour vous dire : » Votre vie
» est bornée, quelle qu'en soit la durée : un jour
» vous quitterez toute cette dépouille mortelle ;
» profitez du temps par votre activité : voyez
» comme rapidement mes jours se sont éva-
» nouis. Si vous voulez que votre mémoire vous
» survive, souvenez-vous que ce sont les belles
» actions et les vertus seules qui peuvent ga-
» rantir vos noms de la destruction des siècles,
» et de l'oubli des temps ».

Et vous, vaillans défenseurs de l'Etat, dont les efforts incroyables le soutinrent contre les assauts de toute l'Europe ! et vous, ministres, qui dans vos différens emplois, vous occupez de la félicité publique ! approchez aussi de ce tombeau : qu'un jeune-homme regretté pour ses talens et ses rares vertus, vous affermisse dans l'opinion où vous êtes, que ce ne sont ni les grands emplois, ni les vaines décorations, ni la naissance même, quelqu'illustre qu'elle soit, qui font estimer ceux qui sont à la tête des nations; mais que leur mérite, leur zèle, leurs travaux, leur attachement à la patrie seuls, peuvent leur concilier les suffrages du public, des sages et de la postérité.

Pourrois-je, après vous avoir conduits à ce tombeau, m'empêcher d'en approcher moi-même? O Prince, qui saviez combien vous m'étiez cher, combien votre personne m'étoit précieuse! si la voix des vivans peut se faire entendre des morts, prêtez attention à une voix qui ne vous fut pas inconnue : souffrez que ce fragile monument, le seul, hélas! que je puis ériger à votre mémoire, vous soit élevé : ne dédaignez pas les efforts d'un cœur qui vous étoit attaché, qui sauvant des débris de votre naufrage ce qu'il peut, essaie de le placer au temple de l'immortalité. Hélas! étoit-ce à vous à m'apprendre avec quelle économie il faut faire usage du peu de jours qui nous sont départis? étoit-ce de vous que je devois apprendre à braver les approches de la mort, moi que l'âge et les infirmités avertissent journellement que j'approche du terme qui bornera la course de ma vie? Votre admirable caractère ne s'effacera jamais de ma mémoire, l'image de vos vertus me sera sans cesse présente : vous vivrez toujours dans mon cœur : votre nom se mêlera dans tous nos entretiens, et votre souvenir ne périra en moi qu'avec l'extinction de ce souffle de vie qui m'anime. J'entrevois déjà la fin de ma carrière, et le moment, cher prince, où l'Être des êtres réunira à jamais ma cendre à la vôtre.

La mort, Messieurs, est la fin de tous les hommes : heureux ceux qui en mourant ont la consolation de savoir qu'ils méritent les larmes de ceux qui leur survivent!

ÉLOGE

DE VOLTAIRE,

Lu à l'Académie Royale des Sciences et Belles-Lettres de Berlin, dans une assemblée publique extraordinairement convoquée pour cet objet, le 26 novembre 1778.

Messieurs,

Dans tous les siècles, sur-tout chez les nations les plus ingénieuses et les plus polies, les hommes d'un génie élevé et rare ont été honorés pendant leur vie, et encore plus après leur mort; on les consideroit comme des phénomènes qui répandoient leur éclat sur leur patrie. Les premiers législateurs qui apprirent aux hommes à vivre en société; les premiers héros qui défendirent leurs concitoyens; les philosophes qui pénétrèrent dans les abymes de la nature, et qui découvrirent quelques vérités; les poëtes qui transmirent les belles actions de leurs contemporains aux races futures; tous ces hommes furent regardés comme des êtres supérieurs à l'espèce humaine: on les croyoit favorisés d'une inspiration particulière de la Divinité. Delà vint qu'on éleva des autels à Socrate, qu'Hercule passa pour un dieu, que la Grèce honoroit Orphée, et que sept villes se disputèrent la gloire d'avoir vu naître Homère. Le peuple d'Athènes, dont l'éducation étoit la plus perfectionnée, savoit l'*Iliade* par cœur, et célébroit avec sensibilité la gloire de ces anciens héros dans les chants de ce poëme. On voit également que Sophocle, qui remporta la palme du théâtre, fut en grande estime pour ses talens, et de plus, que la république d'Athènes le revêtit des charges les plus considérables. Tout le monde sait combien Eschine, Périclès, Démosthène furent estimés; et que Périclès sauva deux fois la vie à Diagoras, la première en le garantissant contre la fureur des sophistes, et la seconde fois, en l'assistant par ses bienfaits. Quiconque en Grèce avoit des talens, étoit sûr de trouver des admirateurs et même des enthousiastes: c'étoient ces puissans encouragemens qui développoient les génies, et qui donnoient aux esprits cet essor qui l'élève, et qui lui fait franchir les bornes de la médiocrité. Quelle émulation n'étoit-ce pas pour les philosophes que d'apprendre que Philippe de Macédoine choisit Aristote comme le seul précepteur digne d'élever Alexandre? Dans ce beau siècle tout mérite avoit sa récompense, tout talent ses honneurs; les bons auteurs étoient distingués; les ouvrages de Thucydide, de Xénophon se trouvoient entre les mains de tout le monde; enfin chaque citoyen sembloit participer à la célébrité de ces génies qui élevèrent alors le nom de la Grèce au-dessus de celui de tous les autres peuples.

Bientôt après, Rome nous fournit un spectacle semblable; on y voit Cicéron qui par son esprit philosophique et par son éloquence s'éleva au comble des honneurs; Lucrèce ne vécut pas assez pour jouir de sa réputation; Virgile et Horace furent honorés des suffrages de ce peuple-roi; ils furent admis aux familiarités d'Auguste, et participèrent aux récompenses que ce tyran adroit répandoit sur ceux qui célébrant ses vertus, faisoient illusion sur ses vices.

A l'époque de la renaissance des lettres dans notre occident, l'on se rappelle avec plaisir l'empressement avec lequel les Médicis et quelques souverains pontifes accueillirent les gens-de-lettres; on sait que Pétrarque fut couronné poëte, et que la mort ravit au Tasse l'honneur d'être couronné dans ce même Capitole où jadis avoient triomphé les vainqueurs de l'univers. Louis XIV, avide de tout genre de gloire, ne négligea pas celui de récompenser ces hommes extraordinaires que la nature produisit sous son règne; il ne se borna pas à combler de bienfaits Bossuet, Fénelon, Racine, Despréaux; il étendit sa munificence sur tous les gens-de-lettres en quelque pays qu'ils fussent, pour peu que leur réputation fût parvenue jusqu'à lui.

Tel est le cas qu'ont fait tous les âges de ces génies heureux qui semblent ennoblir l'espèce humaine, et dont les ouvrages nous délassent et nous consolent des misères de la vie. Il est donc bien juste que nous payions aux mânes du grand homme dont l'Europe déplore la perte, le tribut d'éloges et d'admiration qu'il a si bien mérité.

Nous ne nous proposons pas, Messieurs, d'entrer dans le détail de la vie privée de M. de Voltaire. L'histoire d'un roi doit consister dans l'énumération des bienfaits qu'il a répandus sur ses peuples, celle d'un guerrier dans ses campagnes, celle d'un homme-de-lettres dans l'analyse de ses ouvrages : les anecdotes peuvent amuser la curiosité, les actions instruisent. Mais comme il est impossible d'examiner en détail la multitude d'ouvrages que nous devons à la fécondité de M. de Voltaire, vous voudrez bien, Messieurs, vous contenter de l'esquisse légère que je vous en tracerai, me bornant d'ailleurs à n'effleurer qu'en passant les événemens principaux de sa vie. Ce seroit donc déshonorer M. de Voltaire que de s'appesantir sur des recherches qui ne concernent que sa famille. A l'opposé de ceux qui doivent tout à leurs ancêtres et rien à euxmêmes, il devoit tout à la nature : il fut seul l'instrument de sa fortune et de sa réputation. On doit se contenter de savoir que ses parens, qui avoient des emplois dans la robe, lui donnèrent une éducation honnête ; il étudia au collège de Louis-le-Grand sous les Pères Porée et Tournemine, qui furent les premiers à découvrir les étincelles de ce feu brillant dont ses ouvrages sont remplis.

Quoique jeune, M. de Voltaire n'étoit pas regardé comme un enfant ordinaire ; sa verve s'étoit déjà fait connoître ; c'est ce qui l'introduisit dans la maison de Mde. de Rupelmonde : cette dame, charmée de la vivacité d'esprit et des talens du jeune poëte, le produisit dans les meilleures sociétés de Paris : le grand monde devint pour lui l'école où son goût acquit ce tact fin, cette politesse, et cette urbanité à laquelle n'atteignent jamais ces savans érudits et solitaires qui jugent mal de ce qui peut plaire à la société raffinée, trop éloignée de leur vue pour qu'ils puissent la connoître. C'est principalement au ton de la bonne compagnie, à ce vernis répandu dans les ouvrages de M. de Voltaire, que ceux-ci doivent la vogue dont ils jouissent.

Déjà sa tragédie d'*Oedipe* et quelques vers agréables de société avoient paru dans le public, lorsqu'il se débita à Paris une satyre en vers indécens contre le duc d'Orléans, alors régent de France : un certain la Grange, auteur de cette œuvre de ténèbres, pour éviter d'être soupçonné, trouva le moyen de la faire passer sous le nom de M. de Voltaire; le gouvernement agit avec précipitation ; le jeune poëte, tout innocent qu'il étoit, fut arrêté et conduit à la Bastille, où il demeura quelques mois; mais comme le propre de la vérité est de se faire jour plus tôt ou plus tard, le coupable fut puni, et M. de Voltaire justifié et relâché. Croiriez-vous, Messieurs, que ce fut à la Bastille même que notre jeune poëte composa les deux premiers chants de sa *Henriade*? Cependant cela est vrai : sa prison devint un Parnasse pour lui où les Muses l'inspirèrent. Ce qu'il y a de certain, c'est que le second chant est demeuré tel qu'il l'avoit d'abord minuté : faute de papier et d'encre, il en apprit les vers par cœur et les retint.

Peu après son élargissement, soulevé contre les indignes traitemens et les opprobres dont il avoit enduré la honte dans sa patrie, il se retira en Angleterre, où il éprouva non-seulement l'accueil le plus favorable du public, mais où bientôt il forma un nombre d'enthousiastes. Il mit à Londres la dernière main à *la Henriade*, qu'il publia alors sous le nom du poëme de la Ligue. Notre jeune poëte qui savoit tout mettre à profit, pendant qu'il fut en Angleterre, s'appliqua principalement à l'étude de la philosophie ; les plus sages et les plus profonds philosophes y florissoient alors ; il saisit le fil avec lequel le circonspect Locke s'étoit conduit dans le dédale de la métaphysique, et refrénant son imagination impétueuse, il l'assujettit aux calculs laborieux de l'immortel Newton : il s'appropria si bien les découvertes de ce philosophe, et ses progrès furent tels, que dans un abrégé il exposa si clairement le système de ce grand homme, qu'il le mit à la portée de tout le monde. Avant lui, M. de Fontenelle étoit l'unique philosophe qui répandant des fleurs sur l'aridité de l'astronomie, l'eût rendue susceptible d'amuser le loisir du beau-sexe. Les Anglois étoient flattés de trouver un François, qui non content d'admirer leurs philosophes, les traduisoit dans sa langue ; tout ce qu'il y avoit de plus illustre à Londres, s'empressoit à le posséder ; jamais étranger ne fut accueilli plus favorablement de cette nation ; mais quelque flatteur que fût ce triomphe pour l'amour-propre, l'amour de la patrie l'emporta dans le cœur de notre poëte, et il retourna en France.

Les Parisiens, éclairés par les suffrages qu'une nation aussi savante que profonde avoit donnés à notre jeune auteur, commencèrent à se douter que dans leur sein il étoit né un grand homme. Alors parurent les *Lettres sur les Anglois*, où l'auteur peint avec des traits forts et rapides les mœurs, les arts, les religions et le gouvernement de cette nation : la tragédie de *Brutus*, faite pour plaire à ce peuple libre, succéda bientôt après, ainsi que *Mariamne*, et une foule d'autres pièces.

Il se trouvoit alors en France une dame célèbre par son goût pour les arts et pour les sciences. Vous devinez bien, Messieurs, que c'est de l'illustre marquise du Châtelet dont nous voulons parler. Elle avoit lu les ouvrages philosophiques de notre jeune auteur ; bientôt elle fit sa connoissance ; le désir de s'instruire, et l'ardeur d'approfondir le peu de vérités qui sont à la portée de l'esprit humain, resserra les liens de cette amitié, et la rendit indissoluble. Madame du Châtelet abandonna tout de suite la *Théodicée* de Leibnitz et les romans ingénieux de ce philosophe, pour adopter à leur place la méthode circonspecte et prudente de Locke, moins propre à satisfaire une curiosité avide qu'à contenter la raison sévère ; elle apprit assez de géométrie pour suivre Newton dans les calculs abstraits ; son application fut même assez persévérante pour composer un abrégé de ce système à l'usage de son fils. Cirey devint bientôt la retraite philosophique de ces deux amis : ils y composoient, chacun de son côté, des ouvrages de genres différens qu'ils se communiquoient, tâchant, par des remarques réciproques, de porter leurs productions au degré de perfection où elles pouvoient probablement atteindre. Là furent composées *Zaïre*, *Alzire*, *Mérope*, *Sémiramis*, *Catilina*, *Électre* ou *Oreste*.

M. de Voltaire, qui faisoit tout entrer dans la sphère de son activité, ne se bornoit pas uniquement au plaisir d'enrichir le théâtre par ses tragédies. Ce fut proprement pour l'usage de la marquise du Châtelet qu'il composa son *Essai sur l'Histoire universelle* ; le *Siècle de Louis XIV*, et l'*Histoire de Charles XII* avoient déjà paru.

Un auteur d'autant de génie, aussi varié que correct, n'échappa point à l'académie françoise ; elle le revendiqua comme un bien qui lui appartenoit ; il devint membre de ce corps illustre, dont il fut un des plus beaux ornemens. Louis XV, de même pour le distinguer, l'honora de la charge de son gentilhomme ordinaire et de celle d'historiographe de France, qu'il avoit, pour ainsi dire, déjà remplie, en écrivant l'histoire de Louis XIV.

Quoique M. de Voltaire fût sensible à des marques d'approbation aussi éclatantes, il l'étoit pourtant davantage à l'amitié ; inséparablement lié avec madame du Châtelet, le brillant d'une grande cour n'offusqua pas ses yeux au point de lui faire préférer la splendeur de Versailles au séjour de Luneville, bien moins à la retraite champêtre de Cirey. Ces deux amis y jouissoient paisiblement de la portion du bonheur dont l'humanité est susceptible, quand la mort de la marquise du Châtelet mit fin à cette belle union : ce fut un coup assommant pour la sensibilité de M. de Voltaire, qui eut besoin de toute sa philosophie pour y résister.

Précisément dans le temps qu'il faisoit usage de toutes ses forces pour appaiser sa douleur, il fut appellé à la cour de Prusse ; le Roi, qui l'avoit vu en l'année 1740, désiroit de posséder ce génie aussi rare qu'éminent ; ce fut l'année 1752 qu'il vint à Berlin : rien n'échappoit à ses connoissances ; sa conversation étoit aussi instructive qu'agréable, son imagination aussi brillante que variée, son esprit aussi prompt que présent : il suppléoit par les grâces de la fiction à la stérilité des matières ; en un mot, il faisoit les délices de toutes les sociétés. Une malheureuse dispute qui s'éleva entre lui et monsieur de Maupertuis, brouilla ces deux savans, qui étoient faits pour s'aimer et non pour se haïr ; et la guerre qui survint en 1756, inspira à M. de Voltaire le désir de fixer son séjour en Suisse ; il se rendit à Genève, à Lausanne ; ensuite il fit l'acquisition des Délices, et enfin il s'établit à Ferney. Son loisir se partageoit entre l'étude et l'ouvrage, il lisoit et composoit ; il occupoit ainsi par la fécondité de son génie tous les libraires de ces cantons.

La présence de M. de Voltaire, l'effervescence de son génie, la facilité de son travail, persuada à tout son voisinage qu'il n'y avoit qu'à le vouloir pour être bel-esprit ; ce fut comme une espèce de maladie épidémique dont les Suisses, qui passent d'ailleurs pour n'être pas des plus déliés, furent atteints ; ils n'exprimoient plus les choses les plus communes que par antithèses ou en épigrammes : la ville de Genève fut le plus vivement atteinte de cette contagion ; les bourgeois, qui se croyoient au moins des Lycurgues, étoient tous disposés à donner de nouvelles loix à leur patrie ; mais aucun ne vouloit obéir à celles qui subsistoient. Ces mouvemens, causés par un zèle de liberté mal-entendue, donnèrent lieu à une espèce d'émeute ou de guerre qui ne fut que ridicule. M. de Voltaire ne manqua pas d'immortaliser cet événement, en chantant cette soi-disante guerre sur le ton que celle des rats et des grenouilles l'avoit été autrefois par Homère. Tantôt sa plume féconde enfantoit des ouvrages de théâtre, tantôt des mélanges de philosophie et d'histoire, tantôt des romans allégoriques et moraux : mais en même temps qu'il enrichissoit ainsi la littérature de ses nouvelles productions, il s'appliquoit à l'économie rurale. On voit combien un bon esprit est susceptible de toutes sortes de formes ; Ferney étoit une terre presque dévastée quand notre philosophe l'acquit ; il la remit en culture ; non-seulement il la repeupla, mais il y établit encore quantité de manufacturiers et d'artistes.

Ne rappellons pas, Messieurs, trop promptement les causes de notre douleur ; laissons encore M. de Voltaire tranquillement à Ferney, et jetons en attendant un regard plus attentif et plus réfléchi sur la multitude de ses différentes productions. L'histoire rapporte que Virgile en mourant, peu satisfait de l'*Énéide*, qu'il n'avoit pu autant perfectionner qu'il auroit désiré, voulut la brûler. La longue vie dont jouit M. de Voltaire, lui permit de limer et de corriger son poëme de la Ligue, et de le porter à la perfection où il est parvenu maintenant sous le nom de *la Henriade*; les envieux de notre auteur lui reprochèrent que son poëme n'étoit qu'une imitation de l'*Énéide*; et il faut convenir qu'il y a des chants dont les sujets se ressemblent; mais ce ne sont pas des copies serviles : si Virgile dépeint la destruction de Troie ; Voltaire étale les horreurs de la St-Barthélemi ; aux amours de Didon et d'Énée on compare les amours de Henri IV et de la belle Gabrielle d'Étrée ; à la descente d'Énée aux enfers, où Anchise lui découvre la postérité qui doit naître de lui, l'on oppose le songe de Henri IV, et l'avenir que S. Louis dévoile, en lui annonçant le destin des Bourbons. Si j'osois hasarder mon sentiment, j'adjugerois l'avantage de deux de ces chants au françois, savoir, ceux de la St-Barthélemi et du songe de Henri IV. Il n'y a que les amours de Didon où il paroît que Virgile l'emporte sur Voltaire, parce que l'auteur latin intéresse et parle au cœur, et que l'auteur françois n'emploie que des allégories : mais si l'on veut examiner ces deux poëmes de bonne foi, sans préjugés pour les anciens ni pour les modernes, on conviendra que beaucoup de détails de l'*Énéide* ne seroient pas tolérés de nos jours dans les ouvrages de nos contemporains, comme, par exemple, les honneurs funèbres qu'Énée rend à son père Anchise, la fable des Harpies, la prophétie qu'elles font aux Troyens qu'ils seront réduits à manger leurs assiettes, et cette prophétie qui s'accomplit, la truie avec ses neuf petits, qui désigne le lieu d'établissement où Énée doit trouver la fin de ses travaux, ses vaisseaux changés en nymphes, un cerf tué par Ascagne qui occasionne la guerre des Troyens et des Rutules, la haine que les Dieux mettent dans le cœur d'Amate et de Lavinie contre cet Énée que Lavinie épouse à la fin ; ce sont peut-être ces défauts dont Virgile étoit lui-même mécontent, qui l'avoient déterminé à brûler son ouvrage, et qui selon le sentiment des censeurs judicieux, doivent placer l'*Énéide* au-dessous de *la Henriade*. Si les difficultés vaincues font le mérite d'un auteur, il est certain que M. de Voltaire en trouva plus à surmonter que Virgile. Le sujet de *la Henriade* est la réduction de Paris due à la conversion de Henri IV. Le poëte n'avoit donc pas la liberté de mouvoir à son gré le systême merveilleux ; il étoit réduit à se borner aux mystères des chrétiens, bien moins féconds en images agréables et pittoresques que n'étoit la mythologie des gentils. Toutefois on ne sauroit lire le dixième chant de *la Henriade* sans convenir que les charmes de la poésie ont le don d'ennoblir tous les sujets qu'elle traite. M. de Voltaire fut seul mécontent de son poëme ; il trouvoit que son héros n'étoit pas exposé à d'assez grands dangers, et que par conséquent il devoit intéresser moins qu'Énée, qui ne sort jamais d'un péril sans retomber dans un autre.

En portant le même esprit d'impartialité à l'examen des tragédies de M. de Voltaire, l'on conviendra qu'en quelques points il est supérieur à Racine, et que dans d'autres il est inférieur à ce célèbre dramatique. Son *Oedipe* fut la première pièce qu'il composa ; son imagination s'étoit empreinte des beautés de Sophocle et d'Euripide, et sa mémoire lui rappelloit sans cesse l'élégance continue et fluide de Racine : fort de ce double avantage, sa première production passa au théâtre comme un chef-d'œuvre ; quelques censeurs, peut-être trop sourcilleux, trouvèrent à redire qu'une vieille Jocaste sentit renaître à la présence de Philoctète une passion presqu'éteinte : mais si l'on avoit élagué le rôle de Philoctète, on n'auroit pas joui des beautés que produit le contraste de son caractère avec celui d'*Oedipe*. On jugea que son *Brutus* étoit plutôt propre à être représenté sur le théâtre de Londres que sur celui de Paris, parce qu'en France un père qui de sang-froid condamne son fils à la mort, est envisagé comme un barbare ; et qu'en Angleterre, un consul qui sacrifie son propre sang à la liberté de sa patrie, est regardé comme un dieu. Sa *Mariamne* et un nombre d'autres pièces signalèrent encore l'art et la fécondité de sa plume. Cependant il ne faut pas déguiser que des critiques, peut-être trop sévères, reprochèrent à notre poëte que la contexture de ses tragédies n'approchoit pas du naturel et de la vraisemblance de celles de Racine ; voyez, disent-ils, représenter *Iphigénie*, *Phèdre*, *Athalie* : vous

croyez

croyez assister à une action qui se développe sans peine devant vos yeux ; au-lieu qu'au spectacle de *Zaïre*, il faut vous faire illusion sur la vraisemblance, et couler légérement sur certains défauts qui vous choquent. Ils ajoutent que le second acte est un hors-d'œuvre : vous êtes obligé d'endurer le radotage du vieux Lusignan, qui se retrouvant dans son palais, ne sait où il est ; qui parle de ses anciens faits d'armes, comme un lieutenant-colonel du régiment de Navarre devenu gouverneur de Péronne : on ne sait pas trop comment il reconnoît ses enfans ; pour rendre sa fille chrétienne, il lui raconte qu'elle est sur la montagne où Abraham sacrifia, ou voulut sacrifier son fils Isaac au Seigneur ; il l'engage à se faire baptiser après que Châtillon atteste l'avoir baptisée lui-même ; et c'est-là le nœud de la pièce : après que Lusignan a rempli cet acte froid et languissant, il meurt d'apoplexie, sans que personne s'intéresse à son sort. Il semble, puisqu'il falloit un prêtre et un sacrement pour former cette intrigue, qu'on auroit pu substituer au baptême la comunion. Mais quelque solide que puissent être ces remarques, on les perd de vue au cinquième acte ; l'intérêt, la pitié, la terreur, que ce grand poëte a l'art d'exciter si supérieurement, entraînent l'auditeur qui, agité de passions aussi fortes, oublie de petits défauts en faveur d'aussi grandes beautés. On conviendra donc que Racine a l'avantage d'avoir quelque chose de plus naturel, de plus vraisemblable dans la texture de ses drames ; et qu'il règne une élégance continue, une mollesse, un fluide dans sa versification dont aucun poëte n'a pu approcher depuis : d'autre part, en exceptant quelques vers trop épiques dans les pièces de M. de Voltaire, il faut convenir qu'à l'exception du cinquième acte de *Catilina*, il a possédé l'art d'accroître l'intérêt de scène en scène, d'acte en acte, et de le pousser au plus haut point à la catastrophe : c'est bien là le comble de l'art.

Son génie universel embrassoit tous les genres; après s'être essayé contre Virgile, et l'avoir peut-être surpassé, il vouloit se mesurer avec l'Arioste ; il composa *la Pucelle* dans le goût du *Roland le furieux* : ce poëme n'est point une imitation de l'autre ; la fable, le merveilleux, les épisodes, tout y est original, tout y respire la gaieté d'une imagination brillante.

Ses vers de société faisoient les délices de toutes les personnes de goût ; l'auteur seul n'en tenoit aucun compte, quoiqu'Anacréon, Horace, Ovide, Tibulle, ni tous les auteurs de la belle antiquité ne nous aient laissé aucun modèle en ces genres qu'il n'eût égalé : son esprit enfantoit ces ouvrages sans peine ; cela ne le satisfaisoit pas ; il croyoit que pour posséder une réputation bien méritée, il falloit l'acquérir en vainquant les plus grands obstacles.

Après vous avoir fait un précis des talens du poëte, passons à ceux de l'historien. L'histoire de Charles XII fut la première qu'il composa ; il devint le Quinte-Curce de cet Alexandre : les fleurs qu'il répand sur sa matière, n'altèrent point le fond de la vérité ; il peint la valeur brillante du héros du Nord avec les plus vives couleurs, sa fermeté dans de certaines occasions, son obstination en d'autres, sa prospérité et ses malheurs. Après avoir éprouvé ses forces sur Charles XII, il essaya de hasarder l'histoire du siècle de Louis XIV; ce n'est plus le style romanesque de Quinte-Curce qu'il emploie : il y substitue celui de Cicéron, qui plaidant pour la loi Manilia, fait l'éloge de Pompée : c'est un auteur françois qui relève avec enthousiasme les événemens fameux de ce beau siècle ; qui expose dans le jour le plus brillant les avantages qui donnèrent alors à sa nation une prépondérance sur d'autres peuples ; les grands génies en foule qui se trouvèrent sous la main de Louis XIV, le règne des arts et des sciences protégé par une cour polie, les progrès de l'industrie en tout genre, et cette puissance intrinsèque de la France qui rendoit en quelque sorte son roi l'arbitre de l'Europe. Cet ouvrage unique méritoit d'attirer à M. de Voltaire l'attachement et la reconnoissance de toute la nation Françoise, qu'il a mieux relevée qu'elle ne l'a été par aucun de ses autres écrivains. C'est encore un style différent qu'il emploie dans son *Essai sur l'Histoire universelle* ; le style en est fort et simple ; le caractère de son esprit se manifeste plus dans la façon dont il a traité cette Histoire, que dans ses autres écrits ; on y voit la fougue d'un génie supérieur qui voit tout en grand, qui s'attache à ce qu'il y a d'important, et néglige tous les petits détails. Cet ouvrage n'est pas composé pour apprendre l'histoire à ceux qui ne l'ont pas étudiée, mais pour en rappeller les faits principaux dans la mémoire de ceux qui la savent. Il s'attache à la première loi de l'histoire, qui est de dire la vérité; et les réflexions qu'il y sème, ne sont pas des hors-d'œuvres, elles naissent de la matière même.

Il nous reste une foule d'autres traités de M. de Voltaire, qu'il est presqu'impossible d'analyser; les uns roulent sur des sujets de critique, dans d'autres ce sont des matières métaphysiques qu'il éclaircit, dans d'autres encore des sujets d'astronomie, d'histoire, de physique, d'éloquence, de poétique, de géométrie; ses romans même portent un caractère original; *Zadig*, *Micromégas*, *Candide*, sont des ouvrages qui semblant respirer la frivolité, contiennent des allégories morales ou des critiques de quelques systêmes modernes, où l'utile est inséparablement uni à l'agréable.

Tant de talens, tant de connoissances diverses, réunies en une seule personne, jettent les lecteurs dans un étonnement mêlé de surprise. Récapitulez, Messieurs, la vie des grands hommes de l'antiquité, dont les noms nous sont parvenus; vous trouverez que chacun d'eux se bornoit à son seul talent. Aristote et Platon étoient philosophes, Eschine et Démosthène orateurs, Homère poëte épique, Sophocle poëte tragique, Anacréon poëte agréable, Thucydide et Xénophon historiens; de même que chez les Romains, Virgile, Horace, Ovide, Lucrèce n'étoient que poëtes, Tite-Live et Varron historiens; Crassus, le vieil Antoine et Hortensius s'en tenoient à leurs harangues. Cicéron, ce consul orateur, défenseur et père de la patrie, est le seul qui ait réuni des talens et des connoissances diverses : il joignoit au grand art de la parole, qui le rendoit supérieur à tous ses contemporains, une étude approfondie de la philosophie telle qu'elle étoit connue de son temps ; c'est ce qui paroît par ses *Tusculanes*, par son admirable traité *de la Nature des Dieux*, par celui *des Offices*, qui est peut-être le meilleur ouvrage de morale que nous ayons. Cicéron fut même poëte, il traduisit en latin les vers d'Aratus, et l'on croit que ses corrections perfectionnèrent le poëme de *Lucrèce*.

Il nous a donc fallu parcourir l'espace de dix-sept siècles pour trouver, dans la multitude des hommes qui composent le genre-humain, le seul Cicéron dont nous puissions comparer les connoissances avec celles de notre illustre auteur. L'on peut dire, s'il m'est permis de m'exprimer ainsi, que M. de Voltaire valoit seul toute une académie. Il y a de lui des morceaux où l'on croit reconnoître Bayle armé de tous les argumens de sa dialectique ; d'autres où l'on croit lire Thucydide ; ici c'est un physicien qui découvre les secrets de la nature, là c'est un métaphysicien qui s'appuyant sur l'analogie et l'expérience, suit à pas mesurés les traces de Locke. Dans d'autres ouvrages vous trouvez l'émule de Sophocle ; là vous le voyez répandre des fleurs sur ses traces ; ici il chausse le brodequin comique ; mais il semble que l'élévation de son esprit ne se plaisoit pas à borner son essor à égaler Térence ou Molière ; bientôt vous le voyez monter sur Pégase, qui en étendant ses ailes le transporte au haut de l'Hélicon, où le dieu des Muses lui adjuge sa place entre Homère et Virgile.

Tant de productions différentes et d'aussi grands efforts de génie produisirent à la fin une vive sensation sur les esprits, et l'Europe applaudit aux talens supérieurs de M. de Voltaire. Il ne faut pas croire que la jalousie et l'envie l'épargnassent ; elles aiguisèrent tous leurs traits pour l'accabler : cet esprit d'indépendance inné dans les hommes, qui leur inspire une aversion contre l'autorité la plus légitime, les révoltoit avec bien plus d'aigreur contre une supériorité de talens à laquelle leur foiblesse ne pouvoit atteindre. Mais les cris de l'envie étoient étouffés par de plus forts applaudissemens ; les gens-de-lettres s'honoroient de la connoissance de ce grand homme. Quiconque étoit assez philosophe pour n'estimer que le mérite personnel, plaçoit M. de Voltaire bien au-dessus de ceux dont les ancêtres, les titres, l'orgueil et les richesses font tout le mérite. M. de Voltaire étoit du petit nombre des philosophes qui pouvoient dire : *Omnia mecum porto.* Des princes, des souverains, des rois, des impératrices le comblèrent des marques de leur estime et de leur admiration. Ce n'est pas que nous prétendions insinuer que les grands de la terre soient les meilleurs appréciateurs du mérite ; mais cela prouve au moins que la réputation de notre auteur étoit si généralement établie, que les chefs des peuples, loin de contredire la voix publique, croyoient devoir s'y conformer.

Cependant, comme dans ce monde le mal se trouve par-tout mêlé au bien, il arrivoit que M. de Voltaire, sensible à l'applaudissement universel dont il jouissoit, ne l'étoit pas moins aux piqûres de ces insectes qui croupissent dans les fanges de l'Hippocrène. Loin de les punir, il les immortalisoit en plaçant leurs noms obscurs dans ses ouvrages; mais il ne recevoit d'eux que des éclaboussures légères en comparaison des persécutions plus violentes qu'il eut à souffrir d'ecclésiastiques, qui par état n'étant que des ministres de paix, n'auroient dû pratiquer que la charité et la bienfaisance : aveuglés par un faux zèle autant qu'abrutis par le fanatisme, ils s'acharnèrent sur lui, et voulurent l'accabler en le calomniant. Leur ignorance fit échouer leur projet; faute de lumières ils confondoient les idées les plus claires, de sorte que les passages où notre auteur insinue la tolérance, furent interprétés par eux comme contenant les dogmes de l'athéisme; et ce même Voltaire qui avoit employé toutes les ressources de son génie pour prouver avec force l'existence d'un Dieu, s'entendit accuser à son grand étonnement d'en avoir nié l'existence. Le fiel que ces ames dévotes répandirent si mal-adroitement sur lui, trouva des approbateurs chez les gens de leur espèce, et non pas chez ceux qui avoient la moindre teinture de dialectique. Son crime véritable consistoit en ce qu'il n'avoit pas lâchement déguisé dans son Histoire les vices de tant de pontifes qui ont déshonoré l'Église; en ce qu'il avoit dit avec Fra-Paolo, avec Fleuri et tant d'autres, que souvent les passions influent plus sur la conduite des prêtres que l'inspiration du Saint-Esprit ; que dans ses ouvrages il inspire de l'horreur contre ces massacres abominables qu'un faux zèle a fait commettre ; et qu'enfin il traitoit avec mépris ces querelles inintelligibles et frivoles auxquelles les théologiens de toute secte attachent tant d'importance. Ajoutons à ceci, pour achever ce tableau, que tous les ouvrages de M. de Voltaire se débitoient aussi-tôt qu'ils sortoient de la presse, et que dans ce même temps les évêques voyoient avec un saint dépit leurs mandemens rongés des vers ou pourrir dans les boutiques de leurs libraires. Voilà comme raisonnent des prêtres imbécilles. On leur pardonneroit leur bêtise, si leurs mauvais syllogismes n'influoient pas sur le repos des particuliers ; tout ce que la vérité oblige de dire, c'est qu'une aussi fausse dialectique suffit pour caractériser ces êtres vils et méprisables, qui faisant profession de captiver leur raison, font ouvertement divorce avec le bon sens.

Puisqu'il s'agit ici de justifier M. de Voltaire, nous ne devons dissimuler aucune des accusations dont on le chargea : les cagots lui imputèrent donc encore d'avoir exposé les sentimens d'Épicure, de Hobbes, de Woolston, du lord Bolyngbrocke, et d'autres philosophes ; mais n'est-il pas clair que loin de fortifier ces opinions par ce que tout autre y auroit pu ajouter, il se contente d'être le rapporteur d'un procès dont il abandonne la décision à ses lecteurs ? Et de plus, si la religion a pour fondement la vérité, qu'a-t-elle à appréhender de tout ce que le mensonge peut inventer contre elle? M. de Voltaire en étoit si convaincu, qu'il ne croyoit pas que des doutes de quelques philosophes pussent l'emporter sur les inspirations divines. Mais allons plus loin, comparons la morale répandue dans ses ouvrages à celle de ses persécuteurs : les hommes doivent s'aimer comme des frères, dit-il; leur devoir est de s'aider mutuellement à supporter le fardeau de la vie, où la somme des maux l'emporte sur celle des biens; leurs opinions sont aussi différentes que leurs physionomies; loin de se persécuter, parce qu'ils ne pensent pas de même, ils doivent se borner à rectifier le jugement de ceux qui sont dans l'erreur, par le raisonnement, sans substituer aux argumens le fer et les flammes; en un mot, ils doivent se conduire envers leur prochain comme ils voudroient qu'il en usât envers eux. Est-ce M. de Voltaire qui parle, ou est-ce l'apôtre S. Jean, ou est-ce le langage de l'Évangile? Opposons à ceci la morale pratique de l'hypocrisie ou du faux zèle; elle s'exprime ainsi : Exterminons ceux qui ne pensent pas ce que nous voulons qu'ils pensent ; accablons ceux qui dévoilent notre ambition et nos vices; que Dieu soit le bouclier de nos iniquités; que les hommes se déchirent, que le sang coule, qu'importe, pourvu que notre autorité s'accroisse? rendons Dieu implacable et cruel, pour que la recette des douanes du purgatoire et du paradis augmente nos revenus. Voilà comme la religion sert souvent de prétexte aux passions des hommes; et comme par leur perversité la source la plus pure du bien devient celle du mal.

La cause de M. de Voltaire étant aussi bonne que nous venons de l'exposer, il emporta les suffrages de tous les tribunaux où la raison étoit plus écoutée que les sophismes mystiques; quelque persécution qu'il endurât de la haine théologique, il distingua toujours la religion de ceux qui la déshonorent; il rendoit justice aux ecclésiastiques dont les vertus ont été le véritable ornement de l'Église; il ne blâmoit que ceux dont les mœurs perverses les rendirent l'abomination publique.

M. de Voltaire passa donc ainsi sa vie entre les persécutions de ses envieux et l'admiration de ses enthousiastes, sans que les sarcasmes des uns l'humiliassent, et que les applaudissemens des autres accrussent l'opinion qu'il avoit de lui-même; il se contentoit d'éclairer le monde, et d'inspirer par ses ouvrages l'amour des lettres et de l'humanité. Non content de donner des préceptes de morale, il préchoit la bienfaisance par son exemple; ce fut lui dont l'appui courageux vint au secours de la malheureuse famille des Calas, lui qui plaida la cause des Syrven et qui les arracha des mains barbares de leurs juges, lui qui auroit ressuscité le chevalier la Barre s'il avoit eu le don des miracles. Qu'il est beau qu'un philosophe du fond de sa retraite élève sa voix, et que l'humanité dont il est l'organe, force les juges à réformer des arrêts iniques ! Quand M. de Voltaire n'auroit pour lui que cet unique trait, il mériteroit d'être placé parmi le petit nombre des véritables bienfaiteurs de l'humanité. La philosophie et la religion enseignent donc de concert le chemin de la vertu : voyez lequel est le plus chrétien, ou le magistrat qui force cruellement une famille à s'expatrier, ou le philosophe qui la recueille et la soutient ; le juge qui se sert du glaive de la loi pour assassiner un étourdi, ou le sage qui veut sauver la vie du jeune homme pour le corriger ; le bourreau de Calas, ou le protecteur de sa famille désolée. Voilà, Messieurs, ce qui rendra la mémoire de M. de Voltaire à jamais chère à ceux qui sont nés avec un cœur sensible et des entrailles capables de s'émouvoir. Quelque précieux que soient les dons de l'esprit, de l'imagination ; l'élévation du génie, et les vastes connoissances, ces présens que la Nature ne prodigue que rarement, ne l'emportent cependant jamais sur les actes d'humanité et de bienfaisance ; on admire les premiers, et l'on bénit et vénère les seconds.

Quelque peine que j'aie, Messieurs, à me séparer à jamais de M. de Voltaire, je sens que le moment approche où je dois renouveller la douleur que vous cause sa perte. Nous l'avons laissé tranquille à Ferney ; des affaires d'intérêt l'engagèrent à se transporter à Paris, où il espéroit venir encore assez à temps pour sauver quelques débris de sa fortune d'une banqueroute dans laquelle il se trouvoit enveloppé. Il ne vouloit pas reparoître dans sa patrie les mains vides ; son temps, qu'il partageoit entre la philosophie et les belles-lettres, fournissoit un nombre d'ouvrages dont il avoit toujours quelques-uns en réserve : ayant composé une nouvelle tragédie dont Irène est le sujet, il voulut la produire sur le théâtre de Paris. Son usage étoit d'assujettir ses pièces à la critique la plus sévère, avant de les exposer en public; conformément à ses principes, il consulta à Paris tout ce qu'il y avoit de gens de goût de sa connoissance, sacrifiant un vain amour-propre au désir de rendre ses travaux dignes de la postérité; docile aux avis éclairés qu'on lui donna, il se porta avec un zèle et une ardeur singulière à la correction de cette tragédie ; il passa des nuits entières à refondre son ouvrage ; et soit pour dissiper le sommeil, soit pour ranimer ses sens, il fit un usage immodéré du caffé : cinquante tasses par jour lui suffirent à peine : cette liqueur, qui mit son sang dans la plus violente agitation, lui causa un échauffement si prodigieux, que pour calmer cette espèce de fièvre-chaude, il eut recours à l'opium dont il prit de si fortes doses, que loin de soulager son mal, elles accélérèrent sa fin : peu après ce remède, pris avec si peu de ménagement, se manifesta une espèce de paralysie, qui fut suivie du coup d'apoplexie qui termina ses jours.

Quoique M. de Voltaire fut d'une constitution foible ; quoique le chagrin, le souci, et une grande application eussent affoibli son tempérament; il poussa pourtant sa carrière jusqu'à la 84me année. Son existence étoit telle, qu'en lui l'esprit l'emportoit en tout sur la matière ; c'étoit une ame forte qui communiquoit sa vigueur à un corps presque diaphane : sa mémoire étoit étonnante, et il conserva toutes les facultés de la pensée et de l'imagination jusqu'à son dernier soupir. Avec quelle joie vous rappellerai-je, Messieurs, les témoignages d'admiration et de reconnoissance que les Parisiens rendirent à ce grand homme durant son dernier séjour dans sa patrie ! il est rare, mais il est beau que le public soit équitable, et qu'il rende justice de leur vivant à ces êtres extraordinaires que la Nature ne se plaît à produire que de loin à loin, afin qu'ils recueillent de la part de leurs contemporains mêmes les suffrages qu'ils sont sûrs d'obtenir de la postérité ! L'on devoit s'attendre qu'un homme qui avoit employé toute la sagacité de son génie à célébrer la gloire de sa nation, en verroit réjaillir quelques rayons sur lui-même : les François l'ont senti, et par leur enthousiasme ils se sont rendus dignes de partager le lustre que leur compatriote a répandu sur eux et sur le siècle. Mais croiroit-on que ce Voltaire, auquel la profane Grèce auroit élevé des autels, qui eût eu dans Rome des statues, auquel une grande impératrice, protectrice des sciences, vouloit ériger un monument à Pétersbourg; qui croira, dis-je, qu'un tel être pensa manquer dans sa patrie d'un peu de terre pour couvrir ses cendres ? Eh quoi ! dans le 18me siècle, où les lumières sont plus répandues que jamais, où l'esprit philosophique a tant fait de progrès, il se trouvera des hiérophantes, plus barbares que les Hérules, plus dignes de vivre avec les peuples de la Taprobane que de la nation Françoise, aveuglés par un faux zèle, ivres de fanatisme, qui empêcheront qu'on ne rende les derniers devoirs de l'humanité à un des hommes les plus célèbres que jamais la France ait portés? Voilà cependant ce que l'Europe a vu avec une douleur mêlée d'indignation. Mais quelle que soit la haine de ces frénétiques et la lâcheté de leur vengeance, de s'acharner ainsi sur des cadavres; ni les cris de l'envie, ni leurs hurlemens sauvages ne terniront la mémoire de M. de Voltaire. Le sort le plus doux qu'ils puissent attendre, est qu'eux et leurs vils artifices demeurent ensevelis à jamais dans les ténèbres de l'oubli; tandis que la mémoire de M. de Voltaire s'accroîtra d'âge en âge, et transmettra son nom à l'immortalité.

INSTRUCTION

A L'ACADÉMIE DES NOBLES

POUR LEUR ÉDUCATION,

Adressée en 1765.

L'Intention du Roi et le but de cette fondation, est de former de jeunes gentilshommes, afin qu'ils deviennent propres, selon leur vocation, à la guerre ou à la politique. Les maîtres doivent donc s'attacher fortement, non-seulement à leur remplir la mémoire de connoissances utiles, mais sur-tout à donner à leur esprit une certaine activité qui les rende capables de s'appliquer à une matière quelconque, sur-tout à cultiver leur raison, à former leur jugement; il faut par conséquent qu'ils accoutument leurs élèves à se faire des idées nettes et précises des choses et à ne point se contenter de notions vagues et confuses. Comme la partie économique de cette institution est toute arrangée, on se borne dans cette Instruction à ce qui regarde les classes, et la partie de la police, si essentielle à toute communauté.

Sa Majesté veut que les élèves fassent les basses classes de la latinité, catéchisme et religion dans le gymnase de Joachim; ceux de la première apprendront en même temps le françois et les rudimens de la langue françoise dans l'académie; au sortir de cette première classe, ils tomberont entre les mains du puriste, qui dégrossira leur jargon barbare, et corrigera les fautes de style et de diction. Le sieur Toussaint les prendra alors en rhétorique; il commencera par leur enseigner la logique, mais sans trop peser sur les diverses formes des argumens de l'école; son principal soin se tournera du côté de la justesse de l'esprit, il sera rigoureux pour les définitions.

Il ne leur pardonnera aucune équivoque, aucune pensée fausse, aucun sens louche; il les exercera le plus qu'il pourra dans l'argumentation, il les accoutumera à tirer des conséquences des principes et à combiner des idées; puis il leur expliquera les tropes; et la leçon finie, il leur donnera encore une demi-heure pour qu'ils fassent eux-mêmes des métaphores, des comparaisons, des apostrophes, des prosopopées; et ensuite il leur enseignera la façon d'argumenter de l'orateur, l'enthymème, le grand argument à cinq parties, les diverses parties de l'oraison et la manière de les traiter. Pour le genre judiciaire, il se servira des oraisons de Cicéron; pour le genre délibératif, il leur proposera Démosthène; pour le genre démonstratif, il se servira de Fléchier et de Bossuet; tous ces livres sont en françois. Il pourra leur faire un petit cours de poésie pour leur former le goût. Homère, Virgile, quelques odes d'Horace, Voltaire, Boileau, Racine, voilà des sources fécondes dans lesquelles il peut puiser; ce qui ornera l'esprit des jeunes gens, et leur donnera en même temps du goût pour les beaux-arts. Dès que les élèves auront fait quelques progrès, il leur donnera des
sujets

sujets de harangue dans les trois genres ; il les laissera composer sans les aider, et il ne les corrigera qu'après qu'ils auront lu leurs ouvrages. Le grammairien, qui est un supplément à cette classe, corrigera les fautes de langage, et le sieur Toussaint les fautes contre la rhétorique. On fera, de plus, lire les lettres de Mde. de Sévigné aux jeunes gens, celles du comte d'Estrades et du cardinal d'Ossat, et on leur fera écrire des lettres sur toutes sortes de différens sujets. M. Toussaint ajoutera à ceci une histoire des beaux-arts ; il les prendra de la Grèce, leur berceau ; il nommera ceux qui s'y sont le plus distingués ; il passera à la seconde époque des arts sous César et Auguste, à la renaissance des lettres du temps de Médicis, au haut point de perfection où ils parvinrent sous Louis XIV, et il finira par les personnes les plus célèbres qui les cultivent de nos jours.

Le professeur d'histoire et de géographie, composera un abrégé de l'histoire ancienne de Rollin ; il tâchera de leur bien imprimer les grandes époques et le nom des hommes les plus fameux. Il pourra se servir d'Échard pour l'histoire romaine, d'un abrégé du père Bar pour l'histoire de l'Empire ; cependant il doit élaguer soigneusement les petits détails. Proprement l'étude de l'histoire ne doit s'étendre que depuis Charles-Quint jusqu'à nos jours ; ces faits intéressans tiennent à nos jours, et il n'est pas permis à un jeune homme qui veut entrer dans le monde, d'ignorer des événemens qui sont liés à la chaîne des affaires courantes de l'Europe et la forment. Il ne suffit pas que le professeur enseigne l'histoire ; il faut chaque jour, la leçon finie, qu'il y ajoute une demi-heure pour interroger les jeunes gens sur le point d'histoire qu'il a traité, par où il fera accoucher leur esprit de réflexions, soit morales, soit politiques, soit philosophiques ; ce qui sera plus utile pour eux que tout ce qu'ils auront appris, par exemple, sur les différentes superstitions des peuples. Croyez-vous que Curtius en sautant dans cet abyme qui s'étoit formé à Rome, le fit fermer ? Vous voyez que cela n'arrive pas de nos jours ; ce qui doit bien vous faire voir que ce conte n'est qu'une fable ancienne ; d'après l'histoire des Décius, le maître a une occasion toute trouvée d'embrâser dans le cœur des élèves cet ardent amour de la patrie, principe fécond en actions héroïques. S'il s'agit de César, ne peut-il pas interroger la jeunesse sur ce qu'ils pensent de l'action de ce citoyen, qui opprima la patrie ? Est-il question des croisades ? elles fournissent un beau sujet pour déclamer contre la superstition. Leur raconte-t-on le massacre de la St. Barthélemi ? on leur inspire de l'horreur pour le fanatisme. Leur parle-t-on d'un Cincinnatus, d'un Scipion, d'un Paul Émile ? on leur fait sentir que la vertu de ces grands hommes a été la source de leurs belles actions, et que sans vertu il n'y a ni gloire, ni véritable grandeur. Ainsi l'histoire fournit des exemples de tout. J'indique la méthode, mais je n'épuise pas la matière ; un professeur intelligent en aura assez pour diriger son travail par ce qu'on vient d'en dire. Le même professeur, en traitant la géographie, commencera par les quatre parties du monde. Le nom des grands peuples suffit pour l'Asie, l'Afrique et l'Amérique. L'Europe demande une connoissance plus exacte. L'Allemagne étant la patrie de la jeunesse qu'il élève, le professeur entrera dans de plus grands détails des souverains qui la gouvernent, des rivières qui la traversent, des capitales de chaque province, des villes impériales, et il pourra se servir de Hubner pour cette partie de ses leçons.

Le professeur en métaphysique commencera par un petit cours de morale ; il doit partir du principe ; que la vertu est utile et très-utile à celui qui la pratique ; il lui sera facile de démontrer que sans vertu, la société ne sauroit subsister ; il définira le comble de la vertu par le plus parfait désintéressement, désintéressement qui fait qu'on préfère son honneur à son intérêt, le bien général à l'avantage particulier, et le salut de la patrie à sa propre vie ; il entrera dans l'examen de l'ambition bien ou mal entendue ; il montrera que l'ambition honnête, ou l'émulation, est la vertu des grandes ames, que c'est le ressort qui pousse aux belles actions, et qui fait tout entreprendre aux hommes obscurs, pour que leur nom soit reçu au temple de Mémoire ; que rien n'est plus contraire à d'aussi beaux sentimens, et n'avilit plus que l'envie et la basse jalousie ; il inculquera sur-tout à la jeunesse, que s'il y a un sentiment inné dans le cœur de l'homme, c'est celui du juste et de l'injuste. Sur-tout il tâchera de faire de ses élèves des enthousiastes de la vertu (*a*).

Le cours de métaphysique commencera par l'histoire des opinions des hommes, en les prenant depuis les péripatéticiens, épicuriens, stoïciens, académiciens, jusqu'à nos jours; et le professeur leur expliquera en détail l'opinion de chaque secte, en se servant des articles de Bayle, des *Tusculanes*, et du traité *de Natura Deorum* de Cicéron, traduits en françois; delà il passera à Descartes, Leibnitz, Malebranche, et enfin à Locke, qui se guidant par l'expérience, s'avance dans ces ténèbres autant que ce fil le conduit, et s'arrête au bord des abymes impénétrables à la raison. C'est donc à Locke principalement que le maître doit s'arrêter. Cependant après chaque leçon, il donnera encore une demi-heure à la jeunesse, qui ayant déja fait sa logique et sa rhétorique, est toute préparée aux exercices qu'on exigera d'elle.

Le professeur dira donc à un de ces jeunes gens d'attaquer le système de Zénon, et à un autre de le défendre, et il en usera de même sur chaque système; après quoi il résumera ce que les élèves auront dit, et leur fera remarquer la foiblesse de leur attaque ou de leur défense, en suppléant aux raisons qu'ils n'ont point alléguées, ou aux conséquences qu'ils ont négligé de tirer des principes; ces sortes de disputes se feront sans préparation, premiérement pour

---

(*a*) On trouvera des développemens de tous ces principes dans les quatre pièces suivantes.

obliger la jeunesse à être attentive aux leçons ; en second lieu, pour les obliger à penser à ce qu'ils auront à dire ; et en troisième lieu, pour les accoutumer à parler promptement sur toutes sortes de matières.

Vient le professeur de mathématiques. Le Sr. Sulzer conçoit qu'on n'a pas intention d'élever des Bernoulli, ni des Newton. La trigonométrie et la partie de la fortification sont celles qui peuvent être les plus utiles à la jeunesse qu'il élève, et auxquelles il mettra sa principale application, ainsi qu'à ce qui peut y influer. Il fera cependant un cours d'astronomie, en parcourant tous les systêmes différens jusqu'à celui de Newton, en traitant cette matière plus historiquement qu'en géomètre ; il y ajoutera de même quelques principes de méchanique, sans cependant trop approfondir la matière, faisant attention sur-tout à rectifier le jugement de la jeunesse et à l'accoutumer le plus qu'il pourra à combiner des idées, et à saisir facilement les différens rapports que les vérités ont les unes avec les autres.

Le professeur en droit se servira de Hugo Grotius, pour en extraire ses leçons ; on ne prétend point qu'il forme des jurisconsultes consommés dans cette profession ; un homme du monde se contente d'avoir des idées justes de cette science, sans l'approfondir entièrement. Il se bornera donc à donner une idée à ses élèves du droit du citoyen, du droit d'un peuple et du monarque, et de ce qu'on appelle le droit public : toutefois il avertira la jeunesse,

que ce droit public manquant de puissance cor-
rective pour le faire observer, n'est qu'un vain
fantôme que les souverains étalent dans les fac-
tums et dans les manifestes, lors même qu'ils le
violent. Il finira ses leçons par l'explication du
Code Fréderic, qui étant la compilation des
loix du pays, doit être connu de chaque citoyen.

De la Police intérieure de l'Académie.

Trois et trois élèves ont un gouverneur ; le
gouverneur couche près d'eux ; il doit avoir soin
de les accoutumer à la propreté, à la civilité, et
aux manières convenables à des gens de condition. Il doit les reprendre des grossiéretés, des
mauvais propos, des manières basses et triviales,
de la paresse ; et un des cinq gouverneurs doit
assister réguliérement aux classes, pour avoir
attention à ce que les jeunes gens fassent leur
devoir et prêtent l'attention requise aux leçons
qu'on leur donne.

Les classes finies, s'ils ont quelque chose à
répéter, ou quelque composition à faire, ou
bien à apprendre par cœur, il faut que le gouverneur y soit présent, pour que le temps soit
bien employé, et qu'il ne se consume pas en dis-
traction ou à des balivernes ; les heures des
classes seront partagées selon la coutume de
toutes les écoles ; en été, tout le monde sera levé
à 6 heures, les classes commenceront à 7 ; en
hiver, on se levera à 7, et les classes commenceront à 8 heures ; à midi, les élèves et les gouverneurs dînent ensemble ; à 1 heure, il faut que tout

le monde soit levé de table ; on soupe à 8 en été, et à 9 heures il faut que tout le monde soit couché ; en hiver à 10 heures.

Il n'y aura que trois heures par semaine de catéchisme et deux heures pour le prêtre ; un sermon suffit le dimanche ; l'après-midi du mercredi et du dimanche sont jours de récréation ; la jeunesse ne sortira jamais de la maison que sous la conduite d'un ou deux gouverneurs ; si quelque proche parent veut voir un des élèves, un des gouverneurs l'accompagnera auprès du parent et le ramenera dans la maison ; l'été les jeunes gens pourront jouer à la paume, ou au ballon, et se promener ; l'hiver ils peuvent s'amuser dans une des grandes salles de l'académie, à jouer aux proverbes ou à badiner ; les gouverneurs leur passeront les tours d'espiègle et de gaieté, ils ne seront sévères que sur ce qui regarde le cœur, des méchancetés, des emportemens, des caprices, la paresse sur-tout, la fainéantise et des défauts pareils qui perdroient la jeunesse ; mais ils se garderont bien de supprimer la gaieté, les saillies et tout ce qui peut annoncer du génie. Pour les exercices, les élèves auront un maître de danse, qui leur donnera trois leçons par semaine, et on les menera deux fois par semaine à l'académie de Centner pour apprendre à monter à cheval.

Si les jeunes gens commettent des fautes, on les punira ; s'ils savent mal leurs leçons, par un bonnet d'âne que portera le coupable ; si c'est paresse, on le fera jeûner le même jour au pain et à l'eau ; si c'est méchanceté ou malice, on le mettra en prison à jeun et l'obligera d'apprendre une tâche par cœur ; après quoi il sera duement gourmandé, ne sera que le dernier servi à table, n'osera point mettre d'épée en se promenant en ville, et obligé de demander pardon en public à celui qu'il a offensé ; s'il a été têtu, il ne portera qu'un sarreau, jusqu'à ce qu'il se repente : mais il est défendu sous peine de prison aux gouverneurs de frapper leurs élèves ; ce sont des gens de condition auxquels il faut inspirer de la noblesse d'ame ; on doit leur infliger des punitions qui excitent l'ambition, et non pas qui les avilissent.

Les professeurs et les gouverneurs n'ont point de juridiction les uns sur les autres. Si un professeur est mécontent d'un élève, il le dénonce au gouverneur, qui le punit, selon qu'il a été prescrit ci-dessus. S'il arrivoit cependant qu'un professeur et un gouverneur eussent quelque démêlé, ils s'en plaindront au chef, qui videra leur différend selon l'équité, et qui fera toutes les semaines une fois la visite de la maison, en commençant par les classes et les gouverneurs jusqu'à l'économique, pour examiner si chacun fait son devoir et si l'instruction du Roi est exactement suivie. Il exhortera ceux qui se relâchent, et après la seconde admonition, il dénoncera les prévaricateurs au Roi.

Sa Majesté recommande sur-tout aux gouverneurs d'avoir, eux-mêmes de la sagesse et une bonne conduite, parce que l'exemple prêche mieux que les instructions, et qu'il seroit honteux que des gens qui doivent présider à l'éducation de la jeunesse, se trouvassent plus répréhensibles que leurs élèves.

En général, les principes sur lesquels cette académie est fondée, seront d'une utilité évidente par les sujets utiles à l'État qui pourront s'y former, pourvu que cette instruction soit observée rigidement en tous les points ; mais si le relâchement, la négligence, l'inattention des maîtres et des gouverneurs l'altèrent, alors le grand but sera manqué. Mais sa Majesté espère que les professeurs et gouverneurs se feront tous un point-d'honneur de coopérer à ses salutaires intentions, en mettant toute leur application à former cette jeunesse, tant pour les bonnes mœurs que pour les connoissances, d'une manière qui fasse également honneur à l'institution, aux maîtres et aux élèves.

DIALOGUE

DE MORALE

A L'USAGE DE LA JEUNE NOBLESSE,

D. Qu'est-ce que la vertu?

R. C'est une heureuse disposition de l'esprit qui nous porte à remplir les devoirs de la société pour notre propre avantage.

D. En quoi consistent les devoirs de la société ?

R. Dans la soumission, dans la reconnoissance que nous devons à nos pères des soins qu'ils ont pris de notre éducation ; à les assister de tout notre pouvoir ; à leur rendre dans leur caducité, par notre tendre attachement, des services pareils à ceux qu'ils nous ont rendus dans notre enfance débile. Envers nos frères, la nature et le sang nous avertissent de la fidélité et de l'attachement que nous leur devons, comme participant à une même origine, étant unis avec eux par les liens les plus indissolubles de l'humanité. La qualité de père nous oblige d'élever nos enfans avec toute l'attention possible, surtout d'avoir soin de leur éducation et de leurs mœurs, parce que la vertu et les connoissances sont d'un prix mille fois plus grand que tous les trésors accumulés qu'on pourroit leur laisser en héritage. La qualité de citoyen nous oblige à respecter la société en général, à considérer tous les hommes comme étant de la même espèce, à les regarder comme des compagnons, des frères que la Nature nous a donnés, et à n'agir envers eux que de la manière dont nous voudrions qu'ils agissent avec nous. En qualité de membres de la patrie, nous devons employer tous nos talens pour lui être utiles; nous devons l'aimer sincérement, parce que c'est notre mère commune ; et si son avantage le demande, nous devons lui sacrifier nos biens et notre vie.

D. Voilà de beaux et de bons principes. Il s'agit à présent de voir comment vous conciliez ces devoirs de la société avec votre propre intérêt. Ce respect et cette soumission filiale que vous avez pour votre père, ne vous gêne-t-elle pas quand vous êtes obligé de céder à ses volontés ?

R. Il n'est pas douteux que pour obéir je ne sois quelquefois obligé de me faire violence : mais puis-je être assez reconnoissant envers ceux qui m'ont donné le jour ? Et mon intérêt ne demande-t-il pas que j'encourage, par mon exemple, mes enfans à m'imiter, en ayant une même soumission à mes volontés ?

D. Il n'y a rien à repliquer à vos raisons, je ne vous dis donc plus rien sur ce sujet. Mais comment conserverez-vous l'union avec vos frères et sœurs, si, comme il arrive souvent, des affaires de famille ou des discussions d'héritage vous divisent?

R. Croyez-vous donc les liens du sang assez foibles pour qu'ils ne l'emportent pas sur un intérêt passager ? Si notre père a fait un testament, c'est à nous à souscrire à sa dernière volonté. S'il est mort sans tester, nous avons les loix qui terminent nos différens. Ainsi rien ne peut m'apporter de préjudice important ; et quand la fureur de l'envie et la rage de la chicane me posséderoient, ne sentirois-je pas que nous mangerions le fonds de notre héritage par nos procès ? Ainsi je m'accommoderois à l'amiable, et la discorde ne déchireroit pas notre famille.

D. Je veux croire que vous êtes assez sage pour ne pas donner lieu, par votre faute, aux mésintelligences de votre famille : cependant le tort peut venir de la part de vos frères et de vos sœurs, ils peuvent avoir de mauvais procédés envers vous, ils peuvent vous envier, parler de vous en termes déshonnêtes, vous causer des désagrémens, peut-être même travailler à votre ruine. Comment concilierez-vous alors la rigidité de votre devoir avec l'intérêt de votre bonheur ?

R. Dès que j'aurois calmé les premiers momens d'indignation que leur conduite m'auroit inspirés, je me ferois gloire d'être plutôt l'offensé que l'offenseur : ensuite je leur parlerois, je leur dirois que respectant en eux le sang que mon père et ma mère leur ont transmis, il me seroit impossible d'agir envers eux comme envers des ennemis déclarés, mais que je prendrai mes précautions pour les empêcher de me nuire.

Ce procédé généreux pourroit les ramener à la raison ; si cela n'arrivoit pas, j'aurois du moins la consolation de n'avoir aucun reproche à me faire ; et comme un pareil procédé doit s'attirer l'applaudissement des sages, je me trouverois suffisamment récompensé.

D. A quoi vous serviroit cette générosité ?

R. A conserver ce que j'ai de plus précieux au monde, une réputation sans tache, sur laquelle je fonde tout mon bonheur.

D. Quel bonheur peut-il y avoir dans l'opinion que les hommes ont de vous ?

R. Ce n'est pas sur les opinions des autres que je me fonde, mais sur la satisfaction ineffable que j'éprouve en me trouvant digne d'un être raisonnable, humain et bienfaisant.

D. Vous disiez auparavant que si vous aviez des enfans, vous auriez plus soin de les rendre vertueux que de leur amasser des richesses. Pourquoi pensez-vous si peu à établir leur fortune ?

R. Parce que les richesses n'ont aucun prix par elles-mêmes, et n'en acquièrent que par le bon usage qu'on en fait. Or, si je cultive les talens de mes enfans, si je les forme aux bonnes mœurs, leur mérite personnel fera leur fortune. Au-lieu que si je ne veillois pas à leur éducation, quelque grands que fussent les biens que je pourrois leur laisser, ils les dissiperoient bien vite. D'ailleurs, je souhaite qu'on estime en mes enfans leur caractère, leur cœur, leurs talens, leurs connoissances, et non leurs richesses.

D. Cela doit être très-utile à la société ; mais quant à vous, quel avantage en retirez-vous ?

R. Un très-grand ; parce que mes enfans bien morigénés deviendront la consolation de ma vieillesse, qu'ils ne déshonoreront ni mon nom ni leurs ancêtres par leur mauvaise conduite, et qu'étant prudens et sages, le bien que je pourrai leur laisser, sera, à l'aide de leurs talens, suffisant pour les faire subsister honorablement.

D. Vous ne croyez donc pas qu'une origine noble et d'illustres ancêtres dispensent leur postérité d'avoir du mérite?

R. Bien loin delà, c'est un encouragement pour les surpasser, parce qu'il n'y a rien de plus honteux que d'abâtardir sa race. Dans ce cas, l'éclat des aïeux, loin d'illustrer leurs descendans, ne sert qu'à éclairer leur infamie.

D. Il faut vous demander de même des éclaircissemens touchant ce que vous avez avancé de vos devoirs à l'égard de la société. Vous dites qu'il ne faut pas faire aux autres ce que vous ne voudriez pas qu'on vous fît ; cela est bien vague ; je voudrois que vous me détaillassiez ce que vous entendez par ces paroles.

R. Cela n'est pas difficile. Je n'aurai qu'à parcourir tout ce qui me fait de la peine, et tout ce qui m'est agréable. 1°. Je serois fâché qu'on m'enlevât mes possessions ; donc je ne dois déposséder personne. 2°. Je ressentirois une peine infinie si l'on me débauchoit ma femme ; je ne dois donc pas souiller la couche d'un autre. 3°. Je déteste ceux qui me manquent de parole, ou qui se parjurent ; je dois donc fidélement observer ma foi et mes sermens. 4°. J'abhorre ceux qui me diffament ; je ne dois donc calomnier personne. 5°. Aucun particulier n'a de droit sur ma vie ; je n'ai donc pas le droit de l'ôter à qui que ce soit. 6°. Ceux qui me témoignent de l'ingratitude m'indignent ; comment serois-je donc ingrat envers mes bienfaiteurs ? 7°. Si j'aime le repos, je n'irai pas troubler la tranquillité d'un autre. 8°. Si j'aime à être secouru dans mes besoins, je ne refuserai pas mon assistance à ceux qui me la demandent, parce que je sens le plaisir qu'on éprouve à rencontrer une ame bienfaisante, un cœur serviable, qui compatissant aux maux de l'humanité, défend, assiste, et sauve les malheureux.

D. Je vois que vous faites toutes ces choses pour la société ; mais que vous en revient-il à vous-même ?

R. La douce satisfaction de me trouver tel que je désire d'être, digne de mériter des amis, digne de l'estime de mes concitoyens, digne de mes propres applaudissemens.

D. En vous conduisant de la sorte, ne sacrifiez-vous pas vous-même toutes vos passions ?

R. Je ne leur abandonne pas le frein ; et si je les réprime, c'est pour mon propre avantage, pour maintenir les loix qui protègent le foible contre les attentats du fort, pour soutenir ma réputation, et pour ne point encourir les punitions que ces loix infligent aux transgresseurs.

D. Il est vrai que les loix punissent les crimes publics ; mais combien de mauvaises actions, enveloppées de ténèbres, se cachent à l'œil pénétrant de Thémis ! Pourquoi ne seriez-vous pas du nombre de ces heureux coupables qui jouissent de leurs forfaits à l'ombre de l'impunité ? Si donc il se présentoit une façon furtive de vous enrichir, la laisseriez-vous échapper ?

R. Si par des voies innocentes je pouvois faire des acquisitions, sans doute que je ne les négligerois pas ; mais si c'étoit par des moyens malhonnêtes, j'y renoncerois sur le champ.

D. Pourquoi ?

R. Parce qu'il n'y a rien de si caché qui ne parvienne au jour ; le temps découvre tôt ou tard la vérité. Je posséderois en tremblant des biens mal acquis, je passerois ma vie dans la cruelle attente du moment qui me déshonoreroit à jamais devant le public, en découvrant ma turpitude.

D. Cependant la morale du grand monde est bien relâchée ; et si l'on vouloit examiner à quel droit chacun possède ses biens, que d'injustices, que de fraudes, que de mauvaise foi l'on découvriroit ! Ces exemples ne vous encourageroient-ils pas à les imiter ?

R. Ces exemples me feroient gémir sur la perversité des hommes. Et comme ni bossu ni aveugle ne me donne envie de l'être à leur exemple, je crois de même qu'il est indigne d'une ame vertueuse de se dégrader au point de se modeler sur le vice.

D. Il y a cependant des crimes cachés.

R. J'en conviens ; mais les criminels ne sont pas heureux, ils sont tourmentés, comme je vous l'ai dit, par la crainte d'être découverts, et par les plus violens remords. Ils sentent qu'ils jouent un rôle imposteur, qu'ils couvrent leur

scéléra-

scélératesse du masque de la vertu : leur cœur rejette la fausse estime dont ils jouissent, et ils se condamnent eux-mêmes en secret au dernier mépris, qu'ils méritent.

D. C'est à savoir, si vous étiez dans ce cas, si vous feriez ces réflexions.

R. Pourrois-je étouffer la voix de la conscience et celle des remords vengeurs ? Cette conscience est comme un miroir ; quand nos passions sont calmes, elle nous représente toutes nos difformités ; je m'y suis vu innocent, et je m'y verrois coupable ! hélas, je deviendrois à mes propres yeux un objet d'horreur ! Non, je ne m'exposerai jamais, de ma propre volonté, à cette humiliation, à cette douleur, à ce tourment.

D. Il y a cependant des concussions et des rapines que la guerre semble autoriser.

R. La guerre est un métier de gens d'honneur, quand les citoyens exposent leurs jours pour le service de leur patrie. Mais si l'intérêt s'en mêle, ce noble métier dégénère en pur brigandage.

D. Hé bien, si vous n'êtes point intéressé, au moins aurez-vous de l'ambition ; vous voudrez vous pousser, et commander à vos semblables.

R. Je distingue beaucoup l'ambition de l'émulation. Souvent cette première passion donne dans des excès, et touche de près au vice ; mais l'émulation est une vertu qu'il faut rechercher ; elle nous porte, sans jalousie, à surpasser nos concurrens, en nous acquittant mieux de nos devoirs qu'ils ne font ; elle est l'ame des plus belles actions, tant militaires que civiles ; elle désire de briller, mais elle ne veut devoir son élévation qu'à la seule vertu jointe à la supériorité des talens.

D. Mais si en rendant un mauvais office à quelqu'un, c'étoit le moyen de parvenir à un poste éminent, ne trouveriez-vous pas cet expédient plus court ?

R. Le poste pourroit tenter ma cupidité, j'en conviens ; toutefois je ne consentirois jamais à devenir assassin pour y parvenir.

D. Qu'appellez-vous devenir assassin ?

R. Tuer un homme est pour le mort un moindre mal que de le diffamer : l'assassiner avec le poignard ou avec la langue, c'est la même chose.

D. Vous ne calomnierez donc personne. Cependant, sans être assassin, il peut arriver que vous tuyez quelqu'un ; non que je vous soupçonne de commettre un meurtre de sang-froid : mais si quelqu'un de vos égaux se déclare votre ennemi et vous persécute, si quelque brutal vous insulte et vous déshonore, la colère vous emportera, et la douceur de la vengeance vous incitera à commettre quelqu'action violente.

R. Cela ne se devroit pas, mais je suis homme : né avec des passions vives, j'aurois sans doute un combat bien fort à livrer pour réprimer la première impulsion de la colère ; je devrois toutefois la vaincre. C'est aux loix à venger les offenses que reçoivent les particuliers ; aucun individu n'a le droit de punir ceux qui l'outragent : mais si par malheur un premier mouvement l'emportoit sur ma raison, j'en aurois des regrets pour la vie.

D. Comment concilierez-vous cette conduite, étant militaire, avec ce que le point-d'honneur exige d'un homme de condition ? Vous savez que malheureusement, dans tous les pays, les loix du point-d'honneur sont précisément l'opposé des loix civiles.

R. Je me proposerai de tenir une conduite sage et mesurée, pour ne point donner lieu à de mauvaises querelles ; et si l'on m'en suscitoit, sans qu'il y eût de ma faute, je serois forcé de suivre l'usage reçu, me lavant les mains de ce qui en pourroit avenir.

D. Puisque nous sommes sur le sujet du point-d'honneur, expliquez-moi en quoi vous le faites consister.

R. Le point-d'honneur consiste à éviter tout ce qui peut rendre méprisable, et il oblige à se servir de tous les moyens honnêtes qui peuvent augmenter la réputation.

D. Qu'est-ce qui rend un homme méprisable ?

R. La débauche, la fainéantise, l'ineptie, l'ignorance, la mauvaise conduite, la poltronnerie, et tous les vices.

D. Qu'est-ce qui procure une bonne réputation ?

R. L'intégrité, des procédés honnêtes, des connoissances, de l'application, de la vigilance, la valeur, les belles actions civiles et militaires, en un mot tout ce qui élève un homme au-dessus des foiblesses humaines.

D. A propos de foiblesses humaines, vous êtes jeune, et dans l'âge où les passions sont les plus vives. Si vous résistez à la cupidité, à l'ambition désordonnée, à la vengeance ; il me semble vous voir succomber aux attraits d'un sexe enchanteur, qui blesse en séduisant, et pousse les traits empoisonnés si profondément au cœur, qu'ils égarent la raison. Ah, que je plains d'avance le mari dont la femme vous aura subjugué ! Qu'en pensez-vous ?

R. Je suis jeune et fragile, je l'avoue ; cependant je connois mes devoirs, et il me semble que sans troubler le repos des familles, et sans employer la violence, un jeune homme peut appaiser ses passions par des moyens plus innocens.

D. Je vous entends. Vous faites allusion au mot de Porcius Caton, qui voyant sortir quelque jeune patricien de chez une fille de joie, s'écria qu'il s'en réjouissoit, parce qu'il ne troubleroit point le repos des familles en agissant ainsi. Cependant cet expédient est sujet à d'étranges inconvéniens, et séduire des filles.....

R. Je n'en séduirai point, parce que je ne veux ni tromper personne, ni me parjurer. Tromper est d'un mal-honnête homme, se parjurer est d'un scélérat.

D. Mais quand votre intérêt l'exige ?

R. Un intérêt se trouveroit donc contraire à l'autre ; car si je manque de parole, je n'oserai pas me plaindre si l'on m'en manque ; et si je me joue du serment, je ne pourrai pas compter sur ceux qu'on me fera.

D. Cependant, en suivant la règle de Caton, vous vous exposez à d'autres hasards.

R. Tout homme qui s'abandonne à ses passions, est un homme perdu. Je me suis prescrit pour règle de ma vie en toutes choses : *use, mais n'abuse pas.*

D. Cela est fort sage. Mais êtes-vous sûr de ne jamais vous écarter de cette règle ?

R. L'amour de ma conservation m'oblige à veiller à ma santé. Je sais que rien ne la ruine plus que les excès de l'amour ; je dois donc être sur mes gardes pour ne point épuiser mes forces, pour ne point m'attirer de maladie fâcheuse qui rendroit ma florissante jeunesse languissante, valétudinaire et misérable. J'aurois le cruel reproche à me faire d'être homicide de moi-même ; de sorte que, si l'intérêt de la volupté m'entraîne, l'intérêt de ma conservation m'arrête.

D. Je n'ai rien à répliquer à ces raisons. Mais si vous êtes si rigide envers vous-même, vous serez sans doute dur envers les autres.

R. Je ne suis pas dur envers moi-même, je ne suis que sage ; je ne me refuse que les choses nuisibles à ma santé, à ma réputation, à mon honneur ; et bien loin d'être insensible, je compatis à tous les maux de mes semblables : je ne m'y borne pas, je tâche de les assister, et de leur rendre tous les services qui dépendent de moi, soit en les secourant de mon bien dans leur indigence, soit en les conseillant dans leurs embarras, soit en découvrant leur innocence quand on les calomnie, soit en les recommandant lorsque j'en trouve l'occasion.

D. Si vous donnez beaucoup en aumônes, vous épuiserez vos fonds.

R. Je donne selon mes moyens. C'est un capital qui rapporte au centuple, par le sensible plaisir que l'on éprouve en soulageant un malheureux.

D. Mais on risque plus, quand on se rend le défenseur des opprimés.

R. Verrai-je l'innocence persécutée sans l'assister? moi sachant la fausseté de l'accusation, je trahirois la vérité, pouvant la faire connoître! et je manquerois à tous les devoirs de l'honnête homme par insensibilité ou par foiblesse!

D. Cependant, vu le train du monde, toutes les vérités ne sont pas bonnes à dire.

R. Pour l'ordinaire c'est la manière dure de dire la vérité qui la rend odieuse; mais en l'annonçant modestement et sans faste, il est rare qu'elle soit mal reçue. Enfin, j'éprouve le besoin d'être assisté et défendu; de qui pourrai-je exiger ces services si je ne m'en acquitte pas moi-même?

D. En servant les hommes, on n'oblige souvent que des ingrats; que vous reviendra-t-il de vos peines?

R. Il est beau de faire des ingrats; il est infame de l'être.

D. La reconnoissance est un poids bien pesant, et souvent insupportable; on ne s'acquitte jamais d'un bienfait. Ne trouvez-vous pas qu'il est dur de le porter toute sa vie?

R. Non, parce que ce souvenir me rappelle sans cesse les belles actions de mes amis, la mémoire de leurs nobles procédés est longue dans mon esprit : je n'ai la mémoire courte que sur le sujet des offenses. Il n'est point de vertu sans reconnoissance, elle est l'ame de l'amitié, de la plus douce consolation de la vie. C'est elle qui nous lie à nos parens, à notre patrie, à nos bienfaiteurs. Non, je n'oublierai jamais la société qui m'a vu naître, le sein qui m'a allaité, le père qui m'a élevé, le sage qui m'a instruit, la langue qui m'a défendu, le bras qui m'a assisté.

D. J'avoue que les services qu'on vous a rendus, vous ont été utiles ; mais quel intérêt propre vous oblige à la reconnoissance ?

R. Le plus grand de tous, celui de me ménager des amis dans le besoin, de mériter par ma reconnoissance que des ames bienfaisantes m'assistent ; parce qu'aucun homme ne peut se passer de secours, et qu'il faut s'en rendre digne ; et parce que le public abhorre les ingrats, qu'il les regarde comme les perturbateurs des plus doux liens de la société ; qu'ils rendent l'amitié dangereuse, les bons offices nuisibles à ceux qui s'en acquittent ; parce qu'enfin, ils rendent le mal pour le bien. Il faut avoir un cœur insensible, pervers, atroce, pour être ingrat. Serai-je capable d'une pareille noirceur ? me rendrai-je indigne de la société des honnêtes gens ? Agirai-je contre cet instinct secret de mon cœur qui me crie : Ne sois pas inférieur à tes bienfaiteurs ; rends-leur, s'il se peut, au centuple les services que tu reçus de leur générosité. Ah, plutôt que la mort termine mes jours, que je ne les souille par une telle infamie ! Pour que je sois satisfait de moi-même, il faut le soir qu'en récapitulant mes actions, je trouve de quoi flatter mon amour-propre, et non de quoi le ravaler : plus je trouve en moi de traces de justice, de générosité, de noblesse, de reconnoissance, de grandeur d'ame ; plus je suis satisfait.

D. Mais cette reconnoissance, vous l'étendez envers la patrie ; que lui devez-vous ?

R. Tout, mes foibles talens, mes soins, mon amour, ma vie.

D. Il est vrai que l'amour de la patrie a produit en Grèce, comme à Rome, les plus belles actions. Ce fut par ce principe, et tant que les loix de Lycurgue furent observées, que Lacédémone soutint son empire. Ce fut par une suite de cet attachement inviolable pour la patrie, que la république Romaine éleva des citoyens qui la rendirent maîtresse du monde. Mais comment combiner votre intérêt avec celui de votre patrie ?

R. Je le combine sans peine, parce que toute belle action enchaîne et entraîne sa récompense à sa suite. Ce que je sacrifie de mon intérêt, je le regagne en réputation ; et la patrie, en bonne mère, se trouve même d'ailleurs obligée de récompenser les services qu'on lui rend.

D. En quoi peuvent consister ces services ?

R. Ils sont innombrables. On peut être utile à sa patrie, en élevant ses enfans avec les principes de bons citoyens et d'honnêtes gens, en perfectionnant l'agriculture dans ses terres, en administrant la justice équitablement et avec impartialité, en maniant les deniers publics avec désintéressement, en tâchant d'illustrer son siècle par sa vertu ou par ses lumières, en embrassant le métier des armes par un pur sentiment d'honneur, en renonçant à la mollesse en faveur de la vigilance et de l'activité, à l'intérêt en faveur de la réputation, à la vie en faveur de la gloire, en acquérant toutes les connoissances qui sont nécessaires pour réussir dans cet art si difficile, afin de pouvoir défendre les intérêts de ma patrie au péril de mes jours. Voilà mes devoirs.

D. C'est vous charger de bien des soins et de bien des peines.

R. La patrie réprouve les citoyens qui lui sont inutiles, c'est un fardeau qui la surcharge. Par une convention tacite, tout membre doit contribuer au bien de la grande famille, qui est l'État; et comme on émonde dans les plants d'arbres les rameaux stériles qui ne portent point de fruits, on rejette également les débauchés, les fainéans, et toute cette race d'hommes oisifs, et pour la plupart pervers, qui se concentrent en eux-mêmes, et contens de tirer des avantages de la société, ne contribuent en rien à son utilité. Pour moi je voudrois, si je puis y réussir, aller au-delà de mes devoirs. Une noble émulation m'excite à imiter de grands exemples. Pourquoi jugez-vous assez mal de moi pour me croire incapable des efforts de vertu dont d'autres hommes nous ont fourni les modèles? Ne suis-je pas doué des mêmes organes qu'eux? N'ai-je pas un cœur capable des mêmes sentimens? Ferai-je rougir mon siècle, et par une conduite lâche donnerai-je lieu de soupçonner que notre génération dégénère des vertus de ses aïeux ? Après tout, ne suis-je pas mortel ? Sais-je quand ma course sera bornée ? et mourir pour mourir, ne vaut-il pas mieux que mon dernier moment me couvre de gloire, et perpétue mon nom jusqu'à la fin des siècles, que d'expirer après avoir mené une vie fainéante et obscure, en proie à des maladies plus cruelles que les traits de l'ennemi, et d'ensevelir avec moi dans le tombeau le souvenir de ma personne, de mes actions, et de mon nom ? Je veux mériter qu'on me connoisse, je veux être vertueux, je veux servir ma patrie, et je veux occuper mon petit coin dans le temple de la Gloire.

D. En pensant ainsi, vous l'occuperez sans doute. Platon a dit que la dernière passion du sage c'étoit l'amour de la gloire. Je suis ravi de vous voir dans d'aussi bonnes dispositions. Vous savez que le véritable bonheur des hommes consiste dans la vertu. Persévérez dans ces nobles sentimens ; et vous ne manquerez ni d'amis pendant votre vie, ni de réputation après votre mort.

LETTRE
SUR L'ÉDUCATION,

Adressée à M. Burlamaqui, *Professeur à Genève.*

Après vous avoir exposé tout ce qui regarde le gouvernement de ce pays-ci, je croyois avoir satisfait amplement à votre curiosité; mais je me suis trompé. Vous trouvez que la matière n'est pas épuisée, vous considérez l'éducation de la jeunesse comme un des objets les plus importans d'un bon gouvernement, et vous voulez être instruit des attentions qu'on y porte dans l'État où je suis. Cette question que vous me faites en peu de mots, vous attirera une réponse qui passera les bornes d'une lettre ordinaire, par les discussions indispensables dans lesquelles elle m'entraîne. J'aime à considérer cette jeunesse qui s'élève sous nos yeux; c'est la génération future qui est confiée à l'inspection de la race présente, c'est un nouveau genre humain qui s'achemine pour remplacer celui qui existe, ce sont les espérances et les forces de l'État renaissantes, qui bien dirigées, perpétueront sa splendeur et sa gloire. Je pense bien, comme vous, qu'un prince sage doit mettre toute son application à former dans ses États des citoyens utiles et vertueux. Ce n'est pas d'aujourd'hui que j'ai examiné l'éducation qu'on donne à la jeunesse dans les différens États de l'Europe. Cette foule de grands hommes qu'ont produits la république des Grecs et la république Romaine, m'ont prévenu en faveur de la discipline des anciens, et je me suis convaincu qu'en suivant leur méthode, on formeroit une nation qui auroit plus de mœurs et de vertu qu'on n'en trouve dans nos peuples modernes. L'éducation qu'on donne à la noblesse est certainement repréhensible d'un bout de l'Europe à l'autre. Dans ce pays-ci, elle en reçoit la première teinture dans la maison paternelle ; la seconde, dans les académies et les universités; la troisième, elle se la donne elle-même, parce qu'on l'émancipe trop tôt; et c'est la plus mauvaise. Dans la maison paternelle, l'amour aveugle des parens nuit à la correction nécessaire de leurs enfans; les mères sur-tout (ce qui soit dit en passant) gouvernant assez despotiquement leurs maris, ne connoissent pour tout principe d'éducation qu'une indulgence sans bornes. On abandonne les enfans entre les mains des domestiques, qui les flattent, qui les corrompent en leur inspirant des maximes pernicieuses, maximes qui ne germent que trop par les profondes impressions qu'elles font sur des cerveaux encore tendres. Le mentor qu'on leur choisit, est d'ordinaire ou un candidat en théologie ou un apprentif jurisconsulte, espèce de gens qui auroient le plus grand besoin d'être morigénés eux-mêmes. Sous ces habiles docteurs, le jeune Télémaque apprend son catéchisme, le latin, à toute force un peu de géographie, la langue françoise par l'usage. Père et mère applaudissent au chef-d'œuvre qu'ils ont mis au monde, et de crainte que le chagrin ne flétrisse la santé de ce phénix, personne n'ose le reprendre. A dix ou douze ans le jeune seigneur est envoyé à l'académie. Il y en a plusieurs ici, comme le Joachim, la nouvelle académie de Berlin, celle du dôme de Brandebourg, et celle de Cloître-Bergue, près de Magdebourg ; elles sont fournies de professeurs habiles. Le seul reproche qu'on puisse leur faire, est peut-être qu'ils s'appliquent uniquement à remplir la mémoire de leurs élèves, qu'ils ne les accoutument pas à penser par eux-mêmes, qu'on n'exerce pas d'assez bonne heure leur jugement, qu'on néglige de leur élever l'ame, et de leur inspirer des sentimens nobles et vertueux.

Le jeune homme n'a pas mis le pied au-delà du seuil de l'académie, qu'il oublie tout ce qu'il avoit appris, parce qu'il ne s'est proposé que de réciter sa leçon par cœur à son pédagogue, et que n'en ayant plus besoin, les traces en sont effacées par des idées nouvelles et par l'oubli. Ce temps perdu dans le collège, je l'attribue au vice de l'éducation plutôt qu'à la légéreté de la jeunesse. Pourquoi ne fait-on pas comprendre à l'élève que la gêne que l'étude lui impose tournera à son plus grand avantage ? Pourquoi n'exerce-t-on pas son jugement, non pas en lui apprenant simplement la dialectique, mais en le faisant raisonner lui-même ? Ce seroit le moyen de lui faire concevoir qu'il lui est utile de ne pas oublier ce qu'il vient d'apprendre.

Au sortir de l'académie, les pères envoient leurs enfans à l'université, ou bien ils les placent dans l'armée, ou ils leur font obtenir des emplois civils, ou ils les relèguent dans leurs terres. Les universités de Halle et de Francfort-sur-l'Oder sont celles où ils vont perfectionner leurs études; elles sont composées d'aussi bons professeurs que le temps puisse en produire. On s'apperçoit cependant avec regret, que l'étude des langues grecque et latine n'y est plus autant en vogue qu'autrefois. Il semble que ces bons Germains, dégoûtés de la profonde érudition dont ils étoient en possession autrefois, veuillent à présent parvenir à la réputation à aussi peu de frais que possible; ils ont l'exemple d'une nation voisine, qui se contente d'être aimable, et ils deviendront incessamment superficiels. La vie que les étudians menoient autrefois aux universités, étoit un objet de scandale public. Ces lieux, qui doivent se considérer comme le sanctuaire des Muses, étoient l'école des vices et du libertinage; des bretteurs à office y faisoient le métier de gladiateurs, la jeunesse y passoit sa vie dans le désordre, dans les excès; elle y apprenoit tout ce qu'elle auroit dû ignorer à jamais, et ignoroit ce qu'elle auroit dû y apprendre. L'abus de ces désordres alla au point, qu'il y eut des étudians de tués; cela réveilla le gouvernement de sa léthargie, et il fut assez éclairé pour refréner cette licence et pour ramener les choses au but de leur institution; depuis, les pères peuvent envoyer leurs enfans à l'université avec la juste confiance qu'ils pourront s'y instruire, et sans appréhender que leurs mœurs ne se pervertissent. Cet abus de réformé.

il en reste encore bien d'autres qui mériteroient une égale correction. L'intérêt et la paresse des professeurs empêchent que les connoissances ne se répandent aussi abondamment qu'il seroit à souhaiter; ils se contentent de satisfaire à leur devoir le plus mincement qu'ils peuvent, ils font leurs cours, et voilà tout. Si les étudians exigent d'eux des leçons particulières, ce n'est qu'à un prix exorbitant qu'ils les obtiennent; ce qui empêche ceux qui ne sont pas riches de profiter d'une fondation publique destinée à l'instruction de tous ceux que le besoin des connoissances y attire. Autre défaut. La jeunesse ne compose jamais elle-même ses discours, ses thèses et ses disputes; c'est quelque répétiteur qui les fait, et un étudiant avec de la mémoire, souvent sans talens, y recueille à peu de frais des applaudissemens. N'est-ce pas encourager les jeunes gens à la fainéantise, que de leur apprendre à ne rien faire? Il faut au jeune homme une éducation laborieuse; qu'il compose, qu'on le corrige, qu'il rechange son ouvrage, et qu'à force de le lui faire retravailler, on l'accoutume à penser avec justesse et à s'énoncer avec exactitude. Pendant qu'on exerce la mémoire de la jeunesse, son jugement se rouille; on accumule ses connoissances, mais elle manque du discernement nécessaire qui les rendroit utiles. Un défaut encore, c'est le mauvais choix des auteurs qu'on explique. En médecine il est juste que l'on commence par Hippocrate et Galien, que l'on suive l'histoire de cette science (si c'en est une) jusqu'à nos jours; mais au-lieu d'adopter, ou le système de Hoffmann ou celui de quelque médecin obscur, pourquoi ne point commenter les excellens ouvrages de Boerhaave, qui semble avoir poussé les connoissances humaines sur le sujet des maladies et des remèdes aussi loin que peut aller la portée de notre intelligence? Il en est de même de l'astronomie et de la géométrie. Il est utile de parcourir tous les systêmes depuis celui de Ptolomée jusqu'à celui de Newton; mais le bon sens veut qu'on s'arrête à ce dernier, qui est le plus perfectionné, et le plus purgé d'erreurs. Halle a possédé dans les temps précédens un grand homme, fait pour enseigner la philosophie. Vous devinez que c'est du célèbre Thomasius dont je parle; on n'a qu'à suivre sa méthode et qu'à l'enseigner de même. D'ailleurs, les universités n'ont pas épuré la philosophie, autant qu'on le pense, de la rouille du pédantisme. On n'enseigne plus à la vérité les quiddités d'Aristote, ni les universaux *a parte rei*; doctissimus, sapientissimus Wolffius a remplacé de nos jours cet ancien héros de l'école, et l'on substitue aux formes substantielles les monades et l'harmonie préétablie, système aussi absurde et aussi inintelligible que celui qu'on a abandonné. Ni plus ni moins, les professeurs répètent ce galimatias, parce qu'ils s'en sont rendus les termes familiers, et parce que c'est la coutume d'être Wolffien. Je me trouvai un jour dans la compagnie d'un de ces philosophes les plus entêtés des monades; j'osai lui demander humblement s'il n'avoit jamais jeté un coup-d'œil sur les ouvrages de Locke?

Locke? J'ai tout lu, reprit-il brusquement. Je sais, Monsieur, lui dis-je, que vous êtes payé pour ne rien ignorer, mais que pensez-vous de ce Locke? C'est un Anglois, répondit-il séchement. Tout Anglois qu'il est, ajoutai-je, il me paroît bien sage ; il ne quitte jamais le fil de l'expérience pour se conduire dans les ténèbres de la métaphysique ; il est prudent, il est intelligible ; ce qui est un grand mérite pour un métaphysicien, et je crois au fond qu'il pourroit bien avoir raison. A ces paroles, le rouge monta au visage de mon professeur ; une colère très-peu philosophique se manifesta dans son regard et par ses gestes, et il me soutint d'une voix plus animée qu'à l'ordinaire, qu'ainsi que chaque pays avoit son climat différent, chaque Etat devoit avoir son philosophe national. Je repartis que la vérité étoit de tout pays, et qu'il seroit à souhaiter qu'il nous en vînt beaucoup, dût-elle passer pour contrebande aux universités. Au reste, la partie de la géométrie n'est pas aussi cultivée en Allemagne que dans les autres pays de l'Europe. On prétend que les Germains n'ont point de têtes géométriques, ce qui certainement est faux, les noms de Leibnitz et de Copernic prouvant le contraire. La cause en est, ce me semble, que cette science manque d'encouragement, et sur-tout de professeurs assez habiles pour l'enseigner.

Je reviens à présent à la jeune noblesse, que nous avons quittée au sortir des académies et des universités. C'est le moment où les parens décident du parti que leurs enfans doivent prendre ; pour l'ordinaire le hasard détermine ce choix. La plupart de ces jeunes seigneurs craignent l'état militaire, parce qu'il est dans ce pays une véritable école de mœurs ; on ne passe rien aux jeunes officiers, on les oblige d'avoir une conduite sage, réglée et décente ; ils sont éclairés de près, ils ont des surveillans qui ne les épargnent pas ; s'ils sont incorrigibles, à quelqu'appui qu'ils tiennent d'ailleurs, on les oblige à quitter, et dès-lors il n'y a plus pour eux de considération à attendre. C'est précisément ce qui leur répugne, car ils voudroient à l'ombre d'un grand nom se livrer sans contrainte aux caprices de leur fantaisie et au déréglement de leurs mœurs ; d'où il arrive que peu d'enfans des premières maisons servent dans les armées. Le corps des cadets y supplée ; cette pépinière est confiée aux soins d'un officier d'un grand mérite, qui fait consister le bonheur de sa vie à former cette jeunesse, en présidant à son éducation, en lui élevant l'ame, en lui inculquant des principes de vertu, et en s'efforçant de la rendre utile à la patrie. Cet établissement étant destiné pour la pauvre noblesse, les premières familles n'y placent pas leurs enfans. Si le père fait entrer son fils dans les finances ou dans la justice, dès ce moment il le perd de vue, il est abandonné à lui-même, et le hasard décide du pli qu'il prendra. Souvent au sortir des universités on établit l'héritier sur ses terres, où tout ce qu'il a pu apprendre lui devient autant qu'inutile. Voilà en gros la marche qu'on tient pour l'éducation de la jeunesse. Voici le mal qui en résulte. La mollesse de cette première éducation rend les jeunes gens efféminés, commodes, paresseux et lâches. Au-lieu de ressembler à la race des anciens Germains, on les prendroit pour une colonie de Sybaris transplantée dans cette contrée ; ils croupissent dans l'oisiveté et dans la fainéantise ; ils pensent qu'ils ne sont au monde que pour avoir du plaisir et des commodités, et que des hommes comme eux sont dispensés du devoir d'être utiles à la société ; de-là ces écarts, ces folies, ces dettes qu'ils contractent, ces débauches, ces prodigalités qui ont ruiné dans ce pays tant de familles opulentes. J'avoue que ces défauts tiennent autant à l'âge qu'à l'éducation ; je conviens que la jeunesse se ressemble par-tout à quelques nuances près, et que dans cet âge où les passions sont les plus vives, la raison n'est pas toujours la plus forte. Cependant je suis persuadé que par une discipline sage, plus mâle, et quand il en est besoin plus sévère, on arrêteroit bien des fils de famille au bord de l'abyme où ils vont se précipiter. Le déréglement de leurs mœurs tire d'autant plus à conséquence dans ce pays-ci, que le droit de primogéniture n'y est point établi comme en Autriche et dans les autres provinces de l'impératrice-reine ; il ne faut qu'un mauvais sujet dans une famille pour qu'elle tombe en décadence et dans la misère. Des exemples aussi frappans devroient, ce me semble, redoubler l'attention des pères pour la correction de leurs enfans, afin de les rendre capables de soutenir le lustre de leurs ancêtres, de devenir des sujets utiles à leur patrie et dignes de s'attirer une considération personnelle. On croit communément avoir bien pourvu à sa succession, en accumulant des richesses pour ses enfans, en leur faisant des établissemens, en leur procurant des emplois : ce sont sans doute des soins dignes de bons parens, mais il ne faut point s'y borner ; le point principal est de former leurs mœurs et de mûrir leur jugement de bonne heure. J'ai souvent été sur le point de m'écrier : Pères de famille, aimez vos enfans, on vous y convie, mais d'un amour raisonnable qui se dirige vers leur véritable bien ! Regardez ces jeunes créatures que vous avez vu naître, comme un dépôt sacré que la Providence vous a confié ; votre raison doit leur servir d'appui dans la débilité de leur âge et dans leurs foibles. Ils ne connoissent point le monde ; vous le connoissez ; c'est donc à vous à les former tels que le demande leur propre avantage, le bien de votre famille et celui de la société. Je le répète, formez donc leurs mœurs, inculquez-leur des sentimens vertueux, élevez leur ame, rendez-les laborieux, cultivez soigneusement leur raison, qu'ils réfléchissent sur leurs démarches, qu'ils soient sages, circonspects, qu'ils aiment la frugalité et la simplicité. Confiez alors en mourant votre héritage à leurs bonnes mœurs ; il sera bien administré, et votre famille se soutiendra dans son lustre ; sinon la dissipation et les déréglemens commenceront au moment de votre mort, et si vous pouviez ressusciter dans trente ans, vous trouveriez vos beaux établissemens possédés par des mains étrangères. J'en reviens toujours aux loix des Grecs et des Romains. Je crois qu'il faudroit établir, à leur exemple, qu'on n'émancipât les fils qu'à l'âge de vingt-six ans, que les pères fussent en quelque manière responsables de leur conduite. Sans doute qu'alors on n'abandonneroit pas la jeunesse à la compagnie pernicieuse des domestiques ; sans doute qu'on feroit un choix plus éclairé des maîtres et des gouverneurs qu'on leur donneroit, auxquels on confie tout ce qu'on a de plus précieux. Sans doute que le père même corrigeroit son fils, et le puniroit au besoin, pour étouffer des vices naissans. Ajoutez à ceci quelques réformes nécessaires dans les académies et dans les universités, pour qu'en remplissant la mémoire de la jeunesse, on ne néglige pas la partie du raisonnement, qui est la principale ; qu'au sortir des études, les pères aient l'œil à ce que leurs enfans ne se corrompent pas par la fréquentation de mauvaises compagnies, parce que les premiers exemples, soit bons ou mauvais, font une impression si forte sur la jeunesse, qu'ils déterminent souvent invariablement son caractère. C'est un des grands écueils dont il faut la garantir. Delà viennent l'esprit d'inapplication, la débauche, le jeu et tous les vices. Les devoirs des pères s'étendent encore plus loin ; je crois qu'ils devroient employer davantage leur discernement pour apprécier au juste les talens de leurs fils, afin de les destiner à ce que demande leur génie. Quelques connoissances qu'ils aient acquises, ils n'en sauroient trop avoir, quel que soit le parti qu'ils embrassent ; le métier des armes en exige de très-étendues. C'est un discours ridicule et impertinent qui est dans la bouche de bien des gens : Mon fils ne veut pas étudier, il sera toujours bon pour en faire un soldat. Oui, un fantassin, mais non un officier propre à se pousser aux premiers emplois, seul but cependant auquel il doit tendre. Il arrive encore que l'impatience et l'ardeur des pères donnent lieu à un autre inconvénient ; ils désirent pour leurs enfans des fortunes trop rapides, ils veulent qu'ils passent de plein pied des grades subalternes aux plus élevés, avant que l'âge ait amené leur capacité et mûri leur raison.

La justice, les finances, la politique, le militaire, honorent sans doute une naissance illustre, mais tout seroit perdu dans un État, si la naissance devoit l'emporter sur le mérite ; principe aussi erroné, aussi absurde, qu'un gouvernement qui l'adopteroit, en éprouveroit de funestes conséquences. Ce n'est pas à dire qu'il n'y ait des exceptions à la règle et qu'il ne se trouve des sujets prématurés, dont le mérite et les talens sollicitent en leur faveur ; il seroit seulement à souhaiter que les exemples en fussent plus communs. Enfin, je suis persuadé qu'on fait des hommes ce que l'on veut. Il est constant que les Grecs et les Romains ont produit une foule de grands hommes en tout genre, et qu'ils en étoient redevables à cette éducation mâle que leurs loix avoient établie. Et si ces exemples paroissent trop surannés, considérons les travaux du Czar Pierre I, qui parvint à policer une nation entiérement barbare ; pourquoi ne corrigeroit-on donc pas chez un peuple civilisé quelques vices de l'éducation ? On croit faussement que les arts et les sciences amollissent les mœurs. Tout ce qui éclaire l'esprit, tout ce qui étend la sphère de ses connoissances, élève l'ame, au-lieu de la dégrader; mais ce n'est pas le cas de ce pays-ci ; plût à Dieu que les sciences y fussent plus aimées! C'est la méthode d'élever qui est défectueuse : qu'on la corrige, et l'on verra renaître les mœurs, les vertus et les talens. Cette jeunesse efféminée m'a souvent fait penser à ce que diroit Arminius, ce fier défenseur de la Germanie, s'il voyoit la génération des Suèves et des Sennons dégénérée, abâtardie et avilie ; mais que ne diroit pas le grand électeur Fréderic-Guillaume, lui, qui chef d'une nation mâle, chassa avec des hommes les Suédois de ses États qu'ils dévastoient ? Que sont devenues ces familles si célèbres de son temps, et quels sont leurs rejetons ? Mais que deviendront celles qui fleurissent de nos jours ? Quiconque est père, doit faire de pareilles réflexions, pour s'encourager à remplir tout ce qu'il doit à la postérité.

J'en viens à présent au sexe féminin, qui influe si prodigieusement sur l'autre. On distingue ici les femmes d'un certain âge par l'éducation supérieure qu'elles ont reçue, de celles qui sont récemment entrées dans le grand monde ; celles-là ont des connoissances, de l'agrément dans l'esprit et une gaieté toujours décente. Ce contraste me parut si frappant, que j'en demandai la raison à un de mes amis : Autrefois, me dit-il, il y avoit quelques femmes à talens, qui recevoient chez elles en pension des filles de qualité ; tout le monde s'empressoit d'y placer ses enfans. C'est dans ces établissemens que ces dames, auxquelles vous applaudissez, ont été élevées. Ces écoles ont cessé à la mort de celles qui les avoient instituées, personne ne les a remplacées ; ce qui oblige chaque particulier d'élever ses enfans chez soi. La plupart des méthodes que l'on suit, sont répréhensibles. On ne se donne pas la peine de cultiver l'esprit des filles, on les laisse sans connoissances, sans même leur inspirer des sentimens de vertu et d'honneur. L'éducation commune roule sur les grâces extérieures, sur l'air, sur l'ajustement ; ajoutez à cela une légère teinture de musique, l'érudition de quelques comédies ou de quelques romans, la danse, le jeu, et vous aurez un abrégé de toutes les connoissances du sexe. Je vous avoue que je fus surpris que des gens de la première condition élevassent leurs enfans comme des filles de théâtre ; elles semblent mendier les regards du public, elles se contentent de plaire et ne paroissent pas rechercher l'estime et la considération. Quoi ! leur destination n'est-elle pas de devenir mères de famille ? Ne devroit-on pas diriger toute leur instruction vers ce but, leur inspirer de bonne heure de l'horreur pour tout ce qui les déshonore, leur faire connoître les avantages de la sagesse, qui sont solides et durables, au-lieu que ceux de la beauté se passent et se fanent ? Ne faudroit-il pas les rendre capables de former avec le temps leurs enfans aux bonnes mœurs, et comment le prétendre d'elles, si elles n'en ont point elles-mêmes, si le goût de l'oisiveté, de la frivolité, du luxe, de la dépense, et si des scandales publics les empêchent de donner un bon exemple à leur famille ? Je vous avoue que la négligence des pères de famille me paroît impardonnable ; si leurs enfans se perdent, ils en sont la cause. On regarde avec indulgence les Circassiens, parce qu'ils sont barbares, qui élèvent leurs filles à tous les manèges de la coquetterie et de la volupté, pour les vendre ensuite plus chérement au sérail de Constantinople ; c'est un trafic d'esclaves. Mais que chez un peuple libre et policé, la première noblesse semble se conformer à cet usage, qu'elle se respecte assez peu pour mépriser le blâme qu'attirera sur la famille la conduite d'une fille sans mœurs et sans vertu, c'est ce que la postérité la plus reculée leur reprochera éternellement. Allons au fait. Le déréglement des femmes prend sa source plutôt dans la vie oisive qu'elles mènent, que dans l'ardeur de leur tempérament ; passer deux ou trois heures devant le miroir, à méditer, à raffiner sur leur ajustement, à admirer leurs charmes ; passer toute l'après-dinée à médire, ensuite au spectacle, le soir au jeu ; puis le souper, et encore le jeu ! est-ce avoir le temps de faire un retour sur soi-même, et l'ennui de cette vie molle et oiseuse ne les incite-t-il pas à recourir à des plaisirs d'un autre genre, ne fût-ce que pour la variété, pour éprouver un sentiment nouveau? Occuper les hommes, c'est les empêcher d'être vicieux. La vie de la campagne, simple, rustique et laborieuse, est plus innocente que celle qu'un tas de fainéans mènent dans les grandes villes. C'est une ancienne maxime des généraux, que pour empêcher la licence, le désordre, les émeutes dans les camps, il faut donner de l'occupation au soldat. Les hommes se ressemblent tous. Si l'on n'est pas assez stupide pour voir du même œil la conduite dévergondée de ses proches, ou leurs mœurs pudiques et sages, qu'on leur apprenne à s'occuper eux-mêmes. Une fille peut s'amuser à des ouvrages de femme, à la musique, à la danse même; mais sur-tout qu'on s'applique à lui former l'esprit, à lui donner du goût pour les bons ouvrages; qu'on exerce son jugement, qu'on nourrisse sa raison par la lecture de choses solides, qu'elle ne rougisse point de s'instruire de l'économie; il vaut bien mieux qu'elle règle les comptes de sa maison elle-même et qu'elle les tienne en ordre, que de contracter follement des dettes de tout côté, sans penser à restituer ce que la bonne foi de ses débiteurs lui a long-temps avancé. Je vous avoue que je me suis souvent indigné, en me représentant à quel point en Europe on méprise cette moitié de l'espèce humaine, jusqu'à négliger tout ce qui peut perfectionner sa raison. Nous voyons tant de femmes qui ne le cèdent pas aux hommes. Il est en notre siècle de grandes princesses qui l'emportent de beaucoup sur celles des siècles précédens, il en est.... mais je n'ose les nommer, de crainte de leur déplaire en blessant leur extrême modestie, qui met le comble à leurs vertus et à leurs talens. Avec une éducation plus mâle, plus vigoureuse, ce sexe l'emporteroit sur le nôtre ; il possède les charmes de la beauté, ceux de l'esprit ne leur sont-ils pas préférables ? Allons au fait. La société ne peut subsister sans les mariages légitimes, qui la reproduisent et qui la rendent éternelle. Il faut donc soigner ces jeunes plantes qu'on forme pour devenir les souches de la postérité, de manière que le mâle et la femelle puissent remplir également les devoirs de chefs de famille. Il faut que la raison, l'esprit, les talens, les bonnes mœurs et la vertu servent également de base à cette éducation, afin que ceux qui l'ont reçue, puissent la transmettre à ceux auxquels ils donneront la vie. Enfin, pour ne rien oublier de ce qui peut tenir à cette matière, je dois y ajouter l'abus de l'autorité paternelle, qui force quelquefois les filles à se soumettre au joug d'un mariage mal assorti. Le père ne consulte que l'intérêt de sa famille, et quelquefois il ne suit que son caprice pour le choix de son gendre : ou ce choix tombe sur un richard, sur un homme suranné, ou sur quelque sujet qui lui plaît. Il appelle sa fille et lui dit : Mademoiselle, j'ai résolu de vous donner monsieur un tel pour époux. Sa fille en gémissant lui répond : Mon père, votre volonté soit faite. Voilà deux personnes unies, de caractère, d'inclination, de mœurs incompatibles! le trouble entre dans ce nouveau ménage du jour que ce malheureux lien a été formé, et bientôt il est suivi de l'aversion, de la haine et du scandale. Voilà donc deux malheureux; le grand but du mariage est manqué. Monsieur et madame se séparent, ils dissipent leur bien dans le désordre, ils tombent dans le mépris, et finissent par la misère. Je respecte autant que personne l'autorité paternelle, et ne m'élève point contr'elle; mais je voudrois que ceux qui l'ont en main n'en abusassent pas, en contraignant leurs enfans à se marier, lorsqu'il se trouve une espèce d'antipathie entre les caractères et les âges : qu'ils choisissent pour eux-mêmes selon leur fantaisie, mais qu'ils consultent leurs enfans quand il s'agit de s'engager pour toute la vie. Si cela ne rend pas tous les mariages meilleurs, c'est au moins ôter une excuse à ceux qui rejettent les désordres de leur conduite sur la violence que leurs parens leur ont faite.

Voilà en gros, Monsieur, les observations que j'ai faites dans ce pays sur les vices de l'éducation. Si vous me trouvez enthousiaste du bien public, je me glorifierai du défaut que vous me reprocherez. En exigeant beaucoup des hommes, on en obtient au moins quelque chose. Vous qui avez une nombreuse famille, sage et prudent comme je vous connois, vous avez réfléchi sur les devoirs que la condition de père vous impose, et vous trouverez dans vos pensées le germe de celles que je viens de développer. Dans le grand monde on ne se recueille guère, on se contente d'idées vagues, on réfléchit moins encore, on suit l'usage et la tyrannie de la mode, qui s'étend jusque sur l'éducation. Il ne faut donc point s'étonner si les suites et les conséquences répondent aux principes erronés d'après lesquels on agit. Je m'indigne des peines qu'on se donne dans ce climat rigoureux, pour y faire prospérer des ananas, des pisangs, et d'autres plantes exotiques, et du peu de soins qu'on se donne pour l'espèce humaine. On me dira tout ce qu'on voudra, mais un homme est plus précieux que tous les ananas de l'univers; c'est la plante qu'il faut cultiver, celle qui mérite tous nos soins et tous nos travaux, parce que c'est elle qui fait l'ornement et la gloire de la patrie.

 Je suis, etc.

ESSAI
SUR L'AMOUR-PROPRE
ENVISAGÉ COMME PRINCIPE DE MORALE.

Discours prononcé à l'assemblée ordinaire de l'Académie Royale des Sciences et Belles-Lettres de Prusse, le jeudi 11 janvier 1770.

LA vertu est le lien le plus ferme de la société, et la source de la tranquillité publique : sans elle les hommes, semblables aux bêtes féroces, seroient plus sanguinaires que les lions, plus cruels et plus perfides que les tigres ; ou des espèces de monstres dont il faudroit éviter la fréquentation.

Ce fut pour adoucir des mœurs aussi barbares que les législateurs promulguèrent des loix, que les sages enseignèrent la morale, et en démontrant les avantages de la vertu, firent connoître le prix qu'il falloit y attacher.

Les sectes des philosophes, chez les nations orientales ainsi que chez les Grecs, en s'accordant en général sur le fond de la doctrine, ne différoient proprement que par les motifs que chacune d'elles adoptoit pour déterminer ses disciples à mener une vie vertueuse. Les stoïciens, selon leurs principes, insistoient sur la beauté inhérente à la vertu ; d'où ils concluoient qu'il falloit l'aimer pour elle-même, et plaçoient le souverain bonheur de l'homme dans sa possession inaltérable. Les platoniciens disoient que c'étoit approcher des dieux immortels, que c'étoit leur ressembler que de pratiquer les vertus à leur exemple. Les épicuriens attribuoient une volupté supérieure à l'accomplissement des devoirs moraux : leurs principes bien entendus trouvoient dans la jouissance de la vertu la plus pure, le sentiment d'un délice et d'une félicité ineffable. Moyse, pour encourager ses Juifs à des actions bonnes et louables, leur annonça des bénédictions ou des peines temporelles. La religion chrétienne, qui s'éleva sur les ruines de la judaïque, atterra les crimes par des punitions éternelles, et encouragea à la vertu par l'espérance d'une béatitude infinie : non contente de ces ressorts, se proposant d'atteindre au dernier degré de perfection possible, elle prétendit que l'amour de Dieu devoit seul servir de principe aux bonnes actions des hommes, quand même il n'y auroit ni peines ni récompenses à attendre dans une autre vie.

Nous devons convenir que les sectes des philosophes ont formé des hommes du plus grand mérite : nous convenons de même que du sein du christianisme il est sorti des ames pures et remplies de sainteté. Néanmoins par une suite du relâchement des philosophes et des théologiens, et par la perversité du cœur humain, il est arrivé que ces différens motifs d'encouragement à la vertu n'ont pas continué de produire les bons effets auxquels on s'attendoit. Combien de philosophes qui ne l'étoient que de nom chez les Païens ! il n'y a qu'à jeter les yeux sur Lucien

pour se convaincre du peu de réputation où ils
étoient de son temps. Que de chrétiens qui dé-
générèrent, et qui corrompirent l'ancienne pureté des mœurs ! La cupidité, l'ambition, le fanatisme remplirent des cœurs qui faisoient profession de renoncer au monde, et pervertirent
ce que la simple vertu avoit établi. De pareils
exemples fourmillent dans l'histoire. Enfin, si
l'on excepte quelques reclus aussi pieux qu'inutiles à la société, les chrétiens de nos jours ne
sont pas préférables aux Romains du temps des
Marius et des Sylla ; bien entendu que je borne
uniquement ce parallèle à la comparaison des
mœurs.

Ces réflexions et de semblables m'ont conduit
à rechercher les causes qui ont influé sur cette
étrange dépravation du genre humain. Je ne sais
s'il m'est permis de hasarder mes conjectures
sur des matières aussi importantes ; mais il me
paroît qu'on s'est peut-être trompé dans le choix
des motifs qui devoient porter les hommes à la
vertu. Ces motifs, ce me semble, avoient le
défaut de n'être point à la portée du vulgaire.
Les stoïciens ne s'apperçurent pas que l'admiration est un sentiment forcé dont l'impression
s'efface bien vite : l'amour-propre n'applaudit
qu'avec répugnance. L'on convient sans peine
de la beauté de la vertu, parce que cet aveu ne
coûte rien ; mais cet acte de complaisance plutôt que de conviction ne détermine point à se
corriger soi-même, à vaincre ses mauvais penchans, à dompter ses passions. Les platoniciens
auroient dû se rappeller l'espace immense qu'il

y a entre l'Être des êtres et la créature fragile.
Comment proposer à cette créature d'imiter son
Créateur, dont par son état circonscrit et borné
elle ne peut se former qu'une idée vague et in-
déterminée? Notre esprit est assujetti à l'empire
des sens ; notre raison n'agit que sur les choses
où notre expérience nous éclaire ; lui proposer
des matières abstraites, c'est l'égarer dans un
labyrinthe dont elle ne trouvera jamais l'issue.
Mais lui présenter des objets palpables de la nature, c'est le moyen de la frapper et de la convaincre. Il est peu de grands génies capables de
conserver le bon sens en se précipitant dans les
ténèbres de la métaphysique. L'homme en général est né plus sensible que raisonnable.

Les épicuriens abusant du terme de volupté,
énervèrent sans y penser la bonté de leurs principes, et fournirent, par cette équivoque
même, des armes à leurs disciples pour dénatu-
rer leur doctrine.

La religion chrétienne (en respectant ce
qu'on y suppose de divin, et n'en parlant que
philosophiquement), la religion chrétienne, dis-
je, présentoit à l'esprit des idées si abstraites,
qu'il auroit fallu changer chaque catéchumène
en métaphysicien pour les concevoir, et ne
choisir que des hommes nés avec une imagination forte pour s'en pénétrer : peu d'hommes
sont nés avec des têtes ainsi organisées. L'expérience prouve que chez le vulgaire l'objet présent l'emporte, parce qu'il frappe ses sens sur
l'objet éloigné, qui l'affecte plus foiblement ; et
par conséquent les biens de ce monde, à la

jouissance desquels il touche, auront sans contredit la préférence sur des biens imaginaires, dont il se représente confusément la possession dans une perspective éloignée. Mais que dirons-nous des motifs qu'on tire de l'amour de Dieu pour rendre l'homme vertueux? de cet amour que les quiétistes exigent dégagé des craintes de l'enfer et des espérances du paradis? Cet amour est-il dans la possibilité des choses? Le fini ne peut concevoir l'infini; par conséquent nous ne pouvons nous former aucune idée exacte de la Divinité : nous pouvons nous convaincre en général de son existence, et voilà tout. Comment exiger d'une ame agreste qu'elle aime un être qu'elle ne peut connoître en aucune façon? Contentons-nous d'adorer dans le silence, et de borner les mouvemens de nos cœurs aux sentimens d'une profonde reconnoissance pour l'Être des êtres, en qui et par lequel tous les êtres existent.

Plus on examine cette matière, plus on la discute, et plus il paroît évident qu'il faudroit employer un principe plus général et plus simple pour rendre les hommes vertueux. Ceux qui se sont appliqués à la connoissance du cœur humain, auront sans doute découvert le ressort qu'il faudroit mettre en jeu. Ce ressort si puissant, c'est l'amour-propre, ce gardien de notre conservation, cet artisan de notre bonheur, cette source intarissable de nos vices et de nos vertus, ce principe caché de toutes les actions des hommes. Il se trouve en un degré éminent dans l'homme d'esprit, et il éclaire le plus stupide sur ses intérêts. Qu'y a-t-il de plus beau et de plus admirable que de tirer, même d'un principe qui peut mener au vice, la source du bien, du bonheur, et de la félicité publique ? Cela arriveroit, si cette matière étoit maniée par les mains d'un habile philosophe : il régleroit l'amour-propre ; il le dirigeroit au bien ; il sauroit opposer les passions aux passions ; et en démontrant aux hommes que leur intérêt est d'être vertueux, il les rendroit tels.

Le duc de la Rochefoucault, qui en fouillant dans le cœur humain a si bien dévoilé ce ressort de l'amour-propre, s'en est servi pour calomnier nos vertus, dont il n'admet que l'apparence. Je voudrois qu'on employât ce ressort pour prouver aux hommes que leur véritable intérêt est d'être bons citoyens, bons pères, bons amis, en un mot de posséder toutes les vertus morales; et comme effectivement cela est véritable, il ne seroit pas difficile de les en convaincre.

Pourquoi tâche-t-on de prendre les hommes par leur intérêt, quand on veut les engager à suivre de certains partis ? si ce n'est que l'intérêt propre est de tous les argumens le plus fort et le plus convaincant. Servons-nous donc de ce même argument pour la morale : qu'on représente aux hommes les malheurs qu'ils s'attireront par une conduite vicieuse, et les biens qui sont inséparables des bonnes actions (a). Lorsque les Crétois maudissoient leurs ennemis, ils leur souhaitoient de se livrer à des passions vi-

---

(a) Valère Maxime, Liv. 7. chap. 2.

cieuses ; c'étoit leur souhaiter qu'ils se précipitassent eux-mêmes dans des malheurs et dans l'opprobre. Ces vérités aisées sont susceptibles de démonstration, et se trouvent également à la portée des sages, des gens d'esprit, et de la plus vile populace.

On m'objectera sans doute que mon hypothèse trouvera quelque difficulté à concilier, avec le bonheur que j'attache aux bonnes actions, ces persécutions qu'éprouve la vertu, et ces espèces de prospérités dont jouissent tant d'ames perverses. Cette difficulté est facile à lever, si nous voulons nous borner à n'entendre par le mot de bonheur qu'une parfaite tranquillité de l'ame. Cette tranquillité de l'ame se fonde sur le contentement de nous-mêmes, sur ce que notre conscience nous permet d'applaudir à nos actions, et sur ce que nous n'avons point de reproches à nous faire. Or il est clair que ce sentiment peut exister dans une personne d'ailleurs malheureuse ; mais jamais il n'existera dans un cœur barbare et atroce, qui ne peut que se détester lui-même s'il se considère, quelles que soient les prospérités dont il paroît environné.

Nous ne combattons point l'expérience ; nous avouons qu'il y a une multitude d'exemples de crimes impunis, et de scélérats qui jouissent de ces grandeurs que les idiots admirent : mais ces criminels ne craignent-ils pas que le temps ne dévoile enfin cette vérité si terrible pour eux, et ne découvre leur opprobre ? Et ces monstres couronnés, un Néron, un Caligula, un Domitien, un Louis XI, les grandeurs vaines dont ils jouissoient, les empêchoient-elles d'entendre la voix secrète de la conscience qui les condamnoit, d'être dévorés de remords, et de sentir ce fouet vengeur qui, quoiqu'invisible, les déchiroit en les fustigeant? Quelle ame peut être tranquille dans une telle situation? N'éprouve-t-elle pas plutôt dans cette vie tout ce que les tourmens des enfers peuvent avoir de plus affreux? D'ailleurs c'est mal raisonner que de juger du bonheur des autres par les apparences. Ce bonheur ne peut être évalué que sur la façon de penser de celui qui l'éprouve : cette façon de penser varie si fort, que l'un aime la gloire, cet autre des objets de plaisir ; celui-ci s'attache à des bagatelles, celui-là à des choses qu'on juge importantes ; et même les uns dédaignent et méprisent ce que les autres désirent ou regardent comme le souverain bien.

Il n'y a donc point de règle certaine pour juger de ce qui dépend d'un goût arbitraire et souvent fantasque ; d'où il arrive qu'on se récrie souvent sur le bonheur et la prospérité de ceux qui gémissent amérement en secret du poids de leurs afflictions. Puis donc que ce n'est pas dans des objets extérieurs, ni dans ces fortunes que la scène mouvante du monde produit et détruit tour-à-tour, que nous pouvons trouver la félicité ; il faut la chercher en nous-mêmes. Il n'y en a point d'autre, je le répète, que la tranquillité de l'ame : c'est pourquoi notre intérêt doit nous porter à rechercher un bien aussi précieux; et si les passions le troublent, ce sont elles qu'il faut dompter.

Ainsi qu'un État ne sauroit être heureux tandis qu'il est déchiré par une guerre civile, de même l'homme ne sauroit jouir du bonheur lorsque ses passions révoltées combattent l'empire de la raison. Toutes les passions portent avec elles un châtiment qui semble leur être attaché ; celles même qui flattent le plus nos sens, n'en sont pas exemptés : chez celles-ci, c'est la ruine de la santé ; chez celles-là, ce sont des soins et des inquiétudes renaissantes ; ou c'est le chagrin de ne pas réussir dans des projets vastes que l'on a imaginés ; ou c'est le dépit de n'avoir pas toute la considération que l'on croit mériter ; ou la rage de ne pouvoir nous venger de ceux qui nous ont outragés ; ou le remords d'un ressentiment trop barbare ; ou la crainte d'être démasqués après cent fourberies consécutives.

Par exemple, la soif d'amasser des richesses travaille sans cesse l'avare ; les moyens lui sont égaux, pourvu qu'il se contente : mais la crainte de voir échapper ce qui lui a coûté tant de peines à ramasser, lui ôte la jouissance de ce qu'il possède. L'ambitieux perd le présent de vue, pour se précipiter aveuglément dans l'avenir ; il enfante sans cesse de nouveaux projets ; il foule impérieusement à ses pieds tout ce qu'il y a de plus sacré, pour arriver à ses fins ; les obstacles qu'il rencontre l'aigrissent et l'irritent ; toujours incertain entre la crainte et l'espérance, il est en effet malheureux ; et la possession même de ce qu'il désire est accompagnée de satiété et de dégoût. Cet état d'insipidité lui fait naître de nouveaux projets de fortune ; et ce bonheur qu'il cherche, il ne le trouve jamais. Faut-il dans une aussi courte vie former d'aussi longs projets ? Le prodigue qui dépense le double de ce qu'il amasse, est comme le tonneau des Danaïdes, qui ne se remplissoit jamais : il en est toujours aux expédiens ; et ses nombreux désirs qui multiplient sans cesse ses besoins, font à la fin dégénérer ses vices en crimes. L'amoureux tendre devient le jouet des femmes qui le trompent ; l'amoureux volage ne séduit que parce qu'il est parjure ; et le débauché perd sa santé en abrégeant ses jours.

Mais l'homme dur, l'injuste, l'ingrat, quels reproches n'ont-ils pas à se faire ? Celui qui est dur, cesse d'être homme, parce qu'il ne respecte plus les privilèges de son espèce, et qu'il méconnoît ses frères dans ses semblables ; il n'a ni cœur ni entrailles ; et n'éprouvant pas la compassion, il renonce en effet à celle qu'on doit avoir pour lui. L'injuste rompt l'accord social ; il détruit, autant qu'il est en lui, les loix sous la protection desquelles il existe ; il se révolteroit contre l'oppression qu'il auroit à souffrir, pour s'arroger le privilège exclusif d'opprimer ceux qui sont plus foibles que lui : il pèche par une mauvaise logique ; ses principes se trouvent en contradiction : et d'ailleurs les sentimens d'équité que la Nature a gravés dans tous les cœurs, ne doivent-ils pas se soulever contre ses prévarications? Mais le vice le plus abominable de tous, le plus noir, le plus infame, c'est l'ingratitude. L'ingrat, insensible aux bienfaits, commet un crime de

lèse-majesté contre la société ; parce qu'il corrompt ; qu'il empoisonne, qu'il détruit les douceurs de l'amitié ; il sent les offenses, il ne sent pas les services ; il met le comble à la perfidie en rendant le mal pour le bien : mais cette ame dénaturée et dégradée de l'humanité agit contre ses intérêts, parce que tout individu, foible de sa nature (quelqu'élevé qu'il soit), ne peut se passer du secours de ses semblables ; et qu'un ingrat, excommunié de la société, s'est rendu indigne par sa férocité d'éprouver désormais de nouveaux bienfaits. Il faudroit dire sans cesse aux hommes : » Soyez doux et humains, parce
» que vous êtes foibles, et que vous avez besoin
» d'assistance ; soyez justes envers les autres,
» afin qu'à votre tour les loix puissent vous protéger
» contre toute violence étrangère : en un
» mot, ne faites point à d'autres ce que vous ne
» voudriez pas que l'on vous fît. »

Je n'entreprends point de détailler dans cette légère esquisse tous les argumens que l'amour-propre fournit aux hommes pour vaincre leurs mauvais penchans, et les exciter à mener une vie plus vertueuse : les bornes de ce discours ne permettent pas que cette matière y soit épuisée ; je me contente d'avancer que tous ceux qui trouveront de nouveaux motifs propres à réformer les mœurs, rendront un service important à la société, j'ose même dire à la religion.

Rien de plus vrai, de plus évident que l'assertion, que la société ne sauroit subsister ni se maintenir sans la vertu et les bonnes mœurs de ceux qui la composent. Des mœurs dépravées, une effronterie scandaleuse dans le vice, le mépris pour la vertu et pour ceux qui l'honorent, de la mauvaise foi dans le commerce, des parjures, des perfidies, un intérêt particulier qui succède à celui de la patrie, sont les avant-coureurs de la chûte des États et de la ruine des empires ; parce qu'aussi-tôt que les idées du bien et du mal sont confondues, il n'y a plus ni blâme ni louange, ni punition ni récompense.

Cet objet si important des mœurs n'intéresse pas moins la religion que l'État. La religion chrétienne, la juive, la mahométane et la chinoise ont à peu-près la même morale. La religion chrétienne, accréditée depuis long-temps, a cependant encore deux sortes d'ennemis à combattre. Les uns sont de ces philosophes qui n'admettant que le bon sens et des raisonnemens rigoureusement exacts selon les principes de la logique, rejettent les idées et les systèmes qui ne se trouvent pas conformes aux règles de la dialectique : nous ne parlons pas actuellement de ceux-là.

Les autres sont des libertins, dont les mœurs corrompues par une longue habitude du vice, se révoltent contre la dureté du joug que la religion veut imposer à leurs passions ; ils rejettent ces entraves, ils renoncent tacitement à une loi qui les gêne, et cherchent un asile dans une incrédulité parfaite. Je soutiens donc que tous les motifs qui peuvent être employés pour réformer des personnes de ce caractère, tournent évidemment au plus grand avantage de la religion chrétienne ; et j'ose croire que l'intérêt propre des hommes est le motif le plus puissant que l'on puisse employer pour les retirer de leurs égaremens. Dès qu'une fois l'homme sera bien persuadé que son propre bien demande qu'il soit vertueux, il se portera à des actions louables; et comme effectivement il se trouvera vivre conformément à la morale de l'Evangile, il sera facile de le déterminer à faire pour l'amour de Dieu, ce qu'il pratiquera déjà pour l'amour de lui-même : c'est ce que les théologiens appellent changer des vertus païennes en des vertus sanctifiées par le christianisme.

Mais voici une nouvelle objection qui se présente. On me dira sans doute : » Vous êtes » en contradiction avec vous-même ; vous ne » pensez donc pas qu'on définit la vertu, *une* » *disposition de l'ame qui la porte au plus parfait* » *désintéressement?* Comment pouvez-vous donc » imaginer qu'on puisse arriver à ce parfait » désintéressement par l'intérêt propre ; ce qui » est précisément la disposition de l'ame qui lui » est la plus opposée » ? Quelque forte que soit cette objection, elle est facile à résoudre, pourvu que l'on considère les différens ressorts qui font mouvoir l'amour-propre. Si l'amour-propre ne consistoit que dans le désir de posséder des biens et des honneurs, je n'aurois rien à répondre ; mais ses prétentions ne se bornent pas à si peu d'objets : premièrement, c'est l'amour de la vie et de sa propre conservation ; ensuite l'envie d'être heureux, la crainte du blâme et de la honte, le désir de la considération et de la gloire ; enfin une passion pour tout ce qu'on juge être avantageux : ajoutez-y une horreur pour tout ce qu'on croit nuisible à sa conservation. Il n'y a donc qu'à rectifier le jugement des hommes. Que dois-je rechercher, que dois-je fuir, pour rendre utile et louable cet amour-propre, de brut et nuisible qu'il étoit ?

Les exemples du plus grand désintéressement que nous ayons, nous sont fournis par des principes de l'amour-propre. Le dévouement généreux des deux Décius, qui sacrifièrent volontairement leur propre vie pour procurer la victoire à leur patrie, d'où provenoit-il, si ce n'est qu'ils estimoient moins leur existence que la gloire ? Pourquoi Scipion, dans sa première jeunesse, dans cet âge où les passions sont si dangereuses, résiste-t-il aux tentations que lui donne la beauté de sa captive ? Pourquoi la rend-il vierge à son fiancé, en les comblant tous deux de présens ? Pouvons-nous douter que ce héros n'ait jugé que son procédé noble et généreux lui feroit plus d'honneur que s'il avoit brutalement assouvi ses désirs ? Il préféroit donc la réputation à la volupté.

Que de traits de vertus, que d'actions à jamais glorieuses ne sont effectivement dues qu'à l'instinct de l'amour-propre ! Par un sentiment secret et presque imperceptible, les hommes ramènent tout à eux-mêmes ; ils se placent dans un centre où aboutissent toutes les lignes de la circonférence. Quelque bien qu'ils fassent, ils en sont eux-mêmes l'objet caché ; la sensation la plus vive l'emporte chez eux sur la plus foible ;

souvent un syllogisme vicieux dont ils ne sentent pas les défauts, les détermine. Il ne faut donc que leur présenter les vrais biens, leur en faire connoître la valeur ; et savoir manier leurs passions, en opposant un penchant à l'autre, pour en tirer avantage en faveur de la vertu.

S'agit-il d'arrêter le crime près de se commettre ? Vous trouvez le principe réprimant dans la crainte des loix qui le punissent. C'est alors qu'il faut exciter cet amour que chaque homme a pour sa conservation, pour l'opposer aux desseins pervers qui l'exposeront aux plus rigoureux châtimens, à la mort même. Cet amour de sa conservation peut servir également pour ramener les débauchés, dont les débordemens ruinent la santé et abrègent les jours ; de même que ceux qui sont sujets aux emportemens de la colère : car il y a des exemples que ces mouvemens ont donné des accès d'épilepsie à ceux qui en étoient violemment agités. La crainte du blâme produit à-peu-près des effets semblables à ceux de l'amour de sa conservation. Combien de femmes ne doivent leur pudeur à laquelle on applaudit, qu'au désir de conserver leur réputation à l'abri de la médisance ? Combien d'hommes ne doivent leur désintéressement qu'à l'appréhension de passer dans le monde, s'ils agissoient autrement, pour des frippons et pour des malheureux ? Enfin, manier adroitement les différens ressorts de l'amour-propre, ramener tous les avantages des bonnes actions à celui qui en est l'auteur ; c'est le moyen de faire de ce ressort du bien et du mal, l'agent principal du mérite et de la vertu.

Je ne puis m'empêcher d'avouer à notre honte qu'on s'apperçoit dans ce siècle d'un refroidissement étrange pour ce qui concerne la réforme du cœur humain et des mœurs. On dit publiquement, on imprime même que la morale est aussi ennuyeuse qu'inutile ; on soutient que la nature de l'homme est un composé de bien et de mal, que l'on ne change point cet être, que les plus fortes raisons cèdent à la violence des passions, et qu'il faut laisser aller le monde comme il va.

Mais si l'on en usoit ainsi à l'égard de la terre, si on ne la cultivoit pas, elle porteroit sans doute des ronces et des épines ; et jamais elle ne donneroit ces abondantes moissons si utiles, et qui nous servent d'alimens. J'avoue, quelque attention que l'on porte à corriger les mœurs, qu'il y aura toujours des vices et des crimes sur la terre : mais il y en aura moins, et c'est gagner beaucoup ; il y aura de plus des esprits rectifiés et développés, qui excelleront par leurs éminentes qualités. N'a-t-on pas vu sortir des écoles des philosophes des ames sublimes, des hommes presque divins, qui ont poussé la vertu aux plus hauts degrés de perfection où l'humanité puisse atteindre ? Les noms des Socrate, des Aristide, des Caton, des Brutus, des Antonin, des Marc-Aurèle subsisteront dans les annales du genre humain, tant qu'il restera des ames vertueuses dans le monde. La religion n'a pas laissé de produire quelques hommes éminens, qui ont excellé par l'humanité et la bienfaisance. Je ne compte pas de ce nombre ces reclus atrabilaires et fanatiques qui ont enseveli dans des cachots religieux des vertus qui pouvoient devenir utiles à leur prochain, et qui ont mieux aimé vivre à la charge de la société que de la servir.

Il faudroit commencer aujourd'hui par imiter l'exemple des anciens, employer tous les encouragemens qui peuvent rendre l'espèce humaine meilleure, préférer dans les écoles l'étude de la morale à toute autre connoissance, prendre une méthode aisée pour l'enseigner. Peut-être ne seroit-ce pas un petit acheminement à ce but, que de composer des catéchismes où les enfans apprendroient, dès leur plus tendre jeunesse, que pour être heureux, la vertu leur est indispensablement nécessaire. Je voudrois que les philosophes, moins appliqués à des recherches aussi curieuses que vaines, exerçassent davantage leurs talens sur la morale; sur-tout que leur vie servît en tout d'exemple à leurs disciples : alors ils mériteroient avec justice le titre de précepteurs du genre humain. Il faudroit que les théologiens s'occupassent moins à expliquer des dogmes inintelligibles ; et que, désabusés de la fureur de vouloir démontrer des choses qui nous sont annoncées comme des mystères d'un ordre supérieur à la raison, ils s'appliquassent davantage à prêcher la morale pratique : et qu'au-lieu de prononcer des discours fleuris, ils fissent des discours utiles, simples, clairs, et à la portée de leur auditoire. Les hommes s'endorment à la suite d'un raisonnement alambiqué ; ils s'éveillent quand il est question de leur intérêt ; de sorte que par des discours adroits et pleins de sagesse , on rendroit l'amour-propre le coryphée de la vertu. Des exemples récens , et analogues à ceux qu'on veut persuader, peuvent être employés avec succès ; comme s'il s'agissoit d'animer un laboureur paresseux à mieux cultiver son champ, on l'encourageroit sans doute en lui montrant son voisin qui s'est enrichi par son activité laborieuse : il ne dépend que de lui de prospérer de même. Mais les modèles doivent être choisis à la portée de ceux qui doivent les imiter, dans leur genre, et non pas dans des conditions trop disproportionnées. Les trophées de Miltiade empêchoient Thémistocle de dormir.

Si les grands exemples ont fait de si fortes impressions sur les anciens, pourquoi de nos jours en feroient-ils de moindres ? L'amour de la gloire est inné dans les belles ames ; il n'y a qu'à l'animer, il n'y a qu'à l'exciter ; et des hommes qui végétoient jusqu'alors, enflammés par cet heureux instinct, vous paroîtront changés en demi-dieux. Il me semble enfin que si la méthode que je propose, n'est pas suffisante pour extirper les vices de la terre ; du moins pourra-t-elle faire quelques prosélytes aux bonnes mœurs , et féconder des vertus qui sans son secours seroient demeurées dans l'engourdissement : c'est toujours rendre service à la société , et c'est le but de cet ouvrage.

LETTRES
SUR L'AMOUR DE LA PATRIE,
OU
CORRESPONDANCE
D'ANAPISTÉMON ET DE PHILOPATROS.

LETTRE PREMIÈRE.

D'Anapistémon.

JE suis trop touché de la bonne réception que vous m'avez faite à votre campagne, pour ne pas vous en témoigner ma reconnoissance. J'ai trouvé dans votre compagnie les plus grands biens que puissent posséder les hommes, la liberté et l'amitié. De crainte d'abuser de votre complaisance je vous ai quitté, en regrettant de me séparer de vous. Le souvenir des jours heureux que j'ai passés dans votre terre, ne s'effacera jamais de ma mémoire. Les biens qui nous arrivent, sont passagers, et les maux ne sont que trop durables; mais la réminiscence du bonheur dont nous avons joui, en perpétue la durée. Ma mémoire est encore toute occupée de ce que j'ai vu, sur-tout de ce que j'ai entendu, principalement de cette dernière conversation que nous eûmes ensemble le soir après souper; mais je regrette que vous vous soyez borné à des idées générales, en parlant des devoirs

voirs des citoyens, et que vous ne soyez entré dans aucun détail. Vous me feriez un plaisir sensible, si vous vouliez vous étendre davantage sur cette matière importante : elle intéresse tous les hommes, et mérite par conséquent d'être profondément discutée. Je vous confesse qu'une vie tranquille, plus tournée à la jouissance qu'à la méditation, m'avoit détourné de réfléchir sur les liens de la société, et sur les devoirs de ceux qui la composent. Je pensois qu'il suffisoit d'être honnête homme et de respecter les loix, et je ne présumois pas qu'il en fallût davantage. La confiance que j'ai en vous est si grande, que je ne crois personne aussi capable que vous de m'éclairer sur cette matière. Il en est encore tant d'autres sur lesquelles vous pourriez m'instruire ! mais je me borne à celle-ci. Daignez donc me communiquer tout ce que vos études ou vos réflexions vous ont fourni de connoissances sur ce sujet. Tout le monde agit, peu de personnes pensent : loin d'être du nombre de ces inconsidérés, vous examinez attentivement les matières, vous pesez les raisons pour et contre, et vous n'acquiescez qu'aux vérités évidentes : vous ne vivez, pour ainsi dire, qu'avec les auteurs anciens et modernes : vous vous êtes approprié toutes leurs connoissances, ce qui rend votre conversation si agréable et si intéressante, que lorsque l'absence empêche de vous entendre, on veut au moins vous lire pour s'en consoler. Si vous daignez contenter ma curiosité, en me communiquant vos réflexions, ce sera ajouter les sentimens de la reconnoissance à ceux de l'estime et de l'amitié que j'ai pour vous. *Vale.*

LETTRE II.
De Philopatros.

JE suis sensiblement flatté des expressions obligeantes dont vous vous servez à mon égard; je les dois à votre politesse et non à la réception que je vous ai faite. Vous rendez justice à mon intention, quoique les effets n'y aient pas autant répondu que je l'aurois désiré. Au-lieu de vous amuser, comme il auroit été séant, par des propos vifs et enjoués, la conversation a tourné sur des matières graves et sérieuses. J'en suis l'unique cause : je mène une vie sédentaire; accablé d'infirmités, exclu du tourbillon du grand monde : la lecture a tourné insensiblement mon esprit du côté des réflexions : ma gaieté s'est perdue ; une triste raison l'a remplacée.

Il m'est échappé de vous parler comme je pense, lorsque je suis seul renfermé dans mon cabinet. J'avois l'esprit occupé des républiques de Sparte et d'Athènes, dont j'avois lu l'histoire, et des devoirs d'un bon citoyen, dont vous voulez que je vous donne une plus ample explication : vous me faites trop d'honneur. Vous me prenez pour un Lycurgue, pour un Solon, moi qui n'ai jamais promulgué de loix, et qui ne me suis mêlé d'autre gouvernement que de celui de mes terres, où je vis depuis bien des années dans la plus profonde retraite. Puis donc que vous voulez que je vous expose en quoi je fais consister les devoirs d'un bon citoyen, soyez persuadé que je m'en acquitterai uniquement dans l'intention de vous obéir et non dans celle de vous instruire.

La nouvelle philosophie veut avec raison que l'on commence par définir les termes et les choses, pour éviter les mésentendus et pour fixer les idées sur des objets déterminés ; voici donc comme je définis le bon citoyen : c'est un homme qui s'est fait une règle invariable d'être utile, autant qu'il dépend de lui, à la société dont il est membre. Voici les causes qui amènent ces devoirs. L'espèce humaine ne sauroit subsister isolée ; les nations les plus barbares même forment de petites communautés. Les peuples civilisés que le pacte social réunit, se doivent mutuellement des secours ; leur propre intérêt le veut, le bien général l'exige, et si-tôt qu'ils cesseroient de s'entr'aider et de s'assister, il s'ensuivroit, d'une façon ou d'une autre, une confusion totale qui entraîneroit la perte de chaque individu. Ces maximes ne sont pas nouvelles ; elles ont servi de base à toutes les républiques dont l'antiquité nous a transmis la mémoire. Les républiques grecques étoient fondées sur de pareilles loix ; celle des Romains avoit les mêmes principes ; si nous les avons vues par la suite du temps détruites, c'est que les Grecs, d'un esprit inquiet et jaloux les uns des autres, s'attirèrent eux-mêmes les malheurs qui les accablèrent ; et que quelques citoyens

Romains, trop puissans pour des républicains, bouleversèrent leur gouvernement par une ambition désordonnée ; c'est qu'enfin rien n'est stable dans ce monde. Si vous résumez ce que l'histoire rapporte sur ce sujet, vous trouverez qu'on ne peut attribuer la chûte de ces républiques qu'à des citoyens aveuglés par leurs passions, qui préférant leur bien particulier à l'intérêt de leur patrie, ont rompu le pacte social, et ont agi comme ennemis de la communauté à laquelle ils appartenoient. Je me souviens que vous étiez dans l'opinion qu'on pouvoit s'attendre à trouver des citoyens dans les républiques, mais que vous ne croyiez pas qu'il y en eût dans les monarchies : souffrez que je vous désabuse de cette erreur. Les bonnes monarchies, dont l'administration est sage et pleine de douceur, forment de nos jours un gouvernement qui approche plus de l'oligarchie que du despotisme ; ce sont les loix seules qui règnent. Entrons dans quelque détail. Représentez-vous le nombre des personnes employées dans les conseils., à l'administration de la justice, à celle des finances, dans les missions étrangères, dans le commerce, dans les armées, dans la police intérieure ; ajoutez-y celles qui ont leur voix dans les provinces d'États : toutes participent à l'autorité souveraine. Le prince n'est donc pas un despote, qui n'a pour règle que son caprice. On doit l'envisager comme étant le point central où aboutissent toutes les lignes de la circonférence. Ce gouvernement procure dans ses délibérations le secret qui manque aux républiques, et les différentes branches de l'administration étant réunies, se mènent de front comme les quadriges des Romains, et coopèrent mutuellement au bien général du public. De plus, vous trouverez toujours moins d'esprit de parti et de faction dans les monarchies, si elles ont à leur tête un souverain ferme, que dans les républiques, qui sont souvent déchirées par des citoyens qui briguent et cabalent pour se culbuter les uns les autres. S'il y a en Europe quelqu'exception à faire à ce que je viens de dire, ce peut être à l'égard de l'empire Ottoman, ou de quelqu'autre gouvernement, qui méconnoissant ses véritables intérêts, n'ait pas lié assez étroitement l'intérêt des particuliers à celui des souverains. Un royaume bien gouverné doit être comme une famille, dont le souverain est le père et les citoyens les enfans: les biens et les maux sont communs entr'eux; car le monarque ne sauroit être heureux lorsque ses peuples sont misérables. Quand cette union est bien cimentée, le devoir de la reconnoissance produit de bons citoyens, parce que leur union avec l'État est trop intime pour qu'ils puissent s'en séparer; ils auroient tout à perdre et rien à gagner. Voulez-vous des exemples ? Le gouvernement de Sparte étoit oligarchique, et il a produit une multitude de grands hommes dévoués à la patrie. Rome, après qu'elle eut perdu sa liberté, vous fournit des Agrippa, des Thraséa Pétus, des Helvidius Priscus, un Corbulon, un Agricola, des empereurs Tite, Marc-Aurèle, Trajan, Julien, enfin un grand nombre d'ames mâles et viriles, qui préféroient l'avantage du public au leur propre. Mais je ne sais comment imperceptiblement je m'égare; je voulois vous écrire une lettre, et si je ne m'arrête, je vais composer un traité. Je vous en fais mille excuses. Le plaisir de m'entretenir avec vous m'entraîne, et je crains de vous importuner. Soyez toutefois persuadé, qu'entre tous ceux qui forment le corps politique auquel je tiens, il n'en est aucun, mon cher ami, que je sois plus porté à servir que vous, étant avec toute l'estime possible, etc.

LETTRE III.

D'Anapistémon.

JE vous fais mille remercîmens de la peine que vous vous donnez pour m'expliquer une matière dont je n'avois que des idées fort vagues et que j'avois peu examinée. Au-lieu d'avoir trouvé votre lettre trop longue, elle m'a paru trop courte, parce que j'entrevois qu'il vous reste encore quantité de choses à m'expliquer; cependant ne trouvez pas étrange que je vous fasse quelques objections. Éclairez mon ignorance, détruisez mes préjugés, ou bien fortifiez-moi dans mes idées, si elles sont justes.

Est-il possible d'aimer véritablement sa patrie? Ce soi-disant amour n'auroit-il pas été inventé par quelque philosophe ou par quelque songe-creux de législateur, pour exiger des hommes une perfection qui n'est pas à leur portée?

Comment voulez-vous qu'on aime le peuple ? Comment se sacrifier pour le salut d'une province appartenant à notre monarchie, lors même qu'on n'a jamais vu cette province ? Tout cela se réduit à m'expliquer, comment il est possible d'aimer avec ferveur et avec enthousiasme ce que l'on ne connoît point du tout. Ces réflexions, qui se présentent si naturellement à l'esprit, m'ont persuadé que le parti le plus convenable pour un homme sensé, étoit de végéter tranquillement, sans soins, sans inquiétude, pour descendre au tombeau, où nous allons tous, en se donnant le moins de peine qu'il est possible. J'ai toujours dirigé ma vie conformément à ce plan-là. Il m'arriva un jour de rencontrer M. le professeur Garbojos, dont le mérite vous est connu. Nous nous entretînmes sur ce sujet, et il me repartit avec cette vivacité qui lui est propre : Je vous félicite, Monsieur, d'être un aussi grand philosophe. — Moi ! point du tout, lui dis-je, je n'ai connu aucun de ces gens là, et je n'ai rien lu de leur façon; toute ma bibliothèque est composée de peu de livres; vous n'y trouverez que le Parfait Agriculteur, les gazettes, et l'almanach courant, c'en est bien assez. — Cependant, poursuivit-il, vous êtes rempli des maximes d'Epicure, et je croirois, à vous entendre, que vous avez fréquenté ses jardins. — Je ne connois ni Epicure ni ses jardins, lui dis-je : mais qu'enseigne donc cet Epicure ? De grâce, daignez m'en instruire. Alors mon professeur prenant un air de dignité, me parla ainsi : Je vois que les beaux esprits se rencontrent, puisque monsieur le baron pense de même qu'un grand philosophe. Epicure avoit prescrit à son sage de ne se mêler jamais ni des affaires ni du gouvernement. Ses raisons étoient que l'ame du sage doit conserver cette tranquillité dans laquelle il fait consister le bonheur; il ne faut pas qu'elle s'expose à pouvoir être agitée par le chagrin, par la colère ou par d'autres passions, que les soins et les affaires amènent nécessairement après elles. Il vaut donc mieux éviter tout embarras, tout travail désagréable, et laissant aller le monde comme il va, réunir ses soins sur sa propre conservation. — Bon Dieu, lui dis-je, que cet Epicure me charme! de grâce, prêtez-moi son livre. — Nous n'avons point de lui, reprit l'autre, un corps de doctrine complet, mais seulement quelques fragmens épars. Lucrèce a mis une partie de son système en beaux vers. Nous trouvons des lambeaux des opinions de notre philosophe dans les ouvrages de Cicéron, qui étant d'une secte différente, réfute et détruit toutes ses assertions.

Vous ne sauriez croire combien je m'applaudis d'avoir trouvé dans moi-même, ce qu'un vieux philosophe Grec a pensé il y a près de mille ans. Cela me confirme de plus en plus dans mes sentimens. Je me félicite de mon indépendance, je suis libre, je suis mon maître, mon souverain, mon roi : j'abandonne à des fous turbulens le songe des grandeurs trompeuses, après lesquelles ils courent; je ris de l'avidité des avares, qui accumulent de vains trésors qu'ils sont forcés de quitter en mourant; et fier des avantages que je possède, je m'élève au-dessus de tout l'univers. Je me flatte de votre approbation, puisque je pense comme un philosophe, que je n'ai jamais ni vu ni lu; il faut que la nature seule ait produit cette conformité d'opinions; il faut donc qu'elles soient vraies. Ayez la bonté de me dire ce que vous en pensez; peut-être nous rencontrerons-nous; mais quoi qu'il en soit, rien n'affoiblira les sentimens d'estime et d'amitié avec lesquels je suis, etc.

LETTRE IV.

De Philopatros.

JE croyois, mon cher ami, avoir satisfait votre curiosité, en vous exposant dans leur liaison mes opinions touchant les devoirs des citoyens; mais en voici bien d'une autre! je vois que vous voulez me mettre aux prises avec Epicure. Ce n'est pas un rude adversaire; aussi je ne refuse pas le combat; et puisque vous m'avez introduit dans la lice, je ferai de mon mieux pour fournir ma carrière : cependant pour ne point embrouiller les choses, je suivrai vos objections selon l'ordre dans lequel vous les rapportez dans votre lettre.

Je commencerai donc par vous faire remarquer qu'il ne suffit pas à un honnête homme de ne point être criminel, il doit être vertueux : s'il ne transgresse pas les loix, il évite les punitions; mais s'il n'est ni serviable, ni officieux, ni utile, il est sans mérite, et par conséquent il faut qu'il renonce à l'estime du public. Vous conviendrez donc que vous êtes engagé par votre propre avantage à ne pas vous séparer de la société, et même à travailler avec zèle à tout ce qui peut lui être bon et utile. Quoi! vous croiriez que l'amour de la patrie est une vertu idéale, lorsque tant d'exemples dans tant d'histoires témoignent combien cet amour a produit de grandes choses, en élevant des hommes véritablement sublimes au-dessus de l'humanité, et en leur inspirant les plus nobles et les plus fameuses entreprises? Le bien de la société est le vôtre. Vous êtes si fortement lié avec votre patrie sans le savoir, que vous ne pouvez ni vous isoler, ni vous séparer d'elle, sans vous ressentir vous-même de votre faute. Si le gouvernement est heureux, vous prospérerez; s'il souffre, le contre-coup de son infortune réjaillira sur vous; de même, si les citoyens jouissent d'une opulence honnête, le souverain est dans la prospérité, et si les citoyens sont accablés de misère, la situation du souverain sera digne de compassion. L'amour de la patrie n'est donc pas un être de raison, il existe réellement. Ce ne sont pas ces maisons, ces murailles, ces bois, ces champs, que j'appelle votre patrie, mais vos parens, votre femme, vos enfans, vos amis, et ceux qui travaillent pour votre bien dans les différentes branches de l'administration, et qui vous rendent des services journaliers, sans que vous vous donniez seulement la peine de vous informer de leurs travaux. Ce sont là les liens qui vous unissent à la société : l'intérêt des personnes que vous devez aimer, le vôtre et celui du gouvernement, qui sont indissolublement unis ensemble, composent ce qu'on appelle le bien général de toute la communauté. Vous dites qu'on ne sauroit aimer la populace, ni les habitans d'une province qu'on ne connoît pas; vous avez raison, si vous entendez qu'il s'agisse d'une union intime, comme entre amis; mais il n'est question envers le peuple que de cette bienveillance que nous devons à tout le monde, plus encore à ceux qui habitent avec nous le même sol, et qui nous sont associés; et pour les provinces qui tiennent à notre monarchie, ne devons-nous pas au moins leur rendre ce que l'on doit à des alliés ? Supposé qu'en votre présence un inconnu tombât dans une rivière, ne l'assisteriez-vous pas pour l'empêcher de se noyer ? Et si vous rencontriez un passant qu'un assassin fût près d'égorger, ne vous verroit-on pas voler au secours du premier, et ne tâcheriez-vous pas de le sauver? Ce sont ces sentimens de pitié et de compassion, que la Nature a imprimés dans nos ames, qui nous portent, comme par instinct, à nous assister mutuellement, et nous animent aux devoirs que les hommes ont à remplir les uns envers les autres. Je conclus donc, que si nous devons des secours aux inconnus même, à plus forte raison en devons-nous aux citoyens auxquels nous lie le pacte social. Souffrez que je touche encore un mot des provinces de notre monarchie, envers lesquelles vous me paroissez si tiède. Ne comprenez-vous donc pas, que si le gouvernement perdoit ces provinces, il en seroit affoibli, et que par conséquent les ressources qu'il en a tirées venant à lui manquer, il seroit moins en état de vous assister, si vous en aviez besoin, qu'il ne l'est à présent?

Vous voyez, mon cher ami, par ce que je vous expose, que les combinaisons de l'état politique sont très-étendues, et qu'on ne s'en fait point d'idée juste, à moins de les approfondir; mais voici une nouvelle assertion que je ne saurois vous passer. Quoi! vous, qui êtes doué d'esprit et de talens, vous osez avancer que la végétation des plantes a de l'avantage sur l'activité animale? Se peut-il qu'un homme sensé préfère un lâche repos à un travail honorable? une vie molle, efféminée autant qu'inutile, à des actions vertueuses, qui rendent immortel le nom de celui qui les a faites? Oui, nous allons tous nous acheminant vers notre tombeau, c'est une loi commune; mais la différence qu'on met entre les morts, c'est que les uns sont oubliés aussi-tôt qu'enterrés, et que ceux qui se sont souillés de crimes, laissent une mémoire odieuse; au-lieu que les hommes vertueux, dont les services ont été utiles à la patrie, comblés de louanges et de bénédictions, sont cités pour servir d'exemple à la postérité, et laissent un souvenir qui ne périt jamais. Dans laquelle de ces trois classes voulez-vous être compris? Sans doute dans la dernière.

Après que j'ai détruit tant de faux raisonnemens, vous ne devez vraiment pas vous attendre que votre Epicure, tout Grec qu'il est, m'en impose. Agréez que pour le réfuter solidement je commente ses propres paroles. *Le sage ne doit se mêler ni d'affaires ni de gouvernement.* Oui, s'il habite une isle déserte. *Son ame impassible ne doit être exposée à aucune passion, ni à la mauvaise humeur, ni à la jalousie, ni à la colère.* Voilà donc Epicure, le docteur de la volupté, qui recommande l'impassibilité stoïque. Ce n'étoit pas ce qu'il devoit dire, c'étoit tout le contraire. Le plus noble effort du sage ne consiste pas à éviter les occasions ; mais, quand elles se présentent, à conserver la tranquillité de son ame dans des momens où tout ce qui l'environne, soulève et irrite ces différentes passions. Un pilote n'a point de mérite à conduire son vaisseau quand la mer est calme; il en a beaucoup, lorsqu'après avoir été ballotté long-temps par des ouragans et des vents contraires, il conduit heureusement son navire dans le port. Personne ne fait attention aux choses aisées et faciles, il n'y a que les difficultés vaincues dont on vous tienne compte. *Il vaut donc bien mieux laisser aller le monde comme il va, et ne penser qu'à soi-même.* Ah! monsieur Epicure, sont-ce là des sentimens dignes d'un philosophe? La première chose à laquelle vous devriez penser, n'est-ce pas le bien de l'humanité? Vous osez annoncer que chacun ne doit aimer que soi-même. Un homme qui par malheur suivroit vos maximes, ne seroit-il pas détesté universellement et avec raison? Si je n'aime personne, comment puis-je prétendre qu'on m'aime? Ne comprenez-vous pas qu'on m'envisagera comme un monstre dangereux, dont il est loisible de se défaire pour maintenir la sûreté publique. Et si l'amitié disparoît, quelle consolation reste-t-il à notre pauvre espèce ! Recourons à une allégorie, pour nous expliquer plus intelligiblement; comparons un État quelconque avec le corps humain. C'est de l'activité et du concours unanime de toutes ses parties, que résultent sa santé, sa force et sa vigueur; les veines, les artères, et jusqu'aux nerfs les plus déliés, coopèrent à son existence animale. Si l'estomac ralentissoit son mouvement péristaltique, si les boyaux ne renforçoient leur mouvement vermiculaire, les poumons leur aspiration, le cœur sa diastole et sa systole; si enfin chaque soupape des artères ne s'ouvroit et ne se fermoit selon les besoins de la circulation du sang ; si les sucs nerveux ne se portoient aux parties de la contraction nécessaire au mouvement, le corps tomberoit en langueur, il dépériroit insensiblement, et l'inactivité de ses parties occasionneroit sa destruction totale. Ce corps c'est l'État; ses membres, c'est vous et tous les citoyens qui lui appartiennent. Vous voyez donc qu'il faut que chaque individu remplisse sa tâche, pour que la masse générale prospère. Dès-lors, que devient cette heureuse indépendance dont vous vous faites le panégyriste, si ce n'est qu'elle vous rend un membre paralytique du corps auquel vous appartenez ? Observez encore, s'il vous plaît, que votre philosophe confond les idées les plus claires : il recommande la paresse et la fainéantise, comme si c'étoient des vertus ; mais tout le monde convient que ce sont des vices. Est-il digne d'un philosophe de nous exciter à perdre le temps, qui est ce que nous avons de plus précieux, qui fuit toujours, et qui ne revient jamais ? Faut-il nous encourager à nous abandonner à l'oisiveté, à négliger nos devoirs, à devenir inutiles à tout le monde et à charge à nous-mêmes ? Un ancien proverbe dit : L'oisiveté est la mère de tous les vices ; on pourroit y ajouter : Et le travail est le père des vertus. Ceci est une vérité constante, attestée par l'expérience de tous les temps et de tous les lieux.

En voilà, je crois, assez pour Épicure ; resté à examiner maintenant vos propres opinions. Condamnez les ambitieux, j'y consens : censurez les avares, j'y souscris ; mais faut-il pour cela que des idées mal digérées, et des préjugés pitoyables, vous induisent à refuser vos soins pour contribuer à l'utilité publique, comme tous les autres citoyens ? Vous possédez tous les matériaux propres pour un tel ouvrage ; l'esprit, la droiture, les talens : et puisque la Nature ne vous a rien refusé de ce qui peut vous donner de la réputation, vous êtes inexcusable, si vous laissez inutiles les faveurs dont elle vous a comblé. Vous exaltez votre indépendance, votre prétendue royauté, et cette liberté dont vous prétendez jouir et qui vous élève au-dessus de tout l'univers. Oui, je vous applaudis, si vous entendez par votre indépendance l'empire que vous avez sur vous-même ; par votre royauté, le joug que vous avez imposé à vos passions ; et vous pouvez vous élever sur plusieurs de ceux de votre espèce, si un amour ardent pour la vertu vous anime, et si vous lui dévouez tous les jours, que dis-je? tous les momens de votre vie. Sans ces correctifs, l'indépendance dont vous vous glorifiez, n'est qu'un goût pour la fainéantise, annobli par de belles épithètes : et cette paresse, dont vous faites sans cesse l'éloge, en vous rendant inutile à tout, engendre l'ennui, qui en est une suite nécessaire. Ajoutez à ceci le jugement d'un public malin et toujours porté à médire; on appréciera votre oisiveté à sa juste valeur, et Dieu sait quels sarcasmes on ne lancera pas de toutes parts, pour se venger de l'indolence avec laquelle vous envisagez le bien public. Si tout ceci ne suffit pas pour vous persuader, faudra-t-il que je vous cite un passage de l'Ecriture : *Tu gagneras ton pain à la sueur de ton corps.* Nous sommes dans le monde pour travailler; cela est si vrai, que sur cent personnes il y en a quatre-vingt-dix-huit qui travaillent, pour deux qui se targuent de leur inutilité : et s'il y a des hommes assez fous pour mettre leur vanité à ne rien faire et à demeurer tout un jour les bras croisés, ceux qui s'occupent, sont plus heureux que les autres, parce que l'esprit veut quelque chose qui l'attache et qui le distraie; il lui faut des objets qui fixent son attention, ou l'ennui s'en empare et lui rend l'existence à charge et même insupportable. Je vous parle ici sans retenue, parce que vous êtes fait pour la vérité, vous êtes digne de l'entendre, et je vous aime trop pour vous rien déguiser. L'unique but où j'aspire, est de vous rendre à la patrie, et de lui procu-

rer

rer en votre personne un instrument utile et dont elle pourra tirer des services. Voilà ce qui dirige ma plume, et m'engage à vous exposer tout ce que l'amour patriotique m'inspire. Le zèle pour le bien public a servi de principe à tous les bons gouvernemens anciens et modernes, il a fait la base de leur grandeur et de leur prospérité ; les conséquences incontestables qui en dérivent, ont produit de bons citoyens et de ces ames magnanimes et vertueuses qui ont été la gloire et le soutien de leurs compatriotes.

Excusez la longueur de cette lettre. L'abondance de la matière fourniroit maint et maint volume sans être épuisée; mais il suffit qu'on vous montre la vérité, pour dissiper l'erreur et les préjugés qui sont étrangers dans un esprit tel que le vôtre. Je suis, etc.

LETTRE V.

D'Anapistémon.

J'Ai lu votre lettre avec toute l'attention qu'elle mérite. J'ai été surpris de la multitude de raisons dont vous m'accablez. Vous avez résolu de me vaincre et de mener mes opinions enchaînées à votre char de triomphe. Je confesse qu'il y a beaucoup de force dans les motifs que vous employez pour me persuader, et que j'aurai de la peine à vous réfuter solidement. Pour me terrasser plus promptement, vous dites que mon cœur est la dupe de mon esprit, que je plaide la cause de la paresse, et que j'anoblis ce vice en lui prêtant les apparences séduisantes de la modération ou de quelque vertu semblable. Hé bien, je conviens donc avec vous que l'oisiveté est un défaut, qu'il faut être serviable et officieux envers tout le monde, que sans aimer le peuple comme on aime ses proches, on doit non-seulement s'intéresser à son bien-être, mais encore lui être utile autant que l'on peut. Je comprends qu'il ne sauroit arriver de malheur à la masse générale à laquelle j'appartiens, sans que les effets en rejaillissent sur moi, ni que les particuliers souffrent, sans que l'Etat y perde.

Je vous donne gain de cause sur tous ces articles; je vous accorde encore en sus que ceux qui ont part à l'administration publique, jouissent d'une partie de l'autorité souveraine; mais que m'importe tout cela? Je suis sans vanité et sans ambition. Quel motif aurois-je pour me charger d'un fardeau que je n'ai pas envie de porter, et pour m'ingérer dans les affaires, quand je vis heureux sans que la pensée de m'en mêler me vienne dans l'esprit? Vous avouez que l'ambition outrée est vicieuse. Vous devez donc m'applaudir de ce que je n'y donne pas, et ne point exiger que j'abandonne ma douce tranquillité, pour m'exposer de gaieté de cœur à tous les caprices de la fortune. Ah! mon cher ami, à quoi pensez-vous, en me donnant de tels conseils? Représentez-vous sous les plus vives couleurs la dureté du joug que vous voulez m'imposer, quel désagrément il entraîne, et quelles en sont les suites fâcheuses. Dans l'état où je me trouve, je ne suis comptable de ma conduite qu'à moi-même, je suis le seul juge de mes actions, je jouis d'un revenu honnête, je n'ai pas besoin de gagner ma vie à la sueur de mon corps, comme vous assurez qu'il a été ordonné à nos premiers parens. Par quelle folie, jouissant de la liberté, me rendrai-je donc responsable de ma conduite envers d'autres ? Sera-ce par vanité ! Je ne connois point cette foiblesse. Sera-ce pour tirer des gages ? Je n'en ai pas besoin. J'irai donc sans raison quelconque me mêler d'affaires qui ne me regardent point, désagréables, pénibles, fatigantes, et qui demandent une activité laborieuse ; et j'entreprendrois tous ces travaux, pourquoi ? Pour me soumettre au jugement de quelque supérieur, dont je n'ai ni l'envie ni la volonté de dépendre ! Et ne voyez-vous pas la multitude des personnes qui sollicitent des emplois ? Pourquoi voulez-vous me mettre de leur nombre ? Que je serve ou que je ne serve pas, les choses en iront également leur train ; mais de grâce souffrez qu'à ces raisons j'en ajoute une plus forte encore. Enseignez-moi le pays de l'Europe où le mérite est toujours sûr d'être récompensé. Montrez-moi celui où ce mérite est connu, où on lui rend justice. Ah ! qu'il est fâcheux, après avoir sacrifié son temps, son repos, sa santé dans les emplois, d'être mis de côté, ou d'essuyer des disgraces encore plus révoltantes. Les exemples de pareilles infortunes se présentent en foule à ma mémoire. Si vos éperons m'encouragent aux travaux, cette bride m'arrête sur le champ. Vous devez juger par ce langage sincère que je ne vous déguise rien : je vous ouvre mon cœur en ami, je vous expose toutes les raisons qui ont fait impression sur mon esprit, d'autant plus que ce n'est pas nous qui disputons ; chacun expose son opinion, c'est à la plus solide à l'emporter. Je m'attends bien que vous ne demeurerez point en reste, et que dans peu vous me donnerez matière à de nouvelles réflexions ; ce qui vous vaudra une nouvelle réponse de ma part. Je suis avec une tendre estime, etc.

LETTRE VI.

De Philopatros.

JE me glorifie, mon cher ami, d'avoir sapé quelques-uns de vos préjugés ; ils sont tous également nuisibles, on ne sauroit assez les détruire. Vous avez raison de dire que la dispute dont il s'agit, n'est pas réellement entre nous, mais entre des argumens dont les plus solides et les plus forts doivent l'emporter sur les plus foibles. Nous ne faisons autre chose que discuter entre nous une matière, pour découvrir où se trouve la vérité, afin de nous ranger du côté de l'évidence. Ne croyez pas cependant que mes raisons soient épuisées. En relisant vos lettres, une foule de nouvelles idées s'est présentée à mon esprit; il ne me reste qu'à vous les exposer le plus nettement et le plus succinctement que je pourrai.

Je commencerai donc, avec votre permission,

par vous expliquer ce que j'entends par le pacte social, qui est proprement une convention tacite de tous les citoyens d'un même gouvernement, qui les engage à concourir avec une ardeur égale au bien général de la communauté; delà dérivent les devoirs des individus que, selon leurs moyens, leurs talens et leur naissance, ils doivent s'intéresser et contribuer au bien de leur patrie commune. La nécessité de subsister et l'intérêt qui opèrent sur l'esprit du peuple, l'obligent pour son propre avantage à travailler pour le bien de ses concitoyens. Delà la culture des terres, des vignes, des jardins, le soin des bestiaux, les manufactures, le négoce : delà ce nombre de vaillans défenseurs de la patrie, qui lui dévouent leur repos, leur santé et leurs jours. Mais si en partie l'intérêt personnel est le ressort principal d'une si noble activité, n'y a-t-il pas des motifs bien plus puissans pour la réveiller et l'exciter dans ceux qu'une naissance plus illustre et des sentimens élevés doivent attacher à leur patrie? L'attachement aux devoirs, l'amour de l'honneur et de la gloire, sont les ressorts les plus puissans qui opèrent sur les ames vraiment vertueuses. Doit-on imaginer que la richesse puisse servir d'égide à la fainéantise, et que plus on possède, moins l'on tienne au gouvernement? Ces assertions erronées sont insoutenables; elles ne peuvent partir que d'un cœur de bronze, d'un homme insensible, qui, concentré dans lui-même, n'aime que lui, et se tient séparé, autant qu'il le peut, de ceux avec lesquels son devoir, son intérêt et son honneur le lient. Hercule, tout Hercule que la fable nous le représente, seul, n'est pas formidable; il ne le devient que lorsque ses associés l'assistent et le secourent.

Mais peut-être que le raisonnement vous fatigue : employons des exemples ; je vais vous en rapporter de l'antiquité, et principalement des républiques, pour lesquelles je me suis apperçu que vous avez une prédilection singulière. Je commencerai donc par vous citer quelques traits choisis des harangues de Démosthène connues sous le nom de Philippiques : » On dit,
» Athéniens, que Philippe est mort; mais qu'im-
» porte qu'il soit mort ou qu'il vive? Je vous
» dis, Athéniens, oui, je vous le dis, que vous
» vous ferez bientôt un autre Philippe par votre
» négligence, par votre indolence, et par le peu
» d'attention que vous avez aux affaires les plus
» importantes ». — Vous voilà au moins convaincu que cet orateur pensoit comme moi ; mais je ne me borne pas à ce seul passage ; en voici un autre, où, après que Démosthène a dit en parlant du roi de Macédoine : » On s'attache tou-
» jours à celui qu'on voit toujours plein d'ardeur
» et d'activité», il ajoute : » Si donc, Athéniens,
» vous pensez de même, du moins à présent,
» puisque vous ne l'avez pas fait encore ; si cha-
» cun de vous, lorsqu'il en sera besoin, et qu'il
» pourra se rendre utile, laissant à part tout mau-
» vais prétexte, est disposé à servir la répu-
» blique, les riches en contribuant de leurs
» biens, les jeunes en payant de leurs personnes;
» si chacun veut agir comme pour soi, cessant

» de se flatter que d'autres agiront pour lui,
» tandis qu'il restera oisif, vous rétablirez vos
» affaires à l'aide des dieux, et vous recouvrerez
» ce que la négligence vous a fait perdre ».
Voici un autre passage, qui contient à-peu-près
les mêmes choses, pris d'une harangue pour le
gouvernement. » Écoutez, Athéniens. Les de-
» niers publics qui se perdent en dépenses su-
» perflues, vous devez les partager également,
» en vous rendant utiles; savoir, ceux d'entre
» vous qui sont en âge de porter les armes, par
» les services militaires; ceux de vous qui ont
» passé cet âge, par des emplois de judicature
» et de police; ou enfin de quelqu'autre façon.
» Vous devez servir vous-mêmes, ne céder à
» personne cette fonction de citoyen, et com-
» poser vous-mêmes une armée qu'on puisse
» appeller celle de la république; par-là vous
» ferez ce que la patrie exige de vous ». Voilà
ce que Démosthène demandoit des citoyens
d'Athènes; voilà comme on pensoit à Sparte,
quoique la forme du gouvernement y fût oligarchique. Cette conformité de sentimens avoit
une raison toute simple : c'est qu'un Etat, de
quelque nature qu'il soit, ne peut subsister si
tous les citoyens ne travaillent pas d'un commun
accord au soutien de leur commune patrie.
Repassons maintenant les exemples que nous
fournit la république Romaine; leur grand nombre m'embarrasse sur le choix. Je ne vous par-
lerai ni de Mucius Scévola, ni de Décius, ni
de l'ancien Brutus, qui souscrivit l'arrêt de mort
de ses propres fils pour sauver la liberté pu-

blique : mais oublierai-je Atilius Régulus, et la générosité avec laquelle il sacrifia son intérêt à celui de la république, en retournant à Carthage pour y souffrir le dernier supplice ? Voilà ensuite Scipion l'Africain qui se présente. Cette guerre qu'Annibal faisoit en Italie, Scipion la transporte en Afrique, et il la termine glorieusement par une victoire décisive, qu'il remporte sur les Carthaginois. Ensuite paroît Caton le Censeur, un Paul Émile, qui triomphe de Persée; là, c'est Caton d'Utique, ce zélé défenseur du gouvernement. Oublierai-je Cicéron, qui sauva sa patrie qui étoit près de succomber par les entreprises meurtrières de Catilina, ce Cicéron qui défendit la liberté expirante de la république et qui périt avec elle ? Voilà ce que peut l'amour de la patrie sur l'ame énergique et généreuse d'un bon citoyen. Le génie, plein de cet heureux enthousiasme, ne trouve rien d'impossible, et il s'élève rapidement à l'héroïsme. La mémoire de ces grands hommes a été comblée de louanges ; tant de siècles écoulés jusqu'à nos temps n'ont pu l'affoiblir ; leurs noms sont encore cités avec vénération. Voilà des modèles dignes d'être imités chez tous les peuples et dans tous les gouvernemens. Mais il semble que l'espèce de ces ames mâles, de ces hommes remplis de nerf et de vertu, soit épuisée. La mollesse a remplacé l'amour de la gloire; la fainéantise a succédé à la vigilance ; et un misérable intérêt personnel a détruit l'amour de la patrie.

Ne pensez pas que je me borne aux exemples

que fournissent les républiques ; il faut que je vous en produise de semblables tirés des fastes d'États monarchiques. La France peut s'applaudir des grands hommes qu'elle a portés. Les Bayard, Bertrand du Guesclin, un cardinal d'Amboise, un duc de Guise qui sauva la Picardie, un Henri IV, un cardinal de Richelieu, un Sully ; avant ce temps un chancelier de l'Hôpital, excellent et vertueux citoyen ; ensuite Turenne, Condé, Colbert, Luxembourg, Villars : enfin une multitude d'hommes célèbres, dont les noms ne pourroient pas tenir tous dans une lettre. Passons à l'Angleterre, où sans parler d'un Alfred, ni des grands hommes des siècles reculés, je passe rapidement aux temps modernes, qui me fournissent un Marlborough, un Stanhope, un Chesterfield, un Bolyngbrocke, et un chevalier Pitt, dont les noms ne périront jamais. L'Allemagne fit paroître de l'énergie durant la guerre de trente ans, un Bernard de Weimar, un duc de Brunswick et d'autres princes y signalèrent leur courage ; une landgrave de Hesse ; régente du pays, sa fermeté. Il faut l'avouer, nous vivons dans le siècle des petitesses : les siècles des génies et des vertus se sont écoulés. Mais si dans ce temps glorieux à l'humanité, les hommes de mérite ont eu la noble émulation de se rendre utile à leur patrie, vous qui avez du mérite comme eux, pourquoi ne suivez-vous pas leur illustre exemple? Renoncez généreusement aux excuses révoltantes que l'indolence vous suggère ; et si votre cœur est susceptible d'attendrissement, témoignez par vos services que vous aimez la patrie à laquelle vous devez votre reconnoissance. Vous n'êtes point ambitieux, dites-vous. Je vous approuve; mais je vous blâme, si vous êtes sans émulation; car c'est une vertu de vouloir surpasser en nobles actions ceux avec lesquels nous courons la même carrière. Un homme que sa paresse empêche d'agir, est semblable à une statue de marbre ou de bronze, qui conserve à perpétuité l'attitude que le sculpteur lui a donnée. L'action nous distingue et nous élève au-dessus des végétaux, et la fainéantise nous en rapproche.

Mais allons encore plus au fait, et attaquons directement les motifs par lesquels vous pensez justifier votre inutilité et votre indifférence pour le bien public. Vous dites que vous craignez de vous rendre responsable d'une administration quelconque. En vérité cette excuse ne sauroit vous convenir, elle seroit mieux placée dans la bouche d'un homme qui se défie de ses talens, qui sent son ineptie, ou qui craint que son peu de bonne foi ne l'expose à perdre sa réputation. Vous qui avez de l'esprit, des connoissances et des mœurs, pouvez-vous vous exprimer ainsi? et quel mauvais jugement le public n'en feroit-il pas, si d'aussi mauvaises défaites lui étoient connues? Vous poursuivez; vous dites que vous n'êtes maintenant comptable de votre conduite à personne. Ne l'êtes-vous pas à ce public, à l'œil pénétrant duquel rien n'échappe? Il vous accusera ou de paresse ou d'insensibilité : il dira que vous rendez votre capacité inutile, que vous enfouissez vos talens, et qu'indifférent pour tout le reste du monde, vous avez concentré votre attachement dans votre seule personne. Vous ajoutez que vous n'avez pas besoin de servir, parce que vous êtes riche. Je vous accorde que vous n'avez pas besoin de faire le métier de manœuvre pour subsister ; mais c'est précisément parce que vous êtes riche, que vous êtes plus obligé qu'un autre d'en témoigner votre attachement et votre reconnoissance à votre patrie, en la servant avec zèle et avec ardeur. Moins vous avez de besoins, plus vous avez de mérite ; le service des uns dérive de l'indigence ; les travaux des autres sont gratuits.

Vous me rebattez ensuite les oreilles de vieilles phrases usées : que le mérite est peu connu, et qu'il est encore plus rarement récompensé ; qu'après avoir long-temps prodigué dans les emplois vos peines et vos soins, vous n'en risquez pas moins d'être négligé, même d'encourir quelque disgrace, sans qu'il y ait de votre faute. Ma réponse à cet article est bien aisée. Je suis convaincu que vous avez du mérite ; faites-le connoître. Sachez que dans notre siècle, ainsi que dans les précédens, quand il se fait de belles actions, on y applaudit. Tout l'univers n'a eu qu'une voix au sujet du prince Eugène ; on admire encore ses talens, ses vertus et ses grands exploits. Lorsque le comte de Saxe eut terminé la glorieuse campagne de Lawfelt, tout Paris lui témoigna sa reconnoissance. La France n'oublie point les obligations qu'elle a au ministère de Colbert ; la mémoire de ce grand homme durera plus long-temps que le Louvre. L'Angleterre se glorifie de Newton, l'Allemagne de Leibnitz. Voulez-vous des exemples plus modernes ? La Prusse honore et vénère le nom de son grand chancelier Cocceji, qui réforma ses loix avec tant de sagesse. Et que vous dirai-je de tant de grands hommes qui ont mérité qu'on érigeât leur statue dans les places publiques de Berlin ? Si ces illustres morts avoient pensé comme vous, la postérité ignoreroit à jamais leur existence.

Vous ajoutez que tant de personnes sollicitent des emplois, qu'il seroit inutile de vous mettre sur les rangs. Voici en quoi consiste le défaut de votre raisonnement. Si tout le monde pensoit comme vous, il en résulteroit nécessairement que toutes les places demeureroient vides et par conséquent tous les emplois vacans. Vos principes ne tendroient donc, s'ils étoient généralement reçus, qu'à introduire des abus intolérables dans la société. Enfin supposons, que par une injustice criante, après vous être acquitté de votre charge, il vous arrivât quelque disgrace, ne vous reste-t-il pas une grande consolation dans le bon témoignage de votre conscience, qui seule peut vous tenir lieu de tout, outre que la voix publique vous rendra également justice ? Si vous le voulez, je vous citerai une foule d'exemples de grands hommes dont le malheur a augmenté la réputation, loin de la diminuer. En voici pris des républiques : dans la guerre que Xerxès fit aux Grecs, Thémistocle sauva doublement les Athéniens, en leur faisant abandonner leurs murailles et en gagnant la fameuse bataille de Salamine ; il releva ensuite les murs de sa patrie et construisit le port du Pirée. Cela n'empêcha pas qu'il ne fût banni par le ban de l'ostracisme. Il soutint son infortune avec grandeur d'ame, et loin que sa réputation en souffrît, elle s'en augmenta plutôt, et son nom est souvent cité dans l'histoire avec celui des plus grands hommes qu'ait portés la Grèce. Aristide, nommé le Vertueux, essuya un sort à-peu-près semblable : il fut banni, puis rappellé, toujours également estimé pour sa sagesse ; ce qui fut cause qu'après sa mort les Athéniens accordèrent une pension à ses filles qui manquoient de subsistance. Vous rappellerai-je encore l'immortel Cicéron, qui fut exilé par une cabale pour avoir sauvé sa patrie ? Vous rappellerai-je toutes les violences que Clodius, son ennemi, exerça contre ce consul et contre ses proches ? Cependant la voix unanime du peuple Romain le rappella ; il s'en exprime lui-même ainsi : » Je ne fus pas » simplement rappellé ; mes concitoyens me » rapportèrent à Rome comme sur leurs épau- » les, et mon retour dans ma patrie fut un vé- » ritable triomphe «. Le malheur ne sauroit avilir le sage, parce qu'il peut tomber également sur les bons comme sur les mauvais citoyens : il n'y a que les crimes, si nous en commettons, qui nous diffament. Ainsi, bien loin que les exemples de la vertu persécutée vous servent de bride et vous empêchent de vous signaler, laissez-vous plutôt exciter par mes éperons. Je vous encourage à remplir vos devoirs, à mettre vos bonnes qualités au jour, à témoigner par des effets que votre cœur est reconnoissant envers la patrie, enfin à courir la carrière de la gloire, dans laquelle vous êtes digne de paroître. Je perdrai mon temps et mes peines, ou je vous persuaderai que mes sentimens sont plus justes que les vôtres, et les seuls qui soient convenables à un homme de votre naissance. J'aime ma patrie de cœur et d'ame ; mon éducation, mes biens, mon existence, je tiens tout d'elle : aussi quand même j'aurois mille vies, je les lui sacrifierois toutes avec plaisir, si je pouvois par-là lui rendre service et lui témoigner ma reconnoissance. Mon ami Cicéron dit dans une de ses lettres : Je ne crois jamais pouvoir être trop reconnoissant. J'ai l'honneur de penser et de sentir comme lui, et j'ose espérer qu'après que vous aurez mûrement réfléchi à toutes les raisons que je viens de vous détailler, au-lieu d'avoir des opinions différentes sur la conduite qu'il convient à un honnête homme de tenir, nous nous encouragerons mutuellement à remplir les devoirs de bons citoyens, tendrement attachés à leur patrie et brûlant de zèle pour elle. Vous m'avez présenté des objections, j'ai été obligé de les résoudre : il m'a été impossible de resserrer tant de choses en moins de paroles. Si vous trouvez ma lettre trop longue, je vous en fais excuse ; vous m'accorderez, j'espère, mon pardon en faveur du sincère attachement avec lequel je suis, etc.

LETTRE VII.

D'Anapistémon.

IL faut avouer, mon cher ami, que vous êtes bien pressant. Vous ne me faites pas grâce sur la moindre bagatelle. Pour détruire quelque petit raisonnement, que je fortifie de mon mieux, vous dressez contre moi une violente batterie, qui bat mes pauvres argumens en brèche, et qui ne cesse de tirer que lorsque mes défenses ruinées et entiérement bouleversées ne lui offrent plus de but sur lequel elle puisse diriger ses coups. Oui, vous l'avez résolu, vous voulez à toute force que j'aime, que je serve ma patrie, que je lui sois attaché, et vous me pressez de telle sorte, que je ne sais presque plus comment vous échapper. Cependant on m'a parlé de je ne sais quel encyclopédiste, qui a dit que la terre est l'habitation commune des êtres de notre espèce, que le sage est citoyen du monde, et qu'il est par-tout également bien. J'entendis, il y a quelque temps, un homme de lettres disserter sur ce sujet; je me plaisois à l'écouter; tout ce qu'il disoit, s'insinuoit avec tant de facilité dans mon esprit, qu'il me sembloit l'avoir imaginé moi-même. Ces idées élevoient mon ame; ma vanité se complaisoit, quand je pensois que cessant d'être le sujet obscur d'un petit État, je pouvois m'envisager désormais comme citoyen de l'univers : je devenois incontinent Chinois, Anglois, Turc, François, Grec, selon qu'il plaisoit à ma fantaisie. Mon imagination parcouroit toutes ces nations en idée. Je me transportois tantôt chez l'une, tantôt chez l'autre, et je m'arrêtois chez celle où je me plaisois le plus. Mais il me semble déjà vous entendre. Vous voudrez encore faire évanouir ce rêve agréable dont je m'occupe. Il sera facile de le dissiper, mais qu'y gagnerai-je ? Les illusions qui nous charment, ne valent-elles pas mieux que de tristes vérités qui nous répugnent ? Je sais combien il est difficile de vous faire changer d'opinions ; elles tiennent à des raisons si profondes, elles sont cramponnées dans votre esprit par tant d'argumens qui les y attachent, que j'essayerois en vain de les en arracher. Votre vie est une méditation continuelle ; la mienne coule doucement : je me contente de jouir, j'abandonne les réflexions aux autres ; je suis satisfait si je parviens à m'amuser et à me distraire. Voilà ce qui vous donne tant d'avantages sur moi, principalement lorsqu'il s'agit de traiter de matières graves qui exigent beaucoup de combinaisons. Je me prépare donc à vous voir armé de toutes pièces, pour me forcer dans mes derniers retranchemens. Je prévois qu'il faudra que je renonce au système d'indépendance que je m'étois si commodément arrangé, et que vos argumens vainqueurs m'obligeront de me tracer un nouveau plan de conduite, plus conforme aux devoirs de ma condition que celui que j'avois suivi jusqu'à présent.

Mais il s'élève sans cesse de nouveaux doutes en mon esprit. Vous êtes le médecin auquel je

confie

confie les maux de mon ame ; c'est à vous à les
guérir. Vous m'avez parlé d'un pacte social :
personne ne me l'a fait connoître. Si ce contrat
existe, jamais je ne l'ai signé. Selon vous je suis
engagé avec la société ; je l'ignore. Je dois acquitter selon vous une dette ; à qui ? à la patrie.
Pour quel capital ? Je n'en sais rien. Qui m'a
prêté ce capital ? Quand ? Où est-il ? D'ailleurs
je conviens avec vous que si tout le monde de-
meuroit oisif et désœuvré, notre espèce périroit
nécessairement : c'est toutefois ce qu'on n'a pas
à craindre, parce que le besoin contraint le
pauvre au travail, et que si quelque riche s'y
soustrait, cela ne tire guère à conséquence.
Selon vos principes, tout seroit en action dans
la société, tout agiroit, tout travailleroit. Un
État de cette espèce seroit pareil à ces ruches
d'abeilles, où chaque mouche est occupée,
l'une à distiller le suc des fleurs, l'autre à pétrir
le miel dans les alvéoles, et une troisième à la
propagation de l'espèce, et où l'on ne connoît
de crime irrémissible que l'oisiveté. Vous voyez
que je procède de bonne foi. Je ne vous cache
rien, je vous expose tous mes doutes. J'ai de la
peine à me défaire si promptement de mes préjugés, s'ils sont tels. La coutume, cette maîtresse impérieuse des hommes, m'a façonné à
un certain genre de vie, auquel je suis attaché :
peut-être qu'il faudra me familiariser davantage
avec les idées nouvelles que vous me présentez;
je vous avoue que j'ai encore quelque répugnance à plier sous le joug que vous m'imposez.
Renoncer à ma tranquillité, vaincre ma paresse,

cela demande de terribles efforts : m'occuper sans cesse des affaires d'autrui, me tracasser pour le bien public, cela m'effarouche. Aristide, Thémistocle, Cicéron, Régulus, me présentent sans doute de grands exemples de magnanimité, de grandeur d'ame, auxquels le public a rendu justice ; mais que de peine pour acheter un peu de gloire ! On rapporte qu'Alexandre-le-Grand après une de ses victoires, s'écria : O Athéniens, si vous saviez ce qu'il en coûte pour être loué de vous ! — Vous ne me passerez pas ces réflexions ; vous les trouverez trop molles, trop efféminées. Vous voulez un gouvernement dont tous les citoyens ne soient que nerf et qu'énergie, où tout soit force et action ; et je me doute que vous ne tolérez le repos que pour les imbécilles, les infirmes, les aveugles et les vieillards. Comme je ne me trouve pas de leur nombre, je m'attends à subir condamnation. Je ne saurois vous cacher que la matière que nous dissertons, est beaucoup plus étendue que je ne me l'étois figuré. Que de différentes branches y concourent, que de combinaisons infinies pour former un corps de tant de parties qui constituent un gouvernement régulier ! Nous avons peu de livres sur ce sujet, ou ceux qui existent, sont d'une pédanterie assommante. Vous avez tout approfondi, et vous mettez vos connoissances à ma portée. Je vous ai l'obligation de m'avoir instruit, aux difficultés près que je viens de vous expliquer. Continuez, je vous prie, comme vous avez commencé. Je vous regarde comme mon maître, je me fais gloire d'être votre disciple. Le rapport que les citoyens ont les uns avec les autres, les liens divers qui unissent la société, ce qu'exigent nos devoirs, toutes ces idées bouillonnent et fermentent sans cesse dans ma tête ; je ne pense presque plus à autre chose. Quand je rencontre un agriculteur, je le bénis des travaux qu'il endure pour me nourrir ; si j'apperçois un cordonnier, je le remercie intérieurement de la peine qu'il se donne de me chausser ; passe-t-il un soldat ; je fais des vœux pour ce vaillant défenseur de ma patrie. Vous avez rendu mon cœur sensible ; j'étends maintenant les sentimens de ma reconnoissance sur tous mes concitoyens, mais principalement sur vous, qui m'ayant développé la nature de mes obligations, m'avez procuré un plaisir nouveau : vous avez parlé, et l'amour du prochain a rempli mon ame d'une sensation divine. C'est avec la plus haute estime que je suis, etc.

LETTRE VIII.

De Philopatros.

Non, mon cher ami, je ne vous fais point la guerre, je vous honore et vous estime. Vous séparant de la matière que nous traitons, j'attaque uniquement des préjugés et des erreurs qui se propageroient de génération en génération, si la vérité ne se donnoit la peine de les démasquer pour en détromper le public. Je vois avec une satisfaction extrême que vous commencez à vous familiariser avec quelques-unes de mes opinions. Mon système tend uniquement au bien général de la société, et il ne vise qu'à resserrer les liens des citoyens, pour les rendre plus durables, exige ce que leur intérêt bien entendu demande également d'eux : c'est qu'ils soient attachés véritablement à leur patrie, qu'ils concourent avec un même zèle à l'avantage de la société ; car plus ils y travaillent, et mieux ils y réussissent.

Mais avant de continuer ce que j'ai à vous dire, il est nécessaire que j'écarte une nouvelle difficulté que vous faites naître sur le sujet dont nous traitons. Vous dites que vous ignorez en quoi consiste le pacte social. Le voici : il a été formé par le besoin mutuel qu'ont les hommes de s'assister ; et puisqu'aucune communauté ne peut subsister sans mœurs vertueuses, il falloit donc que chaque citoyen sacrifiât une partie de son intérêt à celui de son semblable : il en résulte que si vous ne voulez pas qu'on vous trompe, vous ne devez tromper personne ; vous ne voulez pas qu'on vous vole, ne volez point vous-même ; vous voulez qu'on vous assiste dans vos besoins, soyez toujours prêt à servir les autres ; vous ne voulez pas qu'on soit inutile, travaillez ; vous voulez que l'État vous défende, contribuez-y de votre argent, mieux encore de votre personne ; vous désirez la sûreté publique, ne la troublez donc pas vous-même ; et si vous voulez que votre patrie prospère, évertuez-vous, servez-la de tout votre pouvoir. Vous ajoutez que personne ne vous a instruit ni parlé de ce pacte social: c'est la faute de vos parens ; ceux qui ont présidé à votre éducation, n'auroient pas dû négliger un article aussi important. Mais pour peu que vous y eussiez réfléchi, vous l'auriez deviné sans peine.

Vous poursuivez ainsi : Je ne sais quelle dette je dois acquitter envers la société et je ne sais où trouver le capital dont elle exige les intérêts. Ce capital c'est vous, votre éducation, vos parens, vos biens ; voilà le capital dont vous êtes en possession. Les intérêts que vous lui devez, c'est d'aimer votre patrie comme votre mère, de lui consacrer vos talens ; en vous rendant utile, vous vous acquittez de tout ce qu'elle a droit d'exiger de vous. J'ajoute à ceci, qu'il est égal sous quel genre de gouvernement se trouve votre patrie ; les gouvernemens sont l'ouvrage des hommes, il n'en est aucun de parfait. Vos devoirs sont donc égaux. Soit monarchie ou république, cela revient au même.

Allons plus en avant. Je me souviens que votre lettre fait mention de quelque idée des encyclopédistes dont on vous a parlé. Il y a quelques années que nous étions inondés de leurs ouvrages. Parmi un petit nombre de bonnes choses et un petit nombre de vérités qu'on y trouve, le reste m'a paru un ramas de paradoxes, et d'idées légérement avancées, qu'on auroit dû revoir et corriger avant de les exposer au jugement du public. Dans un sens il est vrai que la terre est l'habitation des hommes, comme l'air celle des oiseaux, l'eau des poissons, et le feu des salamandres, s'il y en a. Mais ce n'étoit pas la peine d'annoncer avec tant d'emphase une vérité aussi triviale. Vous dites encore d'après les encyclopédistes, que le sage est citoyen de l'univers. Je vous l'accorde, si l'auteur entend par-là que les hommes sont tous frères et qu'ils doivent tous s'aimer; mais je cesse d'être de son avis, si son intention est de former des vagabonds, des gens qui ne tenant à rien, courent le monde par ennui, deviennent frippons par nécessité, et finissent, soit dans un lieu, soit dans un autre, par être punis de la vie désordonnée qu'ils ont menée. De semblables idées entrent et s'impriment facilement dans des têtes légères; les suites qu'elles produisent, sont toujours opposées au bien de la société, parce qu'elles mènent à dissoudre l'union sociale, en déracinant insensiblement de l'esprit des citoyens le zèle et l'attachement qu'ils doivent à leur patrie. Ces encyclopédistes ont de même jeté tout le ridicule qu'ils ont pu sur l'amour de la patrie tant recommandé par l'antiquité, et qui de tout temps a été le principe des plus belles actions. Ils raisonnent aussi pitoyablement sur ce sujet que sur bien d'autres; ils vous disent doctoralement, qu'il n'y a point d'être qui s'appelle patrie, que c'est une idée creuse de quelque législateur qui a créé ce mot pour gouverner des citoyens, et que par conséquent ce qui n'existe pas réellement, ne sauroit mériter notre amour. Cela s'appelle pitoyablement argumenter; ils ne distinguent pas ce qu'on nomme selon le langage de l'école

ens per se, d'avec *ens per aggregationem*. L'un signifie un être seul et unique ; tel homme, tel cheval, tel éléphant : l'autre joint plusieurs corps ensemble, dont il forme une masse. La ville de Paris, en sous-entendant ses habitans ; une armée, c'est une quantité de soldats ; un empire, c'est une nombreuse association d'hommes. Ainsi le pays où nous avons reçu la lumière, s'appelle notre patrie. Cette patrie existe donc réellement, et ce n'est point un être de raison : elle est composée d'une multitude de citoyens qui tous vivent dans la même société, sous les mêmes loix et avec les mêmes coutumes ; et comme nos intérêts et les siens sont étroitement unis, nous lui devons notre attachement, notre amour et nos services. Que pourroient répondre ces cœurs tièdes et lâches, que pourroient répondre tous les encyclopédistes de l'univers, si la patrie personnifiée se présentoit subitement devant eux, et leur tenoit à-peu-près ce langage ? » En-
» fans dénaturés autant qu'ingrats, auxquels
» j'ai donné le jour, serez-vous toujours in-
» sensibles aux bienfaits dont je vous comble ?
» D'où tenez-vous vos aïeux ? c'est moi qui
» les ai produits. D'où ont-ils tiré leur nour-
» riture ? de ma fécondité inépuisable : leur édu-
» cation ? ils me la doivent : leurs biens et
» leurs possessions ? c'est mon sol qui les leur
» fournit. Vous-mêmes, vous êtes nés dans
» mon sein. Enfin vous, vos parens, vos amis,
» tout ce que vous avez de plus cher au monde,
» c'est moi qui vous donnai l'être. Mes tri-

» bunaux de justice vous protègent contre l'ini-
» quité, ils défendent vos droits, ils garan-
» tissent vos possessions : la police que j'ai éta-
» blie, veille à votre sûreté : vous parcourez
» les villes et les campagnes également à l'abri
» des surprises des voleurs et du poignard des
» assassins ; et les troupes que j'entretiens,
» vous défendent contre la violence, la rapacité
» et les invasions de nos ennemis communs. Je
» ne me borne pas à contenter vos besoins
» urgens, mes soins vous procurent les aisances
» et toutes les commodités de la vie. Enfin si
» vous voulez vous instruire, vous trouvez des
» maîtres en tout genre : désirez-vous de vous
» rendre utiles ? les emplois vous attendent :
» êtes-vous infirmes ou malheureux ? ma ten-
» dresse pour vous a ménagé des secours que
» vous trouvez tout préparés ; et pour tant de
» faveurs que je vous prodigue journellement,
» je ne vous demande d'autre reconnoissance si
» ce n'est d'aimer cordialement vos concitoyens,
» et de vous intéresser avec un attachement vé-
» ritable à ce qui leur est avantageux : ils sont
» mes membres, ils sont moi-même ; vous ne
» pouvez les aimer sans aimer votre patrie.
» Mais vos cœurs endurcis et farouches n'esti-
» ment pas le prix de mes bienfaits. Une folie
» effrénée, qui s'est emparée de vos sens, vous
» dirige. Vous désirez de vous séparer de la
» société, de vous isoler, de rompre tous les
» nœuds qui doivent vous attacher à moi. Quand
» la patrie fait tout pour vous, ne ferez-vous
» rien pour elle ? Rebelles à tous mes soins,

» sourds à toutes mes représentations, rien ne
» pourra-t-il ni fléchir ni amollir vos cœurs de
» bronze? Rentrez en vous-mêmes ; que l'avan-
» tage de vos parens, que vos véritables inté-
» rêts vous touchent; que le devoir et la recon-
» noissance s'y joignent, et conduisez-vous dé-
» sormais envers moi selon que l'exige de vous
» la vertu, le soin de votre honneur et de la
» gloire ». Pour moi, je lui répondrois en m'é-
lançant vers elle : « Mon cœur, vivement touché de tendresse et de reconnoissance, n'avoit
pas besoin de vous voir et de vous entendre
pour vous aimer. Oui, je confesse que je vous
dois tout ; aussi vous suis-je aussi indissolublement que tendrement attaché ; mon amour et
ma reconnoissance n'auront de fin qu'avec ma
vie, cette vie même est votre bien ; quand vous
me la redemanderez, je vous la sacrifierai avec
plaisir. Mourir pour vous, c'est vivre éternellement dans la mémoire des hommes ; je ne puis
vous servir sans me combler de gloire ». — Par-
donnez, mon cher ami, ce mouvement d'enthousiasme où mon zèle m'emporte. Vous voyez
mon ame toute nue. Et comment vous cacherois-
je ce que je sens si vivement ? Pesez mes paroles, examinez tout ce que je vous ai dit, et je
crois que vous conviendrez avec moi qu'il n'est
rien de plus sage ni de plus vertueux que d'aimer véritablement sa patrie. Laissons à part les
imbécilles et les aveugles, dont l'impuissance
saute aux yeux. A l'égard des vieillards et des
personnes infirmes, quoiqu'elles ne puissent pas
agir pour le bien de la société, elles doivent

pourtant conserver pour leur patrie ce tendre attachement que des fils ont pour leur père, partager ses pertes et ses succès, et faire au moins des vœux pour sa prospérité. Si notre condition d'hommes nous engage à faire du bien à tout le monde, à plus forte raison notre condition de citoyens nous oblige-t-elle à servir nos compatriotes de tout notre pouvoir ; ils nous touchent de plus près que des peuples étrangers, dont nous n'avons que peu ou point de connoissance. Nous vivons avec nos compatriotes ; nos mœurs, nos usages, nos loix sont les mêmes : nous ne partageons pas seulement avec eux l'air que nous respirons, mais également l'infortune et la prospérité ; et si la patrie a le droit d'exiger que nous nous immolions pour elle, à plus forte raison peut-elle prétendre que par nos services nous lui devenions utiles : l'homme de lettres, en instruisant le public ; le philosophe, en lui enseignant la vérité ; le financier, en administrant fidellement ses revenus ; le jurisconsulte, en sacrifiant la forme à l'équité ; le soldat, en défendant sa patrie avec zèle et avec courage ; le politique, en combinant sagement et en raisonnant juste ; l'ecclésiastique, en prêchant la pure morale ; l'agriculteur, l'artisan, les manufacturiers, les négocians, en perfectionnant la partie à laquelle ils se sont voués. Tout citoyen pensant ainsi, travaille alors pour le bien public. Ces différentes branches réunies et conspirant au même but, font naître la félicité des Etats, le bonheur, la durée et la gloire des empires. Voilà, mon cher ami, ce que mon cœur a dicté à ma plume. Je n'ai point écrit sur cette matière en professeur, parce que je n'ai pas l'honneur d'être un docteur en *us*, et que je m'entretiens simplement et uniquement avec vous, pour vous rendre compte de ce que j'entends par les devoirs qu'un honnête et fidèle citoyen doit remplir envers sa patrie. Cette légère esquisse est suffisante pour vous, qui pénétrez et saisissez promptement les choses. Je vous assure que je n'aurois jamais tant barbouillé de papier, si ce n'étoit dans l'intention de vous complaire et de vous obéir. Je suis avec le plus sincère attachement, etc.

LETTRE IX.

D'Anapistémon.

Votre dernière lettre, mon cher ami, me réduit au silence : je suis forcé à me rendre. J'abjure dès ce moment mon indolence et ma paresse ; je renonce aux encyclopédistes comme aux principes d'Épicure, et je dévoue tous les jours de ma vie à ma patrie ; je veux être désormais citoyen, et suivre en tout votre louable exemple. Je vous confesse franchement mes fautes ; je me suis contenté d'idées vagues, je n'ai ni assez réfléchi ni assez mûrement approfondi cette matière. Ma coupable ignorance m'a empêché jusqu'ici de remplir mes devoirs. Vous faites briller à mes yeux le flambeau de la vérité, et mes erreurs disparoissent. Je veux réparer le temps que j'ai perdu, en surpassant tout le monde par mon ardeur pour le bien public. Je me propose pour exemple les plus grands hommes de l'antiquité, qui se sont signalés pour le service de leur patrie, et je n'oublierai jamais que c'est vous dont le bras vertueux m'a ouvert la carrière où je m'élance sur vos pas. Comment et par quel moyen pourrai-je m'acquitter de tout ce que je vous dois ? Comptez au moins que si quelque chose peut surpasser l'amitié et l'estime que j'ai pour vous, ce sont les sentimens de reconnoissance avec lesquels je serai jusqu'à la fin de ma vie, etc.

LETTRE X.

De Philopatros.

Vous me comblez de joie, mon cher ami ; je suis enchanté de votre dernière lettre. Je n'ai jamais douté qu'une ame honnête comme la vôtre ne fût un terrain propre à recevoir les semences de toutes les vertus ; je suis sûr que la patrie en recueillera les plus abondantes moissons. La Nature avoit tout fait en vous ; il ne falloit que développer vos sentimens ; si j'ai pu y contribuer, je m'en glorifie ; car enrichir la patrie d'un bon citoyen, c'est plus que d'étendre ses frontières. Je suis, etc.

DISCOURS

SUR LES SATYRIQUES.

NE sera-t-il jamais donné aux hommes de tenir un juste milieu, et d'écouter la voix de la vertu plutôt que l'ivresse de leurs passions ? Leur inclination les porte à tout outrer ; ils ne connoissent que les excès ; une imagination ardente emporte une tête échauffée au-delà de ce qu'elle croyoit entreprendre. Il y a cent voies pour s'égarer ; ce seroit rêver avec Platon de vouloir que les hommes soient parfaits, eux dont l'être n'est qu'un assemblage de foiblesses et de misères. Cependant il y a de certaines pratiques que l'on ne peut voir sans s'indigner, et contre lesquelles tous les hommes devroient s'élever ; j'entends deux vices, qui étant des extrêmes, font une opposition parfaite : l'un est cette bassesse que les flatteurs mettent en usage auprès des grands, ces louanges outrées, ou non méritées, qui déshonorent également celui qui les donne et celui qui les reçoit : l'autre est cette fière et cynique méchanceté des satyriques, qui défigurent les mœurs des grands et dont les cris barbares n'épargnent pas le trône. Les uns empoisonnent l'ame par une liqueur agréable, les autres enfoncent le poignard dans un cœur qu'ils déchirent; prêter aux vices les couleurs des vertus, déifier les caprices des hommes, justifier d'indignes actions, c'est faire un mal réel, en encourageant ceux qu'un funeste penchant entraîne à continuer de persister dans un aveuglement fatal ; prodiguer le mensonge et la calomnie, rendre le mérite douteux, la vertu équivoque, noircir les réputations des personnes, parce qu'elles sont dans des postes éminens, c'est commettre une injustice criante et le comble des méchancetés. Ces pestes publiques diffèrent en ce qu'il y a un intérêt bas dans le flatteur, et un fonds inépuisable d'envie dans le satyrique ; ils sont comme une rouille qui ne s'attache qu'aux favoris de la fortune, ou au mérite supérieur des talens.

Que Virgile, qu'Horace aient eu la bassesse de flatter un tyran aussi lâche que cruel, leur exemple doit détourner tout homme, pour peu qu'il soit amoureux de sa réputation, de les imiter ; que Juvenal ait employé toute l'amertume de son style mordant pour décrier un ministre comme Séjan, un monstre comme Néron ou comme Caligula, c'étoit un opprobre qu'ils avoient mérité par une conduite infame, et par l'extravagance de leurs cruautés ; mais où sont les monstres qui de nos jours leur ressemblent? Dans les siècles précédens, nous comptons un Louis XI, un Charles IX, rois de France; un Philippe II, roi d'Espagne; un pape Alexandre VI, qui étoient dignes de la haine publique: aussi l'histoire qui doit rendre un hommage pur à la vérité, et recueillir soigneusement les faits, ne les a-t-elle pas ménagés; ils sont traités avec toute la rigueur possible par ceux qui nous ont transmis leurs règnes. Dans ce siècle, les hommes en place, les ministres, les favoris, les souverains même reçoivent à-peu-près la même éducation; les mœurs sont adoucies, l'esprit philosophique a gagné et fait tous les jours de nouveaux progrès; les sciences et les arts répandent un vernis de politesse et de décence qui rend les esprits plus flexibles et plus traitables; le dehors des hommes bien élevés est à-peu-près semblable en Europe. S'il est vrai que nous avons moins de ces génies extraordinaires et transcendans qui s'élèvent avec tant de supériorité sur leurs égaux, comme l'antiquité en a produit, nous avons au moins l'avantage de ne point voir dans les premières places des monstres de cruauté que le monde doit avoir en exécration. Il faut convenir que les grands ne font pas tout le bien dont ils sont capables, que les courtisans ont des passions, et les rois des foiblesses; mais ils ne seroient pas hommes s'ils étoient parfaits. Quelle démence y a-t-il donc à suivre les traces de Juvenal, lorsque l'on manque de sujets pareils aux siens, pour exercer le misérable talent de la satyre? Y a-t-il rien de plus pitoyable que de faire métier de noircir les réputations, d'inventer des impostures grossières, de calomnier à tort et à travers, de crier, de publier des mensonges pour contenter sa méchanceté? En entendant ces vaines clameurs, on est porté à croire que tout l'univers est en danger, et à l'examiner, ce n'est au fond qu'un chien qui aboie à la lune.

Ces sortes de déclamateurs qui attaquent avec cette effronterie impudente les hommes en place, sont pour la plupart des misérables, in-

connus dans leur obscurité ; ils deviennent les
organes mercenaires de quelque grand, envieux
d'un compétiteur ; ou ils se livrent à la turpitude de leur cœur, au funeste penchant de
mordre comme des dogues enragés ceux que le
hasard leur fait rencontrer dans leur chemin. A
les lire, on croiroit qu'ils ont des espions gagés
dans les cours, qui leur rendent compte des
moindres particularités qui s'y passent ; mais
leur imagination supplée en effet à leur ignorance, et ils connoissent aussi peu ceux que
leur plume maltraite, que la vertu qu'ils outragent si étrangement. Qu'y a-t-il de plus facile
que de médire des grands ? On n'a qu'à grossir
leurs défauts, qu'à exagérer leurs foibles, qu'à
commenter les médisances de leurs ennemis ; et
au défaut de tant de belles ressources on trouve
un répertoire d'anciens libelles, que l'on copie
en les accommodant aux temps et aux personnes. Les déclamations contre les puissans de la
terre sont devenues des lieux communs ; chaque
emploi a son étiquette bannale, et des calomnies qui lui sont affectées ; on est sûr, en lisant
un écrit contre un contrôleur de finances, d'y
trouver qu'il a le cœur dur, qu'il est inexorable,
que c'est un brigand public qui s'engraisse de
la substance des peuples, qu'il les charge im-
pitoyablement, et que ses opérations sont celles
d'un imbécille. S'il s'agit d'un ministre de la
guerre, les forteresses tombent en ruines, le
militaire est négligé, il refuse les emplois par
goût, et ne les accorde qu'à la faveur ou à l'im-
portunité. On est sûr qu'un secrétaire d'État se
repose

repose de son travail sur les commis ; ceux-là pensent, dirigent et travaillent, tandis qu'il n'est pas au fait des affaires ; quoi qu'il fasse, on trouve à redire à tout, dans la guerre à son ambition, dans la paix à sa foiblesse, et on le rend responsable des événemens. Pour les souverains, ils ne récompensent jamais le mérite, principalement de ceux qui sont très-persuadés d'en avoir beaucoup; ils passent souvent pour avares, parce qu'ils ne contentent pas la cupidité de ceux qui voudroient pouvoir être prodigues ; leurs foiblesses sont des crimes, et leurs fautes (car qui n'en fait pas ?) passent pour des actions inouies. Voilà, à quelques nuances près, à quoi se réduisent ces libelles qui ne sont que l'écho d'anciennes accusations toutes aussi injustes ; mais ce qui est fâcheux, c'est que le sort de ces admirables ouvrages est d'être lus quand ils sont nouveaux, pour être ensevelis ensuite pour jamais dans un éternel oubli.

Si j'avois un conseil à donner à ces beaux esprits qui s'érigent ainsi en censeurs de personnes respectables, ce seroit de prendre à présent un tour nouveau ; car depuis Salomon, injures et louanges tout a été dit, tout a été épuisé. Qu'ils essaient de se peindre eux-mêmes dans leurs écrits, qu'ils expriment le désespoir que leur cause la prospérité des grands, l'aversion qu'ils ont pour les talens et pour le mérite dont l'éclat les anéantit, qu'ils donnent à l'univers une grande idée des connoissances qu'ils ont dans l'art de régner. Il y a encore des royaumes électifs, peut-être feront-ils fortune, et les croira-t-on sur leur parole ; au moins leur ingénuité nouvelle épargneroit-elle aux lecteurs l'ennui, d'autres atrocités et d'autres impertinences. Si le peuple étoit sensé, on pourroit se rire des libelles quels qu'ils fussent ; mais ces indignes écrits sont un mal réel, parce que le monde peu instruit, enclin à croire le mal plutôt que le bien, reçoit avidement de mauvaises impressions qu'il est difficile de déraciner ; delà naissent des préjugés souvent préjudiciables aux monarques même.

Jamais nations n'ont poussé la satyre plus loin que les Anglois et les François ; il n'y a guère d'hommes connus dans ces monarchies qui n'aient essuyé quelques éclaboussures en passant. Quelles horreurs n'a-t-on pas publiées du régent, duc d'Orléans ? à quels excès ne s'est-on pas emporté contre Louis XIV même ?

Louis XIV ne méritoit cependant ni les louanges outrées, ni les injures atroces dont il a été accablé. Ce prince avoit été élevé dans une ignorance crasse ; les amusemens de sa première jeunesse furent de servir la messe au cardinal Mazarin ; il étoit né avec du bon sens, sensible à l'honneur, plus vain qu'ambitieux ; lui qu'on accusa d'aspirer à la monarchie universelle, étoit plus flatté de la soumission du doge de Gênes que des triomphes de ses généraux sur les ennemis. Louis XIV eut des foiblesses ; personne n'ignore ses attachemens pour quelques dames de sa cour, que madame de Maintenon l'emporta sur les autres, et que pour

concilier sa conscience et son amour, il l'épousa
secrètement ; delà ces cris et ces clameurs,
comme si tout le royaume alloit périr, parce
que le roi avoit le cœur sensible. Pendant que
tant de libelles le déchiroient lui et sa maîtresse, depuis sa cour jusqu'au plus petit commis de Paris, et ceux même qui écrivoient avec
tant d'indécence contre lui, chacun avoit sa
maîtresse, et l'on condamnoit comme un crime
dans la conduite du roi ce qu'on ne désapprou-
voit pas dans celle du moindre de ses sujets.
C'est à ces marques que la passion de l'auteur
se déclare et qu'il peint, sans s'en appercevoir,
les traits de la haine et de l'animosité qui lui
rongent le cœur.

Ce n'étoit pas sur ses amours qu'il falloit blâmer Louis XIV ; s'il étoit repréhensible, ce fut
pour avoir fait exercer des cruautés inouies dans
le Palatinat, et pour avoir autorisé Melac à faire
une guerre d'incendiaire et de barbare. On ne
sauroit non plus le justifier sur la révocation de
l'édit de Nantes ; il veut forcer les consciences,
il en vient à des rigueurs excessives, et il prive
son royaume d'un nombre de mains indus-
trieuses qui transportent dans les lieux de leur
asile leurs talens et la haine de leurs persécuteurs. Si j'en excepte ces deux taches qui obscurcissent la beauté d'un long règne, quels reproches peut-on faire à ce roi qui méritent des
satyres aussi amères que celles qu'on a écrites
contre lui ? Est-ce à des hommes abîmés de
misères, qui n'ont pour talens qu'une malheureuse facilité d'écrire, à s'attaquer au trône de

leurs souverains ? leur convient il d'envenimer la conduite des grands, de s'acharner sur leurs foiblesses, de se faire une étude de leur trouver des défauts ? Est-ce à des inconnus éloignés de toute affaire, qui voient le gros des événemens sans savoir ce qui les amène, qui connoissent les actions sans en connoître les motifs, qui font le cours de leur politique dans les gazettes, à juger de ceux qui gouvernent le monde ? et leur ignorance même peut-elle servir d'excuse à leur témérité ? Mais la malice les dévore, une fausse ambition les excite, ils veulent se faire un nom, et pour être connus ils imitent Hérostrate. Il y a eu un temps, il faut l'avouer, où la satyre étoit à la mode ; mais ce bon temps n'est plus, il falloit naître sous le règne de Charles V et de François I ; alors les souverains étoient tributaires de l'Arétin ; son silence étoit acheté, les bons mots qu'il supprimoit étoient payés, et pour peu qu'un prince crût avoir fait une sottise, il lui envoyoit des présens. C'étoit alors qu'il y avoit de quoi s'enrichir. Mais tout change, notre siècle est de mauvaise humeur ; nos Arétins modernes, au-lieu de trouver des récompenses, sont logés aux dépens des souverains qu'ils offensent, et on leur interdit sur-tout l'usage de leurs mérites et de leurs talens. Quelques exemples de cette nature n'intimident pas ceux qui sont nés avec l'amour de la belle gloire ; avec moins d'encouragement que l'Arétin, ils vont leur train, et leur enthousiasme va jusqu'à leur faire affronter le martyre ; pour s'encourager et se déguiser à eux-mêmes leur noirceur, ils se persuadent qu'ils travaillent pour le bien public, qu'ils réforment les mœurs, et retiennent les grands par la crainte de leurs censures redoutables. Ils se flattent que leurs piqûres seront senties ; il faut les renvoyer à la fable ingénieuse de la Fontaine, du bœuf et du ciron. Des hommes puissans dans leur fière et molle opulence, ou ignorent le croassement de ces insectes du Parnasse, ou s'ils les entendent, ils les punissent.

Ni les médisances, ni les satyres, ni les calomnies ne corrigent les hommes ; elles aigrissent les esprits, elles les irritent, elles peuvent leur inspirer le désir de la vengeance, mais non celui de se corriger ; au contraire, un injuste reproche prouve l'innocence, et nourrit l'amour-propre au-lieu de l'éteindre. Les grands restent tels qu'ils sont ; un courtisan, pour avoir été insulté dans un écrit indécent, n'en cultivera pas moins la faveur de son maître ; les intrigues inévitables dans un lieu qui rassemble beaucoup de monde, et où il y a un conflit d'ambition, continueront dans les cours ; les ministres poursuivront le train des affaires, suivant l'impression que fait sur eux le point de vue dont ils les considèrent.

Les têtes sur lesquelles la puissance et le pouvoir sont le plus accumulés, méritent plutôt qu'on les plaigne que d'être enviées ; les grands qui gouvernent la terre sont souvent découragés d'un ouvrage pénible, qui n'a point de fin ; sans cesse obligés de vivre dans l'avenir par leurs réflexions, de tout prévoir, de tout prévenir, responsables des événemens que le hasard, qui se joue de la prudence humaine, fait arriver pour rompre leurs mesures ; accablés de travaux, les fatigues deviennent une espèce de soporifique, qui à la longue assoupit les sentimens de la gloire, et les porte à désirer le repos philosophique d'une vie privée. Il est plus nécessaire de réveiller en eux ces sentimens de la gloire que de travailler à les étouffer ; il faut encourager les hommes au-lieu de les rebuter, et c'est ce que jamais libelles ne feront. Peut-être quelqu'un pensera-t-il : Il n'y a donc qu'à être puissant et absolu pour se livrer à toute la démence de ses caprices, pour ériger ses volontés en loix, et dès que l'on est inviolable, on peut tout enfreindre, d'autant plus que personne n'osera élever sa voix pour condamner des abus aussi intolérables de la domination. J'ose leur répondre que je conviens avec eux, que ceux qui pendant leur vie sont au-dessus des loix par le souverain pouvoir, ont assurément besoin d'un frein qui les empêche d'abuser de la force pour opprimer les foibles, ou pour commettre des injustices ; mais que des scribes ignorans et obscurs ne sont pas faits pour être les précepteurs des rois ; qu'il y a d'autres maîtres qui leur enseignent réellement leur devoir, qui prononcent leur arrêt, et leur apprennent sans déguisement ce que le peuple pense et doit penser d'eux ; je veux dire l'histoire. Elle ne ménage point ces hommes redoutés qui ont fait trembler la terre ; elle les juge, et en approuvant leurs bonnes actions, et en condamnant les mauvaises, elle instruit les princes de ce qui sera loué ou blâmé dans leur conduite ; la sentence des morts apprend aux vivans à quoi ils doivent s'attendre, et sous quels auspices leurs noms passeront à la postérité ; c'est à ce tribunal que tous les grands sont obligés de comparoître après leur mort, et où les réputations sont fixées pour jamais. L'histoire remplace cet usage établi chez les Égyptiens, par lequel les citoyens étoient assujettis après la vie au jugement d'un conseil qui prononçoit sur leurs œuvres, et défendoit d'inhumer ceux dont les actions étoient trouvées criminelles. La postérité est impartiale ; elle est exempte d'envie et de flatterie ; elle ne se laisse aveugler ni par des panégyriques ni par des satyres ; elle démêle l'or pur du faux aloi ; le temps qui révèle jusqu'aux choses secrètes, lui dévoile les actions des hommes et leurs motifs ; il fait paroître, non un ministre encensé par des courtisans, non un roi entouré d'adulateurs, mais l'homme dépouillé de toute décoration, et de ce vain déguisement qui le travestissoit. Ceux qui savent qu'ils ne sauroient éviter ce jugement, doivent se préparer à y paroître sans tache. La réputation est tout ce qui nous reste après notre mort ; ce n'est point un effet de l'orgueil que d'y être sensible ; on doit même l'avoir très-fort à cœur, pour peu que l'on soit né avec de la noblesse et de l'élévation. L'amour de la vraie gloire est le principe des actions héroïques, et de tout ce qui s'est fait d'utile dans le monde. Pourquoi un homme se fait-il tuer pour le service de la patrie, si ce n'est pour mériter l'approbation de ceux qui lui survivent ? Pourquoi les auteurs et les artistes travaillent-ils, si ce n'est pour recueillir des applaudissemens, pour se faire un nom, pour aller à l'immortalité ? Cela est si vrai, que Cicéron, qui étoit rempli de la même ardeur, remarque que non-seulement les plus beaux génies de l'antiquité, mais les philosophes même des sectes austères, mettoient leur nom à la tête d'ouvrages qui traitoient de la vanité des choses humaines. Ce désir de s'immortaliser est le mobile de nos travaux et de toutes nos belles actions. La vertu, il est vrai, a des attraits capables de la faire aimer pour elle-même des belles ames ; cela ne doit pas cependant nous obliger à condamner les biens que le motif de la gloire opère, quel que soit le principe. L'intérêt de l'humanité demande qu'on éprouve tous les moyens qui servent à rendre le genre-humain meilleur, et à dompter cet animal le plus farouche de tous, qui s'appelle l'homme ; il faut exciter, il faut aiguillonner les sentimens de la gloire, il faut sans cesse y encourager le monde. Malheur aux grands qui ne sont pas sensibles à cet aiguillon, et malheur à ceux qui le sont trop aux sarcasmes de la satyre !

DISCOURS
SUR LES LIBELLES.

Il y a bien des façons de subsister dans le monde ; l'industrie et l'esprit d'invention en fournissent tous les jours de nouvelles, sans compter les métiers ordinaires. Le seul talent d'écrire a enrichi les savans du fruit de leurs veilles ; les auteurs du second ordre vivent par leurs libraires ; les uns se nourrissent en faisant des vers, les autres en corrigeant les impressions, d'autres en copiant, d'autres enfin se chargent du noble emploi de découvrir les défauts des favoris de la fortune et des gens en place ; ils travaillent ingénieusement sur des caractères qui leur sont inconnus ; ils peignent d'imagination, et comme leur pinceau est plus noir que celui de l'Espagnol, leurs tableaux sont chargés d'ombres. Ils ont l'art de rendre leur héros odieux, et il faut avouer que ce beau talent leur rapporte encore. Cette dangereuse hardiesse gagne et se répand de nos jours ; ces messieurs qui s'y livrent, doivent craindre que leur nombre ne fasse baisser leurs honoraires, et ne les réduise enfin à la mendicité. Croiroit-on bien qu'ils veulent s'attribuer les droits des censeurs de l'ancienne Rome ? Je ne trouve qu'une petite différence ? Rome élisoit ses censeurs, et ces messieurs s'installent eux-mêmes ; ils peuvent comme les rois s'écrire, par la grâce de Dieu, et non par la faveur des hommes.

Il faut avouer que leur ouvrage leur coûte peu de travail ; ce n'est pour la plupart qu'une déclamation d'injures, ou le fruit d'une imagination sombre et d'idées sinistres ; ils trafiquent de ces injures, et ils les distribuent au gré des protecteurs qui savent reconnoître leurs services. On ne cesse de s'étonner de leurs témérités hardies, mais ils trouvent un asile dans leur obscurité. Ce qui les sauve, c'est le dédain avec lequel les hommes opulens et superbes traitent leurs libelles ; leurs clameurs font un bruit discordant qui se dissipe dans l'air ; ils me paroissent comme des mouches qui s'amusent à piquer un éléphant.

Il y a quelque temps que je voyageois en Hollande ; passant par une ville, je fus obligé de m'arrêter dans une auberge ; j'y vis entrer un homme assez bien vêtu, qui avoit la mine fière, et le maintien imposant ; il regardoit avec un air de dédain ceux qui l'environnoient, et sembloit prendre le genre-humain en pitié ; je le pris pour un de ces messieurs qui représentent deux ou trois fois la semaine les rois sur le théâtre, et qui à force de jouer ce rôle, croient enfin être rois en effet. La singularité de ce personnage me donna la curiosité de savoir qui il étoit ; l'hôte, qui le connoissoit, me dit : C'est un homme plus important que vous ne croyez ; il a la faculté de faire et de défaire les réputations ; mais à l'exemple des conquérans, il est plus occupé à détruire qu'à élever ; il vit de sa plume comme les cultivateurs de leurs champs ; ses meubles, ses vêtemens, sa nourriture, tout est acquis aux dépens des grands seigneurs qu'il immole à leurs concurrens ; il fait à-peu-près comme feu le cardinal de Polignac, qui, dit-on, sacrifioit au pape, pour chaque antique qu'il avoit la permission d'envoyer à Paris, quelqu'évêque janséniste, qu'il faisoit exiler ; notre homme de même n'a pas un meuble dont il ne puisse nommer celui aux dépens de la réputation duquel il l'a acquis : il roule un grand projet dans sa tête, et s'il lui réussit, il ne voudra troquer sa fortune ni avec *Taxera* ni avec *Schwartzau*. Et peut-on savoir, dis-je, quel est ce merveilleux projet ? Il s'agit, dit l'hôte, d'une bonne satyre contre un souverain ; s'il la rend bien forte et aussi maligne qu'on la lui demande, les honneurs s'accumuleront sur sa tête. — Tout ce que je venois d'entendre, augmentoit en moi la curiosité de connoître cet original, et l'envie me prit de lier conversation avec ce despote, qui osoit juger les grands pendant leur vie, comme les Egyptiens les jugeoient après leur mort ; je croyois reconnoître en lui l'esprit de ces papes qui excommunioient les souverains et mettoient les royaumes en interdit ; sur quoi j'avance, et j'aborde ce redoutable censeur. Il me reçut avec cet air de dignité ou d'impertinence dont les ministres les plus enflés de leur faveur accueillent ceux qui leur demandent des grâces ; sa fierté, qui m'humilioit, me fit hésiter ; cependant je m'encourageai et lui fis un assez mauvais compliment sur le plaisir que j'éprouvois à faire sa connoissance ; après quelques propos vagues, je lui demandai s'il étoit content du métier qu'il faisoit ? — Très-fort, repartit-il ; j'ai des correspondances secrètes à plus d'une cour, et je tiens à quantité de seigneurs qui me craignent et me recherchent ; je me suis fait un empire par mon industrie, je domine sans État, et je règne despotiquement sans puissance. — Mais, Monsieur, lui dis-je, votre empire est-il bien solide, et n'avez-vous pas à craindre ces revers auxquels l'élévation est si exposée ? — Qu'aurois-je à appréhender, repartit-il ; on ne sauroit me détrôner ; je gouverne les esprits, et tant qu'il restera des plumes et de l'encre dans le monde, j'irai mon train ; du fond de mon cabinet je règle les destins de ceux qui oppressent l'univers : j'ai entre mes mains la réputation de tous ces grands devant qui le peuple se prosterne ; quand il me plaît, je les fais sécher de dépit, je leur porte le désespoir au cœur, et je leur enlève le fruit de toutes les faveurs dont les comble la fortune. — Ah ! m'écriai-je, quel plaisir inhumain pouvez-vous trouver à faire des malheureux, si tant est que vous en fassiez ? Êtes-vous donc né avec les inclinations de ces génies mal-faisans qui éprouvent une cruelle joie, à ce qu'on dit, en persécutant le genre humain ? Ah ! Monsieur, de grâce... — Quoi, dit-il, en m'interrompant, croyez-vous que je sois à l'eau rose ? Je laisse les scrupules et ces petites délicatesses aux esprits timides ; pour moi, je me plais à humilier la vanité et l'arrogance de ceux qui n'ont rien à craindre, à attrister et à désoler ces hommes durs qui ne compatissent jamais aux misères publiques, et à faire sentir quelque mal à ceux qui en font tous les jours.

— Ah! Monsieur, je vous demande grâce, lui dis-je, pour le genre-humain; ne pensez pas qu'il soit aussi pervers que vous vous le figurez : il est vrai, le vice couvre la terre, mais l'infection n'est pas générale ; ne croyez pas que la prospérité soit incompatible avec la vertu, du moins distinguez... — Je ne distingue rien, repartit-il, tous les hommes sont mauvais, donc je puis tous les attaquer en bonne conscience. — Vous ne l'avez pas délicate, dis-je, à ce qu'il paroît. — Et qui me nourriroit, reprit-il ? quand j'ai faim, de quoi vivrai-je ? car enfin de nos jours il faut faire figure, ou l'on est méprisé; personne ne paie mon silence, mais on paie chérement mes ouvrages, et je ne travaille que sur le cœur de l'homme. — Quelle chûte, m'écriai-je, pour un souverain si despotique, pour ce censeur si craint et si redouté, pour ce juge suprême de tous les grands de la terre ! Quoi, Crésus au milieu de ses trésors est à l'aumône !... — Trève de badinerie, ma royauté ne me nourrit qu'à mesure que j'en fais les fonctions ; je suis, il est vrai, plus absolu que les rois ; ils sont les esclaves des loix, ils ne peuvent punir ou récompenser que selon qu'elles le permettent, ils ne peuvent rien pour la gloire, ils ne la donnent ni ne l'ôtent : au-lieu que je me rends l'arbitre de l'opinion du public, et que par l'ascendant que j'ai pris sur lui, il se forme l'idée des personnes selon que je les lui peins, et de même que les rois je reçois des subsides que la méchanceté des uns me paie pour révéler la turpitude des autres ; cela fait que je taxe les seigneurs et les princes, ils sont mes esclaves, je vends leur nom plus ou moins cher, selon que je trouve des difficultés à ravaler leur mérite ; je mets à contribution la haine et l'envie ; je ne me borne pas aux particuliers, le trône n'a rien qui m'effraie ; tel que vous me voyez, sans trésors et sans troupes, je déclare la guerre aux rois et les attaque, quelque puissans qu'ils soient. — En vérité vous risquez beaucoup, lui dis-je ; la guerre a ses hasards, et vous pourriez un jour essuyer de ces revers que les plus grands capitaines ont éprouvés, être battu à plate couture. — Point de plaisanterie, reprit-il ; ces princes, ces monarques ne savent pas se servir de mes armes ; à peine peuvent-ils signer leur nom ; s'ils vouloient se battre à coups de plume, vous verriez beau jeu, leurs écrits seroient rebutés, et l'on ajoute foi aux miens ; ce qui me rend redoutable, c'est que je suis le précepteur du public ; je dirige ce que je veux qu'il pense. — Mais, lui dis-je, les souverains n'auroient pas besoin de se servir de la plume.... — Tout beau, reprit-il, je crois que vous allez sur mes brisées. — Dieu m'en garde, lui dis-je, Monsieur, si ce n'est peut-être que quelque vertu ne vous soit échappée, comme aux corps des saints, et qui opère sur moi. Mais pour en revenir à notre sujet, apprenez-moi, de grâce, comment vous parvenez à décrier ceux sur lesquels la médisance n'a point de prise ? — N'ai-je pas de l'imagination, repartit mon homme ? est-il plus difficile de faire une satyre qu'un roman ? qu'en coûte-t-il de composer des anecdotes secrètes, de fabriquer des histoires qui aient de la vraisemblance ? car le degré de probabilité qu'on a l'art de donner aux contes qu'on publie, est précisément ce qui les accrédite le plus ; et après tout, est-il si difficile de donner des ridicules aux hommes ?... Il étoit sur le point de me révéler tous ses secrets, lorsque je ne pus m'empêcher de lui dire que je me trouvois très-heureux que la fortune ne m'eût pas élevé dans un rang où j'eusse risqué de tomber sous ses mains, et que je bénissois le Ciel de ma médiocrité, qui ne me rendoit pas assez important pour être produit par lui aux yeux du public. Je ne puis vous dissimuler, ajoutai-je, qu'en votre place je craindrois ces hommes puissans qui ont les bras si longs, qu'ils atteignent par-tout, d'autant plus que comme vous affectez un gouvernement tyrannique, il me paroît que vous vous préparez la destinée des tyrans. Sur quoi notre personnage entra dans un héroïque et noble enthousiasme, et me fit sentir qu'il n'y avoit rien de plus illustre, ni de plus courageux que de risquer les entreprises hardies, que l'on ne payoit point les personnes qui marchent dans les rues, mais bien celles qui dansent sur la corde, et que ce n'étoit qu'en formant des projets difficiles et hasardeux que l'on faisoit passer son nom à l'immortalité ; il m'étala avec faste les sentimens de fermeté et de constance de son ame : Oui, ajouta-t-il, je m'exposerois gaiement au plus cruel martyre pour soutenir mon indépendance, ma liberté, mes droits, et la satisfaction intérieure que je trouve à gloser sur toute la terre.— C'est bien dommage, lui dis-je, que vous ne soyez pas venu au monde durant les premiers siècles de l'Église ; votre nom auroit éclaté pendant les persécutions, il seroit à présent dans la légende, et sans doute que votre fête seroit chômée ; mais je crains bien qu'il n'en arrive tout autrement que vous ne pensez, et qu'après avoir un temps servi d'instrument aux vengeances sourdes d'illustres envieux, vous ne finissiez tragiquement, sans gagner pour votre nom la célébrité que vous attendez. Il alloit me répondre, lorsque quelqu'un qui avoit entendu la fin de notre conversation, s'approcha de nous, et s'avisa de lui conter séchement et avec assez d'indiscrétion, la fameuse histoire de la cage de fer, où, dit-on, Louis XIV fit enfermer un déclamateur de ce genre qui avoit exercé son talent contre ce prince. Notre homme dit qu'il régnoit toutes les années des fièvres malignes au printemps, mais que tout le monde n'en mouroit pas ; que les grands ne connoissoient point la valeur des bons mots, que ce siècle étoit très-difficile, et qu'il le devenoit toujours davantage, que l'on faisoit trop peu de cas du mérite et des talens. Mais je m'apperçus que depuis l'histoire de la cage de fer il avoit changé de physionomie ; en effet, il devint rêveur et taciturne. Comme je le vis si sombre, je le quittai et l'abandonnai à ses tristes réflexions. Ne peut-on pas conclure de tout cela, que quand même la méchanceté étoufferoit les remords, elle n'est jamais sans appréhensions cruelles, et qu'une vie vertueuse est la seule tranquille.

EXAMEN
DE
L'ESSAI SUR LES PRÉJUGÉS.
1770.

JE viens de lire un livre intitulé : *Essai sur les préjugés*. En l'examinant, ma surprise a été extrême de trouver qu'il en étoit rempli lui-même. C'est un mélange de vérités et de faux raisonnemens, de critiques amères et de projets chimériques, débités par un philosophe enthousiaste et fanatique. Pour vous en rendre un compte exact, je me verrai obligé d'entrer en quelque détail : cependant, comme je n'ai point de temps à perdre, je me bornerai à quelques remarques sur les objets les plus importans.

Je m'attendois à trouver de la sagesse, et beaucoup de justesse de raisonnement, dans l'ouvrage d'un homme qui affiche le philosophe à chaque page : je me figurois que je n'y trouverois que lumière et qu'évidence; il en est bien éloigné. L'auteur se représente le monde à-peu-près tel que Platon avoit imaginé sa république, susceptible de la vertu, du bonheur et de toutes les perfections. J'ose l'assurer qu'il n'en est pas ainsi dans le monde que j'habite ; le bien et le mal s'y trouvent mêlés par-tout ; le physique et le moral se ressentent également des imperfections qui le caractérisent. Il affirme magistralement que la vérité est faite pour l'homme, et qu'il faut la lui dire en toutes les occasions. Ceci mérite d'être examiné. Je m'appuierai sur l'expérience et sur l'analogie, pour lui prouver que les vérités de spéculation, bien loin de paroître faites pour l'homme, se dérobent sans cesse à ses recherches les plus pénibles ; c'est un aveu humiliant pour l'amour-propre, que la force de la vérité m'arrache. La vérité est dans le fond d'un puits, d'où les philosophes s'efforcent de la retirer ; tous les savans se plaignent des travaux qu'il leur en coûte pour la découvrir. Si la vérité étoit faite pour l'homme, elle se présenteroit naturellement à ses yeux ; il la recevroit sans efforts, sans longues méditations, sans s'y méprendre ; et son évidence, victorieuse de l'erreur, entraîneroit infailliblement la conviction après elle : on la distingueroit à des signes certains de l'erreur, qui souvent nous trompe en paroissant sous cette forme empruntée : il n'y auroit plus d'opinions ; il n'y auroit que des certitudes. Mais l'expérience m'apprend tout le contraire : elle me montre qu'aucun homme n'est sans erreur ; que les plus grandes folies que l'imagination en délire ait enfantées dans tous les âges, sont sorties du cerveau des philosophes ; que peu de systêmes de philosophie sont exempts de préjugés et de faux raisonnemens : elle me rappelle les tourbillons que Descartes imagina, l'apocalypse que Newton, le grand Newton commenta, l'harmonie préétablie que Leibnitz, génie égal à celui de ces grands hommes, avoit inventée. Convaincu de la foiblesse de l'entendement humain, et frappé des erreurs de ces célèbres philosophes, je m'écrie : Vanité des vanités, vanité de l'esprit philosophique.

L'expérience, en poussant ses recherches plus loin, me montre l'homme, en tous les siècles, dans l'esclavage perpétuel de l'erreur ; le culte religieux des peuples fondé sur des fables absurdes, accompagné de rites bizarres, de fêtes ridicules, et de superstitions auxquelles ils attachoient la durée de leur empire ; et des préjugés qui règnent d'un bout du monde à l'autre. En recherchant la cause de ces erreurs, on trouve que l'homme même en est le principe. Les préjugés sont la raison du peuple, et il a un penchant irrésistible pour le merveilleux : ajoutez à cela que la plus nombreuse partie du genre humain ne pouvant vivre que par un travail journalier, croupit dans une ignorance invincible ; elle n'a le temps ni de penser ni de réfléchir. Comme son esprit n'est point rompu au raisonnement, et que son jugement n'est point exercé, il lui est impossible d'examiner, selon les règles d'une saine critique, les choses sur lesquelles elle veut s'éclaircir, ni de suivre une chaîne de raisonnemens par lesquels on pourroit la détromper de ses erreurs. Delà vient son attachement pour le culte qu'une longue coutume a consacré, dont rien ne peut la détacher que la violence. Aussi fut-ce par la force que les nouvelles opinions religieuses ruinèrent les anciennes ; les bourreaux convertirent les païens ; et Charlemagne annonça le christianisme aux Saxons, en soutenant sa doctrine par le fer et par le feu. Il faudroit donc que notre philosophe, pour éclairer les nations, leur prêchât le glaive en main : mais, comme la philosophie rend ses disciples doux et tolérans, je me flatte qu'il y pensera encore avant de s'armer de toutes pièces, et de revêtir l'équipage d'un convertisseur guerrier. La seconde cause de la superstition qui se trouve dans le caractère des hommes, est ce penchant, cette forte inclination qu'ils ont pour tout ce qui leur paroît merveilleux. Tout le monde le sent, on ne peut s'empêcher de prêter attention aux choses surnaturelles qu'on entend débiter. Il semble que le merveilleux élève l'ame; il semble qu'il ennoblisse notre être, en ouvrant un champ immense, qui étend la sphère de nos idées, et laisse une libre carrière à notre imagination; celle-ci s'égare avec complaisance dans des régions inconnues. L'homme aime tout ce qui est grand, tout ce qui inspire de l'étonnement ou de l'admiration : une pompe majestueuse, une cérémonie imposante le frappe; un culte mystérieux redouble son attention. Si on lui annonce, avec cela, la présence invisible d'une Divinité, une superstition contagieuse s'empare de son esprit, s'y fortifie, et s'accroît jusqu'au point de le rendre fanatique. Ces effets singuliers sont des suites de l'empire que les sens ont sur lui; car il est plus sensible que raisonnable. Voilà donc la plupart des opinions humaines fondées sur des préjugés, des fables, des erreurs et des impostures. Que puis-je en conclure autre chose, si ce n'est que l'homme est fait pour l'erreur, à l'empire de laquelle tout l'univers est soumis, et que nous ne

voyons guère plus clair que les taupes. Il faut
donc que l'auteur confesse, d'après l'expérience
de tous les âges, que le monde étant inondé des
préjugés de la superstition, comme nous l'avons
vu, la vérité n'est pas faite pour l'homme. Mais
que deviendra son système? Je m'attends que
notre philosophe m'arrêtera ici, pour m'avertir
de ne pas confondre des vérités spéculatives
avec celles de l'expérience. J'ai l'honneur de
lui répondre qu'en fait d'opinions et de superstitions, il est question de vérités spéculatives;
et c'est de quoi il s'est agi. Les vérités d'expérience sont celles qui influent sur la vie civile,
et je me persuade qu'un grand philosophe,
comme notre auteur, ne s'imaginera pas éclairer les hommes, en leur apprenant qu'on se
brûle dans le feu, qu'on se noie dans l'eau, qu'il
faut prendre des alimens pour conserver sa vie,
que la société ne peut subsister sans la vertu,
et autres choses aussi communes que connues.
Mais allons plus loin. L'auteur dit au commencement de son ouvrage, que la vérité étant utile
à tous les hommes, il faut la leur dire hardiment
et sans réserve : et dans le huitième chapitre, si
je ne me trompe (car je cite de mémoire), il
s'explique sur un ton différent, et il soutient que
les mensonges officieux sont permis et utiles.
Qu'il daigne donc se décider lui-même, qui doit
l'emporter de la vérité ou du mensonge, afin
que nous sachions à quoi nous en tenir. Si j'ose
hasarder mon sentiment après celui d'un aussi
grand philosophe, je serois d'avis qu'un homme
raisonnable ne doit abuser de rien, pas même

de la vérité; je ne manquerai pas d'exemples pour appuyer cette opinion. Supposons qu'une femme timide et craintive se trouvât en danger de la vie : si on lui venoit annoncer inconsidérément le péril où elle se trouve; son esprit, agité, ému, et bouleversé par la crainte de la mort, communiquant au sang un mouvement trop impétueux, en hâteroit peut-être le moment : au-lieu de cela, si on lui faisoit entrevoir des espérances pour son rétablissement, la tranquillité de son ame pourroit peut-être aider les remèdes à l'opérer en effet. Que gagneroit-on à détromper un homme que les illusions rendent heureux? Il en arriveroit comme à ce médecin qui après avoir guéri un fou lui demandoit son salaire; le fou lui répondit qu'il ne lui donneroit rien ; car pendant l'absence de son bon sens, il s'étoit cru en paradis ; et l'ayant recouvré, il se trouvoit en enfer. Si, lorsque le sénat apprit que Varron avoit perdu la bataille de Cannes, les patriciens avoient crié dans le forum : Romains, nous sommes vaincus, Annibal a totalement défait nos armées : ces paroles indiscrètes auroient tellement augmenté la terreur du peuple, qu'il auroit abandonné Rome, comme après la perte de la bataille d'Allia ; et c'en auroit été fait de la république. Le sénat, plus sage, en dissimulant cette infortune, ranima le peuple à la défense de la patrie, il recruta l'armée, il continua la guerre, et à la fin les Romains triomphèrent des Carthaginois. Il paroit donc constant qu'il faut dire la vérité avec discrétion, jamais mal à propos, et choisir sur-tout le temps qui lui est le plus convenable.

Si je voulois relancer l'auteur par-tout où je crois m'appercevoir de quelque inexactitude, je pourrois l'attaquer sur la définition qu'il nous donne du mot *paradoxe*. Il prétend que ce mot signifie toute opinion qui n'a pas été adoptée, mais qui peut être reçue ; au-lieu que l'idée ordinaire, attachée à ce mot, est celle d'une opinion contraire à quelque vérité d'expérience. Je ne m'arrête point à cette bagatelle; mais je ne saurois m'empêcher d'avertir ceux qui prennent le nom de philosophe, que leurs définitions doivent être justes, et qu'ils ne doivent se servir des mots que dans l'acception ordinaire.

J'en viens à présent au but de l'auteur ; il ne le déguise point, il donne assez clairement à entendre qu'il en veut aux superstitions religieuses de son pays, qu'il se propose d'en abolir le culte, pour élever sur ses ruines la religion naturelle, en admettant une morale dégagée de tout accessoire incohérent. Ses intentions paroissent pures ; il ne veut point que le peuple soit trompé par des fables ; que les imposteurs qui les débitent, en tirent tout l'avantage, comme les charlatans des drogues qu'ils vendent : il ne veut point que ces imposteurs gouvernent le vulgaire imbécille ; qu'ils continuent à jouir du pouvoir dont ils abusent contre le prince et contre l'État. Il veut, en un mot, abolir le culte établi, dessiller les yeux de la multitude, et lui aider à secouer le joug de la superstition. Ce projet est grand ; reste à examiner s'il est praticable, et si l'auteur s'y est bien pris pour réussir.

Cette entreprise paroîtra impraticable à ceux qui ont bien étudié le monde, et qui ont fouillé dans le cœur humain : tout s'y oppose, l'opiniâtreté avec laquelle les hommes sont attachés à leurs opinions habituelles, leur ignorance, leur incapacité de raisonner, leur goût pour le merveilleux, la puissance du clergé, et les moyens qu'il a pour se soutenir. Ainsi dans un pays peuplé de seize millions d'ames, que l'on compte en France, il faut dès le début renoncer à la conversion de quinze millions huit cent mille ames, que des obstacles insurmontables attachent à leurs opinions ; reste donc deux cent mille pour la philosophie. C'est beaucoup, et je n'entreprendrois jamais de donner le même tour de pensée à ce grand nombre, aussi différent par la compréhension, l'esprit, le jugement, la manière d'envisager les choses, que par les traits qui distinguent les physionomies. Supposons encore que les deux cent mille prosélytes aient reçu les mêmes instructions ; chacun n'en aura pas moins ses pensées originales, ses opinions séparées ; et peut-être ne s'en trouvera-t-il pas deux dans cette multitude qui penseront de même. Je vais plus loin, et j'ose presque assurer que dans un Etat où tous les préjugés seroient détruits, il ne se passeroit pas trente années qu'on en verroit renaître de nouveaux, et qu'enfin les erreurs s'étendroient avec rapidité, et l'inonderoient entiérement. Ce qui s'adresse à l'imagination des hommes l'emportera toujours sur ce qui parle à leur entendement. Enfin j'ai prouvé que de tout temps l'erreur a dominé dans le monde ; et comme une chose aussi constante peut être envisagée comme une loi générale de la nature, j'en conclus que ce qui a été toujours, sera toujours de même.

Il faut cependant que je rende justice à l'auteur, quand elle lui est due. Ce n'est point la force qu'il se propose d'employer pour faire des prosélytes à la vérité ; il insinue qu'il se borne à ôter aux ecclésiastiques l'éducation de la jeunesse, dont ils sont en possession, pour en charger des philosophes ; ce qui préservera et garantira la jeunesse contre ces préjugés religieux, dont jusqu'à présent les écoles l'avoient infectée dès la naissance. Mais j'ose lui représenter que quand il auroit le pouvoir d'exécuter ce projet, son attente se trouveroit trompée, en lui citant un exemple de ce qui se passe en France, presque sous ses yeux. Les calvinistes s'y trouvent dans la contrainte d'envoyer leurs enfans aux écoles catholiques : qu'il voie ces pères, comme à leur retour ils sermonnent leurs enfans, comme ils leur font répéter le catéchisme de Calvin, et quelle horreur ils leur inspirent pour le papisme. Non-seulement ce fait est connu, mais il est de plus évident que sans la persévérance de ces chefs de famille, il y a long-temps qu'il n'y auroit plus de huguenots en France. Un philosophe peut s'élever contre une telle oppression des protestans , mais il n'en doit pas suivre l'exemple ; car c'est une violence d'ôter aux pères la liberté d'élever les enfans selon leur volonté ; c'est une violence d'envoyer ces enfans à l'école de la religion naturelle , quand les pères veulent qu'ils soient catholiques comme eux. Un philosophe persécuteur seroit un monstre aux yeux du sage ; la modération, l'humanité, la justice, la tolérance, voilà les vertus qui doivent le caractériser. Il faut que ses principes soient invariables; que ses paroles, ses projets et ses actions y répondent en conséquence.

Passons à l'auteur son enthousiasme pour la vérité, et admirons l'adresse dont il se sert pour arriver à ses fins. Nous avons vu qu'il attaque un puissant adversaire, la religion dominante, le sacerdoce qui la défend, et le peuple superstitieux rangé sous ses étendards. Mais, comme si ce n'en étoit pas assez pour son courage d'un ennemi aussi redoutable , pour illustrer son triomphe et rendre sa victoire plus éclatante, il en excite encore un autre ; il fait une vigoureuse sortie sur le gouvernement, il l'outrage avec autant de grossiéreté que d'indécence ; le mépris qu'il en témoigne révolte les lecteurs sensés. Peut-être que le gouvernement neutre auroit été le spectateur paisible des batailles qu'auroit livrées ce héros de la vérité aux apôtres du mensonge ; mais lui-même il force le gouvernement de prendre fait et cause avec l'Église pour s'opposer à l'ennemi commun. Si nous ne respections pas ce grand philosophe, nous aurions pris ce trait pour une saillie de quelque écolier étourdi, qui lui mériteroit une correction rigoureuse de ses maîtres.

Mais ne peut-on faire du bien à sa patrie qu'en renversant, qu'en bouleversant tout l'ordre établi ? et n'y a-t-il pas des moyens plus doux qui doivent, par prédilection, être choisis, employés, et préférés aux autres, si on veut la servir utilement ? Notre philosophe me paroît tenir de ces médecins qui ne connoissent de remèdes que l'émétique, et de ces chirurgiens qui ne savent faire que des amputations. Un sage qui auroit médité sur les maux que l'Église cause à sa patrie, feroit sans doute des efforts pour l'en délivrer ; mais il agiroit avec circonspection. Au-lieu de renverser un ancien édifice gothique, il s'appliqueroit à lui ôter les défauts qui le défigurent ; il décréditeroit ces fables absurdes qui servent de pâture à l'imbécillité publique ; il s'élèveroit contre ces absolutions et ces indulgences qui ne sont que des encouragemens au crime, par la facilité que trouve le pénitent à les expier, et en même temps à calmer ses remords ; il déclameroit contre toutes ces compensations que l'Église a introduites pour racheter les plus grands forfaits, contre ces pratiques extérieures qui remplacent des vertus réelles par des momeries puériles ; il crieroit contre ces réceptacles de fainéans qui subsistent aux dépens de la partie laborieuse de la nation, contre cette multitude de cénobites, qui étouffant l'instinct de la nature, contribuent autant qu'il est en eux au dépérissement de l'es-

-pèce humaine : il encourageroit le souverain à borner et restreindre ce pouvoir énorme, dont le clergé fait un usage coupable envers son peuple et envers lui, à lui ôter toute influence dans le gouvernement, et à le soumettre aux mêmes tribunaux qui jugent les laïques. Par ce moyen, la religion deviendroit une matière de spéculation, indifférente pour les mœurs et pour le gouvernement : la superstition diminueroit, et la tolérance deviendroit de jour en jour plus universelle.

Venons à présent à l'article où l'auteur traite de la politique. Quelque détour dont il se serve pour ne paroître envisager cette matière qu'en général, on s'apperçoit cependant qu'il a toujours la France devant les yeux, et qu'il ne sort pas des limites de ce royaume. Ses discours, ses critiques, tout s'y rapporte, tout y est relatif. Les charges de la justice ne se vendent qu'en France ; aucun État n'a autant de dettes que ce royaume ; en aucun lieu on ne crie tant contre les impôts : lisez les remontrances du parlement contre certains édits bursaux, et nombre de brochures sur le même sujet; le fond des plaintes qu'il pousse contre le gouvernement, ne peut s'appliquer à aucun pays de l'Europe qu'à la France : c'est dans ce royaume uniquement que les revenus se perçoivent par des traitans. Les philosophes Anglois ne se plaignent pas de leur clergé. Jusqu'ici je n'ai entendu parler d'aucun philosophe Espagnol, Portugais, Autrichien; ce ne peut donc être qu'en France où les philosophes se plaignent des prêtres : enfin tout désigne sa patrie ; et il lui seroit aussi difficile qu'impossible de nier que ses satyres s'y adressent directement.

Il a cependant des momens où sa colère se calme, et où son esprit plus tranquille lui permet de raisonner avec plus de sagesse. Lorsqu'il soutient que le devoir du prince est de faire le bonheur de ses sujets, tout le monde convient avec lui de cette ancienne vérité. Lorsqu'il assure que l'ignorance ou la paresse des souverains est préjudiciable à leurs peuples, on l'assure que chacun en est persuadé. Lorsqu'il ajoute que l'intérêt des monarques est inséparablement lié avec celui de leurs sujets, et que leur gloire consiste à régner sur une nation heureuse ; personne ne lui disputera l'évidence de ces propositions. Mais quand, avec un acharnement violent et les traits de la plus âpre satyre, il calomnie son roi et le gouvernement de son pays, on le prend pour un frénétique échappé de ses chaînes, et livré aux transports les plus violens de sa rage.

Quoi, monsieur le philosophe, protecteur des mœurs et de la vertu, ignorez-vous qu'un bon citoyen doit respecter la forme de gouvernement sous laquelle il vit ? ignorez-vous qu'il ne convient point à un particulier d'insulter les puissances ; qu'il ne faut calomnier ni ses confrères, ni ses souverains, ni personne ; et qu'un auteur qui abandonne sa plume à de tels excès, n'est ni sage ni philosophe ?

Rien ne m'attache personnellement au roi très-chrétien ; j'aurois peut-être autant à me plaindre de lui qu'un autre : mais l'indignation que me donnent les horreurs que l'auteur a vomies contre lui, et sur-tout l'amour de la vérité, plus forte que toute autre considération, m'obligent à réfuter des accusations aussi fausses que révoltantes.

Voici ces chefs d'accusation. L'auteur se plaint de ce que les premières maisons de France sont seules en possession des premières dignités ; de ce qu'on ne distingue point le mérite ; de ce qu'on honore le clergé et méprise les philosophes ; de ce que l'ambition du souverain allume sans cesse de nouvelles guerres ruineuses ; de ce que des bourreaux mercenaires (épithète élégante dont il honore les guerriers) jouissent seuls des récompenses et des distinctions ; de ce que les charges de justice sont vénales, les loix mauvaises, les impôts excessifs, les vexations intolérables, et l'éducation des souverains aussi mal-entendue que blâmable. Voici ma réponse. L'avantage de l'État demande que le prince reconnoisse les services importans rendus au gouvernement ; et lorsque ses récompenses s'étendent jusqu'aux descendans de ceux qui ont bien mérité de la patrie, c'est le plus grand encouragement qu'il puisse donner aux talens et à la vertu. Produire des familles devenues florissantes par les belles actions de leurs ancêtres, n'est-ce pas exciter le public à bien servir l'État, pour laisser sa postérité comblée de semblables bienfaits ? Chez les Romains, l'ordre des patriciens l'emportoit sur celui des plébéiens, et sur celui des chevaliers ;

il n'y a que la Turquie où les conditions soient confondues, et les choses n'en vont pas mieux. Dans tous les États de l'Europe, la noblesse jouit des mêmes prérogatives. La roture se fraie quelquefois le chemin aux places distinguées, quand le génie, les talens et les services l'ennoblissent. D'ailleurs, ce préjugé (si vous voulez le qualifier ainsi), ce préjugé, dis-je, si généralement reçu, empêcheroit même le roi de France d'envoyer un roturier en mission à de certaines cours étrangères. Ne pas rendre à la naissance ce qui lui est dû, n'est point l'effet d'une liberté philosophique, mais d'une vanité bourgeoise et ridicule.

Autre plainte de l'auteur, de ce qu'on ne distingue point en France le mérite personnel. Je soupçonne que le ministre se trouve en défaut envers lui, et coupable de lui avoir refusé quelque pension, ou de n'avoir pas découvert dans son galetas ce sage précepteur du genre-humain, si digne de l'assister, que dis-je ? de le diriger dans ses travaux politiques. Vous assurez, monsieur le philosophe, que les rois se trompent souvent dans le choix qu'ils font des personnes qu'ils emploient. Rien de plus vrai ; les raisons en sont faciles à déduire ; ils sont hommes, sujets aux erreurs comme les autres. Ceux qui aspirent aux grands emplois, ne se présentent jamais à leurs yeux que le masque sur le visage. Il arrive sans doute que les rois se laissent surprendre ; les artifices, les ruses, les cabales des courtisans peuvent prévaloir dans de certaines occasions : mais si leur choix n'est

pas toujours heureux, ne les en accusez pas
seuls. Le vrai mérite et les hommes à talens
supérieurs sont beaucoup plus rares en tout
pays que ne l'imagine un rêveur spéculatif, qui
n'a que des idées théoriques d'un monde qu'il
n'a jamais connu. Le mérite n'est pas récompensé, c'est une plainte de tout pays : tout présomptueux peut dire, j'ai du génie et des talens,
le gouvernement ne me distingue pas ; donc il
manque de sagesse, de discernement et de
justice.

Notre philosophe ensuite s'échauffe dans son
harnois, en traitant un sujet qui l'intéresse
plus directement. Il paroît excessivement irrité
de ce qu'on préfère, dans sa patrie, les apôtres
du mensonge à ceux de la vérité. On le prie de
faire quelques légères réflexions, peut-être indignes de l'impétuosité de son génie, mais toutefois capables d'appaiser sa colère. Qu'il se
rappelle que le clergé forme un corps considérable dans l'État, et que les philosophes sont
des particuliers isolés. Qu'il se souvienne de ce
qu'il a dit lui-même, que ce clergé, puissant par
l'autorité qu'il a su prendre sur le peuple, s'étant rendu redoutable au souverain, doit être
ménagé à raison de son pouvoir. Il faut donc
bien, par la nature des choses, que ce clergé
jouisse de prérogatives et de distinctions plus
marquées qu'on n'en accorde communément à
ceux qui par état ont renoncé à toute ambition,
et qui au-dessus des vanités humaines méprisent ce que le vulgaire désire avec tant d'empressement. Notre philosophe ignore-t-il que c'est le
peuple

peuple superstitieux qui enchaîne le monarque jusque sur le trône ? C'est le peuple qui le contraint à ménager ces prêtres récalcitrans et factieux, ce clergé qui veut établir *statum in statu*, et qui est encore capable de reproduire des scènes aussi tragiques que celles qui terminèrent les jours de Henri III, et du bon roi Henri IV. Le prince ne peut toucher au culte établi qu'avec dextérité et délicatesse. S'il en veut à l'édifice de la superstition, il faut qu'il y aille à la sape ; mais il risqueroit trop s'il entreprenoit de l'abattre ouvertement. Lorsqu'il arrive par hasard que des philosophes écrivent sur le gouvernement sans connoissance et sans circonspection, les politiques les prennent en pitié, et les renvoient aux premiers élémens de leur science. Il faut se défier des spéculations théoriques, elles ne soutiennent pas le creuset de l'expérience. La science du gouvernement est une science à part ; pour en parler congrûment, il faut en avoir fait une longue étude. Ou l'on s'égare, ou l'on propose des remèdes pires que le mal dont on se plaint ; et il peut arriver qu'avec beaucoup d'esprit on n'avance que des sottises.

Voici une autre déclamation contre l'ambition des princes. Notre auteur est hors de lui-même, il ne ménage plus les termes : il accuse les souverains d'être les bouchers de leurs peuples, et de les envoyer égorger à la guerre pour divertir leur ennui. Sans doute qu'il s'est fait des guerres injustes, qu'il y a eu du sang répandu qu'on auroit dû et qu'on auroit pu ménager. Cela n'empêche pas qu'il n'y ait plusieurs cas où les guerres sont nécessaires, inévitables et justes. Un prince doit défendre ses alliés, quand ils sont attaqués. Sa propre conservation l'oblige à maintenir, par les armes, l'équilibre du pouvoir entre les puissances de l'Europe. Son devoir est de défendre ses sujets contre les invasions des ennemis : il est très-autorisé à soutenir ses droits, des successions qu'on lui dispute, ou autres choses pareilles, en repoussant par la force l'injustice qu'on lui fait. Quel arbitre ont les souverains? Qui sera leur juge? Comme donc ils ne peuvent plaider leur cause devant aucun tribunal assez puissant pour prononcer leur sentence, et la mettre en exécution ; ils rentrent dans les droits de la nature, et c'est à la force d'en décider. Crier contre de telles guerres, injurier les souverains qui les font, c'est marquer plus de haine pour les rois que de commisération et d'humanité pour les peuples qui en souffrent indirectement. Notre philosophe approuveroit-il un souverain qui par pusillanimité se laisseroit dépouiller de ses États, qui sacrifieroit l'honneur, l'intérêt et la gloire de sa nation au caprice de ses voisins, et qui par d'inutiles efforts pour conserver la paix se perdroit, lui, son État, et ses peuples ? Marc-Aurèle, Trajan, Julien furent continuellement en guerre ; cependant les philosophes les louent ; pourquoi blâment-ils donc les souverains modernes de suivre en cela leur exemple?

Non content d'insulter toutes les têtes couronnées de l'Europe, notre philosophe s'amuse, en passant, à répandre du ridicule sur les ouvrages de Hugo Grotius. J'oserois croire qu'il n'en sera pas cru sur sa parole, et que le *Droit de la guerre et de la paix* ira plus loin à la postérité que l'*Essai sur les préjugés*.

Apprenez, ennemi des rois, apprenez, Brutus moderne, que les rois ne sont pas les seuls qui font la guerre; les républiques l'ont faite de tout temps. Ignorez-vous que celle des Grecs, dans des dissensions continuelles, fut sans cesse en proie aux guerres civiles ? Ses annales contiennent une suite continuelle de combats contre les Macédoniens, les Perses, les Carthaginois, et les Romains, jusqu'au temps que la ligue des Étoliens accéléra sa ruine entière. Ignorez-vous qu'aucune monarchie n'a été plus guerrière que la république Romaine? Pour vous faire une récapitulation de tous ses faits d'armes, je serois obligé de vous copier son histoire d'un bout à l'autre. Passons aux républiques modernes. Celle des Vénitiens a combattu contre celle de Gênes, contre les Turcs, contre le pape, contre les empereurs, et contre votre Louis XII. Les Suisses ont soutenu des guerres contre la maison d'Autriche, et contre Charles-le-Hardi, duc de Bourgogne : et pour me servir de vos nobles expressions, *plus bouchers* que les rois, ne vendent-ils pas leurs citoyens au service des princes qui se battent ? L'Angleterre, autre république, je ne vous en dis rien; vous savez par expérience si cette puissance fait la guerre, et comme elle la fait. Les Hollandois, depuis la fondation de leur république, se sont mêlés de tous les troubles de l'Europe. La

Suède a fait autant de guerres dans un temps donné, étant république, qu'elle en a entrepris étant monarchie. Quant à la Pologne, je vous demande ce qui s'y passe à présent, ce qui s'y est passé dans ce siècle, et si vous croyez qu'elle ait joui d'une paix perpétuelle? Tous les gouvernemens de l'Europe, et de tout l'univers (j'en excepte les Quackers), sont donc, selon vos principes, des gouvernemens tyranniques et barbares : pourquoi donc accuser les monarchies seules de ce qu'elles ont de commun avec les républiques ?

Vous déclamez contre la guerre : elle est funeste en elle-même ; mais c'est un mal comme ces autres fléaux du Ciel qu'il faut supposer nécessaires dans l'arrangement de cet univers, parce qu'ils arrivent périodiquement, et qu'aucun siècle n'a pu se vanter jusqu'à présent d'en avoir été exempt. Si vous voulez établir une paix perpétuelle, transportez-vous dans un monde idéal, où le *tien* et le *mien* soient inconnus, où les princes, leurs ministres et leurs sujets soient tous sans passions, et où la raison soit généralement suivie ; ou bien associez-vous aux projets de défunt l'abbé de St-Pierre ; ou si cela vous répugne, parce qu'il a été prêtre, laissez aller les choses leur train ; car dans ce monde-ci il faut vous attendre qu'il y aura des guerres, comme il y en a toujours eu, depuis que les actions des hommes nous ont été transmises et connues.

Voyons à présent si vos exagérations vagues contre le gouvernement François ont quelque fondement. Vous accusez Louis XV, en le désignant et sans le nommer, de n'avoir entrepris que des guerres injustes. Ne pensez pas qu'il suffise d'avancer de tels faits avec autant d'effronterie que d'impudence, il faut les prouver; ou, tout philosophe que vous voulez paroître, vous passerez pour un insigne calomniateur. Examinons donc les pièces du procès, et jugeons si les raisons qui ont déterminé Louis XV aux guerres qu'il a entreprises, ont été mauvaises ou valables. La première qui se présente est celle de 1733. Son beau-père est élu roi de Pologne. L'empereur Charles VI, ligué avec la Russie, s'oppose à cette élection. Le roi de France ne pouvant atteindre à la Russie, attaque Charles VI, pour soutenir les droits de son beau-père deux fois élevé sur le même trône ; et ne pouvant prévaloir en Pologne, il procure en dédommagement la Lorraine au roi Stanislas. Condamnera-t-on un gendre qui assiste son beau-père, un roi qui soutient les droits d'une nation libre dans ses élections, un prince qui empêche des puissances de s'arroger le droit de donner des royaumes? A moins que d'être transporté d'une animosité et d'une haine implacable, il est impossible de blâmer jusqu'ici la conduite de ce prince. La seconde guerre commença en 1741 ; elle se fit pour la succession de la maison d'Autriche, dont l'empereur Charles VI, dernier mâle de cette maison, venoit de mourir. Il est certain que cette fameuse pragmatique-sanction sur laquelle Charles VI fondoit ses espérances, ne pouvoit déroger aux droits des maisons de Bavière et de Saxe à la succession, ni porter le moindre préjudice aux prétentions que la maison de Brandebourg formoit sur quelques duchés de la Silésie. Il étoit très-vraisemblable, au commencement de cette guerre, qu'une armée Françoise, envoyée alors en Allemagne, rendroit Louis XV l'arbitre de ces princes qui étoient en litige, et les obligeroit selon sa volonté, de s'accommoder à l'amiable pour cette succession. Il est sûr qu'après le rôle que la France avoit joué à la paix de Westphalie, elle ne pouvoit en jouer ni un plus beau ni un plus grand que celui-là. Mais, parce que la mauvaise fortune, et toutes sortes d'événemens concoururent à déranger ces desseins, et à rendre malheureuse une partie de cette guerre, faut-il condamner Louis XV? Un philosophe doit-il juger d'un projet par l'événement? Mais il est plus facile de dire des injures à tout hasard, que d'examiner et de réfléchir à ce qu'on veut dire. Quoi, cet homme qui se donne, au commencement de son ouvrage, pour un zélateur de la vérité, n'est qu'un vil exagérateur, qui associe le mensonge à sa méchanceté pour insulter les souverains! J'en viens à la guerre de 1756. Il faut que cet auteur des *Préjugés* ait bien des préjugés lui-même, et beaucoup d'aigreur contre sa patrie, s'il ne convient pas de bonne foi que ce fut alors l'Angleterre qui força la France à prendre les armes. Reconnoîtrai-je ce *tyran sanguinaire et barbare* que vous nous peignez avec de si sombres couleurs, dans le pacifique Louis XV, qui usa d'une patience et d'une modération angélique, avant de se déclarer contre l'Angleterre? Que peut-on lui reprocher? Prétend-on qu'il ne devoit pas se défendre? Mon ami, ou tu es un ignorant, ou tu as le cerveau brûlé, ou tu es un insigne calomniateur, choisis; mais pour philosophe, tu ne l'es pas.

(*a*) Et voilà pour les souverains. Qu'on ne s'imagine pas que l'auteur ménage plus les autres conditions; chacune est en butte à ses sarcasmes. Mais avec quel mépris insultant, avec quelle indignité ne traite-t-il pas les gens de guerre? A l'entendre, il semble que ce ne soient que les plus vils excrémens de la société. Mais en vain son orgueil philosophique tente-t-il d'abaisser leur mérite; la nécessité de se défendre en fera toujours sentir le prix. Souffrirons-nous cependant qu'un cerveau brûlé insulte au plus noble emploi de la société, à celui de défendre ses concitoyens? O Scipion, toi qui sauvas Rome des mains d'Annibal, et qui domptas Carthage! Gustave, grand Gustave, le protecteur de la liberté germanique! Turenne, le bouclier et l'épée de ta patrie! Marleborough, dont le bras soutint l'Europe en équilibre! Eugène, l'appui, la force et la gloire de l'Autriche! Maurice, le dernier héros de la France! Dégagez-vous, ombres magnanimes, des prisons de la mort et des liens du tombeau. Avec quel

---

(*a*) Ce morceau a été fourni par un militaire, indigné du silence de ses confrères, pour que les philosophes ne prissent pas leur silence pour un consentement tacite aux sottises qu'ils se sont mis en goût de leur dire depuis un certain temps.

étonnement n'entendrez-vous pas comme en ce siècle de paradoxes on insulte à vos travaux, et à ces actions qui vous ont valu, à juste titre, l'immortalité ? Reconnoîtrez-vous vos successeurs aux épithètes élégantes de bourreaux mercenaires, par lesquelles des sophistes les désignent? Que direz-vous en entendant un cynique, plus impudent que Diogène, aboyer du fond de son tonneau contre vos réputations brillantes, dont la splendeur l'offusque ? Mais que peuvent ses cris impuissans contre vos noms environnés des rayons de la gloire, et contre les justes acclamations de tous les âges, dont vous recueillez encore le tribut? Vous, qui marchez sur les pas de ces vrais héros, continuez à imiter leurs vertus et méprisez les vaines clameurs d'un sophiste insensé, qui se disant l'apôtre de la vérité, ne débite que des mensonges, des calomnies et des injures.

Indigne déclamateur, faut-il t'apprendre que les arts ne se cultivent en paix qu'à l'abri des armes? N'as-tu pas vu, durant les guerres qui se sont faites de ton temps, que tandis que le soldat intrépide veille sur les frontières, le cultivateur s'attend à recueillir le fruit de ses travaux par d'abondantes moissons? Ignores-tu que tandis que le guerrier s'expose, sur terre et sur mer, à la mort qu'il donne ou qu'il reçoit, le commerçant, sans être distrait de ses soins, continue à rendre son négoce florissant? Es-tu assez stupide pour n'avoir pas remarqué que tandis que ces généraux et ces officiers que ta plume traite si indignement, bravoient les rigueurs de la saison, et s'exposoient aux plus dures fatigues, tu méditois tranquillement dans ton taudis les rapsodies, les balivernes, les impertinences, les sottises que tu nous débites ? Quoi, sera-t-il dit que tu embrouilleras toutes les idées ? et par des sophismes grossiers prétendras-tu rendre équivoque les prudentes mesures qu'emploient des gouvernemens sages et prévoyans ? Faudra-t-il prouver en notre siècle que sans de vaillans soldats qui défendent les royaumes, ils deviendroient la proie du premier occupant ? Oui, monsieur le soi-disant philosophe, la France entretient de grandes armées. Aussi n'est-elle plus exposée à ces temps de confusion et de trouble où elle se déchiroit par des guerres civiles, plus pernicieuses et plus cruelles que les guerres étrangères. Il paroît que vous regrettez ces temps où de puissans vassaux, ligués ensemble, pouvoient résister au souverain qui n'avoit pas des forces suffisantes à leur opposer. Non, vous n'êtes point l'auteur de l'*Essai sur les préjugés*; ce livre ne peut avoir été écrit que par quelque chef de parti de la Ligue ressuscité, qui respirant encore l'esprit de faction et de trouble, veut exciter le peuple à la rebellion contre l'autorité légitime du souverain. Mais que n'auriez-vous pas dit, si dans le cours de la dernière guerre il fût arrivé que les Anglois eussent pénétré jusqu'aux portes de Paris ? Avec quelle impétuosité ne vous seriez-vous pas déchaîné contre le gouvernement, qui auroit si mal pourvu à la sûreté du royaume et de la capitale ?

et vous auriez eu raison. Pourquoi donc, homme inconséquent et ivre de tes rêveries, tâches-tu de flétrir et d'avilir ces vraies colonnes de l'État, ce militaire respectable aux yeux d'un peuple qui lui doit la plus grande reconnoissance ? Quoi, ces défenseurs intrépides qui s'immolent, les victimes de la patrie, tu leur envies les honneurs et les distinctions dont ils jouissent à si juste titre ! Ils les ont payées de leur sang, et c'est au risque de leur repos, de leur santé et de leur vie, qu'ils les ont obtenues. O l'indigne mortel, qui veut avilir le mérite, qui veut lui enlever les récompenses qui lui sont dues, la gloire qui l'accompagne, et étouffer les sentimens de reconnoissance que lui doit le public !

Ne pensez pas que les militaires soient les seuls qui aient à se plaindre de notre auteur. Il ne se trouve aucune condition dans le royaume à l'abri de ses traits. Il nous apprend que les places de la justice sont vénales en France. Il y a long-temps qu'on le sait. Pour connoître la source de cet abus, il faut remonter, si je ne me trompe, aux temps où le roi Jean fut prisonnier des Anglois, ou, pour plus de sûreté, à la prison de François I. La France se trouvoit engagée par honneur à délivrer son roi des mains de Charles-Quint, qui ne vouloit lui rendre la liberté que conditionnellement. Le trésor étant épuisé, et comme on ne pouvoit trouver la somme considérable qu'on exigeoit pour la rançon du roi, on eut recours au funeste expédient de mettre en vente les charges de judicature, pour en racheter la liberté de ce prince. Des guerres presque continuelles, qui suivirent après la délivrance de François I, les troubles intestins et les guerres civiles qui s'allumèrent sous ses descendans, empêchèrent les monarques d'acquitter cette dette, dont ils paient encore actuellement la finance. Le malheur de la France a voulu que jusqu'en nos jours Louis XV ne se soit pas trouvé dans une situation plus favorable que ses ancêtres ; ce qui l'a empêché de restituer aux propriétaires les avances considérables qu'ils avoient faites dans ces temps calamiteux. Faut-il donc s'en prendre à Louis XV, si cet ancien abus n'a pas encore pu être aboli ? Sans doute que le droit de décider de la fortune des particuliers ne devroit pas s'acquérir par de l'argent ; mais qu'on en accuse les auteurs, qui seuls en sont coupables, et non pas un roi qui en est innocent. Quoique ces abus subsistent, l'auteur sera néanmoins obligé d'avouer qu'on ne peut avec vérité charger le parlement de Paris de prévarication, et que la vénalité des charges n'a point influé sur son équité. Que l'auteur se plaigne, à la bonne heure, d'un nombre confus de loix, variant de province en province, qui dans un royaume comme la France devroient être simples et uniformes. Louis XIV voulut entreprendre la réforme des loix ; mais toutes sortes d'obstacles l'empêchèrent de perfectionner son ouvrage. Que notre auteur sache donc, s'il l'ignore, et comprenne, s'il le peut, les peines infinies et les obstacles renaissans que rencontrent ceux qui veulent toucher aux usages consacrés par la coutume. Il faut descendre dans des détails infinis pour s'éclaircir de la liaison intime de différentes choses que la succession du temps a formées, et auxquelles on ne peut toucher sans tomber dans des inconvéniens pires que le mal qu'on veut guérir; c'est le cas où l'on peut dire que *la critique est aisée, mais l'art est difficile*.

Approchez à présent, monsieur le contrôleur-général des finances, et vous messieurs les financiers, voici votre tour. L'auteur, de mauvaise humeur, s'emporte contre les impôts, contre les perceptions des deniers publics, contre les charges que porte le peuple, et dont il prétend qu'il est foulé, contre les traitans, contre ceux qui administrent ces revenus, qu'il accuse généralement de malversations, de concussions, et de rapines. Cela est très-bien, s'il prouve le fait. Mais comme, en le lisant, je me suis mis en garde contre ses exagérations perpétuelles, je le soupçonne d'outrer infiniment les choses, dans l'intention de rendre le gouvernement odieux. Cette épithète de *tyran barbare*, idée inséparable dans son esprit de celle de la royauté, et qu'il applique, quand il peut, indirectement à son souverain, me rend ses déclamations suspectes de mauvaise foi. Voyons à présent s'il connoît les choses dont il parle, et s'il s'est donné la peine d'examiner l'état de la question. D'où sont venues ces dettes immenses dont la France est chargée? quelles causes les ont produites? On sait qu'une grande partie datent encore du règne de Louis XIV, contractées pendant la guerre de succession, la plus juste de toutes celles que ce monarque avoit entreprises. Depuis, le duc d'Orléans, régent du royaume, se flatta de les acquitter au moyen du système que Law lui proposa ; mais en outrant ce système, il bouleversa le royaume, et les dettes ne furent acquittées qu'en partie, et non entièrement éteintes. Après la mort du régent, et sous la sage administration du cardinal de Fleury, le temps consolida quelques anciennes plaies du royaume ; mais les guerres qui s'allumèrent depuis, obligèrent Louis XV d'en contracter de nouvelles. La bonne foi, le soutien du crédit public veulent que ces dettes s'acquittent, ou qu'au moins le gouvernement en paie exactement les intérêts. Les revenus ordinaires de l'État étant couchés sur le tableau des dépenses courantes, d'où le roi prendroit-il les sommes nécessaires pour payer les intérêts, et pour amortir ces dettes, s'il ne les recevoit de ses peuples ? Et comme un long usage de ce pays a introduit que les perceptions de certaines fermes, et de nouveaux impôts, passassent par les mains des traitans, le roi se trouve en quelque façon nécessité de se servir de leur ministère. On ne nie point que dans la finance ce nombre de commis et d'employés, peut-être trop multiplié, ne commette des concussions, des brigandages, et que le peuple n'ait quelquefois raison de se plaindre de la dureté de leurs exactions ; mais le moyen de l'empêcher dans un royaume aussi vaste que la France ? Plus une monarchie est grande, plus il y régnera d'abus ; quand même on proportionneroit le nombre des surveillans à celui des exacteurs, ces commis, par des ruses et des artifices nouveaux, parviendroient encore à tromper les yeux attentifs de ceux qui doivent les éclairer. Si les intentions de l'auteur avoient été pures, s'il avoit bien connu la cause des dépenses ruineuses pour l'État, il auroit averti modestement de mettre plus d'économie dans les dépenses des guerres, d'abolir ces entrepreneurs qui s'enrichissent de gains illicites, tandis que l'État s'appauvrit ; d'avoir l'œil à ce que des contrats pour des livraisons ne soient pas portés, comme il est arrivé, au double de leur valeur : enfin il auroit pu insinuer que de retrancher tout le superflu des pensions et des dépenses de la cour, ce seroit un moyen d'alléger le fardeau des impôts, digne de l'attention d'un bon prince. S'il avoit pris un ton modeste, ses avis auroient pu faire impression ; mais les injures irritent, et ne persuadent personne. Qu'il propose donc des expédiens, s'il en sait, d'acquitter les dettes, sans blesser la foi publique, et sans fouler les sujets ; et je lui réponds qu'aussi-tôt il sera nommé contrôleur-général des finances.

Un vrai philosophe auroit examiné impartialement, si ces armées nombreuses, entretenues pendant la paix, si ces guerres si coûteuses, comme elles le sont aujourd'hui, sont plus ou moins avantageuses que l'usage ancien d'armer à la hâte des paysans, quand un voisin paroissoit à craindre ; d'entretenir cette milice par la rapine et par le brigandage, sans lui assigner de paie régulière ; et de la licencier à la paix. L'unique avantage qu'avoient les anciens, consistoit en ce que le militaire ne leur coûtoit rien en temps de paix : mais quand le tocsin sonnoit, tout citoyen devenoit soldat ; au-lieu qu'à présent, les conditions étant séparées, le cultivateur, le manufacturier continuent chacun leurs ouvrages sans interruption, pendant que la partie des citoyens destinée à défendre les autres s'acquitte de son emploi. Si nos grandes armées, entretenues dans leurs expéditions aux fraix de l'État, sont coûteuses, il en résulte au moins l'avantage que les guerres ne peuvent durer que huit ou dix années au plus, et qu'ensuite l'épuisement des ressources oblige les souverains à se montrer, dans de certains cas, plus pacifiques qu'ils ne le seroient par inclination. Il résulte donc de nos usages modernes, que nos guerres sont plus courtes que celles des anciens, moins ruineuses aux provinces qui leur servent de théâtre, et que nous devons aux grandes dépenses qu'elles entraînent, les paix passagères dont nous jouissons, et que l'épuisement des puissances rendra probablement plus longues.

Je passe plus outre. Notre ennemi des rois assure que les souverains ne tiennent point leur puissance d'autorité divine. Nous ne le chicanerons point sur cet article ; il lui arrive si rarement d'avoir raison, que ce seroit marquer de l'humeur de le contredire, quand les probabilités sont pour lui. En effet, les Capets usurpèrent l'empire, les Carlovingiens s'en emparèrent par adresse et par artifice, les Valois et les Bourbons eurent la couronne par droit de succession. Nous lui sacrifions encore les titres d'image de la Divinité, de représentans de la Divinité, qu'on leur attribue si improprement. Les rois sont hommes comme les autres, ils ne jouissent point du privilège exclusif d'être parfaits dans un monde où rien ne l'est : ils apportent leur timidité ou leur résolution, leur activité ou leur paresse, leurs vices ou leurs vertus sur le trône où les place le hasard de leur naissance ; et dans un royaume héréditaire il faut de nécessité que des princes de tout caractère se succèdent. Il y a de l'injustice à prétendre que les princes soient sans défauts, quand on ne l'est pas soi-même. Quel art y a-t-il à dire, un tel est fainéant, avare, prodigue ou débauché ? Pas plus qu'à lire, en se promenant dans une ville, les enseignes des maisons. Un philosophe, qui doit savoir que la nature des choses ne change jamais, ne s'amusera pas à reprocher à un chêne de ne point porter des pommes, à un âne de ne point avoir les ailes d'un aigle, à un esturgeon de ne point avoir les cornes d'un taureau ; il n'exagérera point des maux réels, mais difficiles à réparer ; il n'ira pas crier, tout est mal, sans dire comment tout pourroit être bien ; sa voix ne servira point de trompette à la sédition, de signe de ralliement aux mécontens, de prétexte à la rebellion : il respectera les usages établis et autorisés par la nation, le gouvernement, ceux qui le composent, et ceux qui en dépendent.

C'est

C'est ainsi que pensoit le pacifique Du Marsais, auquel on fait composer, deux ans après qu'il est mort et enterré, un libelle dont le véritable auteur ne peut être qu'un écolier aussi novice dans le monde qu'étourdi. Mais que me reste-t-il encore à dire ? Quoi, dans un pays où l'auteur de Télémaque éleva le successeur du trône, on se récrie contre l'éducation des princes ! Si l'écolier répond qu'il n'y a plus de Fénelon en France, il doit s'en prendre à la stérilité du siècle, et non pas à ceux qui dirigent l'éducation des princes.

Voici en substance mes remarques générales sur *l'Essai des préjugés*. Le style m'en a paru ennuyeux, parce que c'est toujours une déclamation monotone, où les mêmes idées répétées se représentent trop souvent sous la même forme. Parmi ce chaos, j'ai cependant trouvé quelques morceaux de détail supérieurs. Au reste, pour faire de cet ouvrage un livre utile, il faudroit en rayer les répétitions, les *concetti*, les faux raisonnemens, les ignorances et les injures ; ce qui le réduiroit au quart de son volume. Qu'ai-je donc appris par cette lecture ? Quelle vérité l'auteur m'a-t-il enseignée ? Que tous les ecclésiastiques sont des monstres à lapider ; que le roi de France est un tyran barbare, ses ministres d'archi-coquins, ses courtisans des frippons lâches et rampans au pied du trône ; les grands du royaume des ignorans pétris d'arrogance (ah, qu'il en excepte au moins le duc de Nivernois !) ; que les maréchaux et les officiers François sont des bourreaux mercenaires, les juges d'infames prévaricateurs, les financiers des Cartouche et des Mandrin, les historiens des corrupteurs de princes, les poëtes des empoisonneurs publics ; et qu'il n'y a de sage, de louable, de digne d'estime dans tout le royaume que l'auteur et ses amis, qui se sont revêtus du titre de philosophes.

Je regrette le temps que j'ai perdu à lire cet ouvrage, et celui que je perds encore à vous en faire le recensement.

DISSERTATION
SUR LES RAISONS
D'ÉTABLIR OU D'ABROGER LES LOIX.

Ceux qui veulent acquérir une connoissance exacte de la manière dont il faut établir ou abroger les loix, ne la peuvent puiser que dans l'histoire. Nous y voyons que toutes les nations ont eu des loix particulières ; que ces loix ont été établies successivement ; et qu'il a toujours fallu beaucoup de temps aux hommes pour parvenir à quelque chose de raisonnable. Nous y voyons que les législateurs dont les loix ont subsisté le plus long-temps, ont été ceux qui ont eu pour but le bonheur public, et qui ont le mieux connu le génie du peuple dont ils régloient le gouvernement.

Ce sont ces considérations qui nous obligent d'entrer ici dans quelques détails sur l'histoire même des loix, et sur la manière dont elles se sont établies dans les pays les plus policés.

Il paroît probable que les pères de famille ont été les premiers législateurs. Le besoin d'établir l'ordre dans leurs maisons les obligea sans doute à faire les loix domestiques. Depuis ces premiers temps, et lorsque les hommes commencèrent à se rassembler dans des villes, les loix de ces juridictions particulières se trouvèrent insuffisantes pour une société plus nombreuse.

La malice du cœur humain, qui semble engourdie dans la solitude, se ranime dans le grand monde : et si le commerce des hommes, qui assortit les caractères les plus ressemblans, fournit des compagnons aux gens vertueux, il donne également des complices aux scélérats.

Les désordres s'accrurent dans les villes ; de nouveaux vices prirent naissance ; et les pères de famille, comme les plus intéressés à les réprimer, convinrent pour leur sûreté de s'opposer à ce débordement. On publia donc des loix ; et l'on créa des magistrats pour les faire observer : tant est grande la dépravation des hommes, que pour vivre en paix et heureux, on fut obligé de les y contraindre par la puissance des loix.

Les premières loix ne parèrent qu'aux grands inconvéniens : les civiles régloient le culte des dieux, le partage des terres, les contrats de mariage et les successions : les loix criminelles n'étoient rigoureuses que pour les crimes dont on redoutoit le plus les effets : ensuite, à mesure qu'il survenoit des inconvéniens inattendus, de nouveaux désordres donnoient naissance à de nouvelles loix.

De l'union des villes se formèrent des républiques, et par la pente que toutes les choses humaines ont à la vicissitude, leur gouvernement changea souvent de forme. Lassé de la démocratie, le peuple passoit à l'aristocratie, à laquelle il substituoit même le gouvernement monarchique ; ce qui arrivoit de deux manières : ou lorsque le peuple mettoit sa confiance dans la vertu éminente d'un de ses citoyens : ou lorsque par artifice quelque ambitieux usurpoit le souverain pouvoir. Il est peu d'États qui n'aient pas essayé de ces différens gouvernemens ; mais tous eurent des loix différentes.

Osiris est le premier législateur dont l'histoire profane fasse mention ; il étoit roi d'Égypte, et il y établit ses loix ; les souverains même y étoient soumis : ces loix, qui régloient le gouvernement du royaume, s'étendoient sur la conduite des particuliers. Hérodote, Diodore de Sicile.

Les rois n'acquéroient l'amour de leur peuple qu'autant qu'ils s'y conformoient. Osiris (a) institua trente juges, dont le chef portoit au cou la figure de la Vérité pendue à une chaîne d'or ; c'étoit obtenir gain de cause que d'être touché par cette figure.

Osiris régla le culte des dieux, le partage des terres, la distinction des conditions : il ne voulut point qu'il y eût prise de corps contre le débiteur : toute séduction de rhétorique étoit bannie des plaidoyers : les Égyptiens engageoient les cadavres de leurs pères ; ils les déposoient chez leurs créanciers pour nantissement, et c'étoit une infamie pour le débiteur que de ne pas les dégager avant sa mort. Ce législateur crut que ce n'étoit pas assez de punir les hommes pendant leur vie, il établit un tribunal qui les jugeoit après leur mort ; afin que la flétrissure attachée à leur condamnation servît d'aiguillon pour animer les vivans à la vertu.

(a) Quelques auteurs y ajoutent Isis.

Rollin, Histoire ancienne. — Après les loix des Egyptiens, celles des Crétois sont les plus anciennes : Minos fut leur législateur ; il se disoit fils de Jupiter, et assuroit avoir reçu ces loix de son père, afin de les rendre plus respectables.

Plutarque. — Lycurgue, roi de Lacédémone, fit usage des loix de Minos, auxquelles il en ajouta quelques-unes d'Osiris, qu'il recueillit lui-même dans un voyage qu'il fit en Égypte : il bannit de sa république l'or, l'argent, toutes sortes de monnoies et les arts superflus ; il partagea les terres également entre les citoyens.

Ce législateur, qui avoit intention de former des guerriers, ne voulut point qu'aucune espèce de passion pût énerver leur courage ; il permit pour cet effet la communauté des femmes entre les citoyens, ce qui peuploit l'État, sans attacher trop les particuliers aux liens doux et tendres du mariage : tous les enfans étoient élevés aux frais du public : lorsque les parens pouvoient prouver que leurs enfans étoient nés mal-sains, il leur étoit permis de les tuer. Lycurgue pensoit qu'un homme qui n'étoit pas en état de porter les armes, ne méritoit pas la vie.

Il régla que les Ilotes, espèce d'esclaves, cultiveroient les terres ; et que les Spartiates ne s'occuperoient qu'aux exercices qui les rendoient propres à la guerre.

La jeunesse des deux sexes luttoit ; ils faisoient leurs exercices tout nus, en place publique.

Leurs repas étoient réglés ; sans distinction des états, tous les citoyens y mangeoient ensemble.

Il étoit défendu aux étrangers de s'arrêter à Sparte, afin que leurs mœurs ne corrompissent pas celles que Lycurgue avoit introduites.

On ne punissoit que les voleurs mal-adroits : Lycurgue avoit intention de former une république militaire, et il y réussit.

Dracon fut à la vérité le premier législateur des Athéniens ; mais ses loix étoient si rigoureuses, qu'on disoit qu'elles étoient écrites plutôt avec du sang qu'avec de l'encre (*a*). Plutarque, Vie de Solon. Remarques de Dacier.

Nous avons vu comment les loix s'établirent en Égypte et à Sparte : voyons maintenant comment elles furent réformées à Athènes.

Les désordres qui régnèrent dans l'Attique, et les suites funestes qu'ils présageoient, firent qu'on eut recours à un sage, qui pouvoit seul réformer tant d'abus. Les pauvres qui souffroient, à cause de leurs dettes, des vexations cruelles de la part des riches, songèrent à se choisir un chef qui les délivrât de la tyrannie des créanciers.

Dans ces dissensions Solon fut nommé Archonte et arbitre souverain, du consentement de tout le monde : les riches, dit Plutarque, l'agréèrent volontiers comme riche, et les pauvres, comme homme de bien.

Solon déchargea les débiteurs ; il accorda aux citoyens la liberté de tester.

Il permit aux femmes qui avoient des maris

(*a*) Dracon infligeoit punition de mort contre les plus petites fautes : il alla jusqu'à faire le procès aux choses inanimées ; une statue, par exemple, qui en tombant avoit écrasé quelqu'un, étoit bannie de la ville.

impuissans, d'en choisir d'autres parmi leurs parens.

Ces loix imposoient des châtimens à l'oisiveté : elles absolvoient ceux qui tuoient un adultère ; elles défendoient de confier la tutelle des enfans à leurs plus proches héritiers.

Ceux qui avoient crevé l'œil à un borgne, étoient condamnés à perdre les deux yeux : les débauchés n'osoient point parler dans les assemblées du peuple.

Solon ne fit aucune loi contre le parricide ; ce crime lui paroissoit inouï : il pensoit que c'eût été l'enseigner plutôt que de le défendre.

Moréri, Dictionnaire. Rollin; Plutarque. Il voulut que ses loix fussent déposées dans l'aréopage : ce conseil fondé par Cécrops, qui au commencement avoit été composé de trente sages, augmenta jusqu'à cinq cents : l'aréopage tenoit ses séances de nuit ; les avocats y plaidoient les causes simplement, il leur étoit défendu d'exciter les passions.

Les loix d'Athènes passèrent ensuite à Rome : mais comme les loix de cet empire devinrent celles de tous les peuples qu'il conquit, il sera nécessaire de nous étendre davantage sur leur sujet.

Tite-Live, Plutarque, Cicéron. Romulus fut le fondateur et le premier législateur de Rome ; voici le peu qui nous reste des loix de ce prince.

Il vouloit que les rois eussent une autorité souveraine dans les affaires de justice et de religion ; qu'on n'ajoutât point foi aux fables qu'on rapporte des dieux ; qu'on eût d'eux des sentimens saints et religieux, en n'attribuant rien de déshonnête à des natures bienheureuses. Plutarque ajoute que c'est une impiété de croire que la Divinité prenne plaisir aux attraits d'une beauté mortelle. Ce roi, si peu superstitieux, ordonna cependant qu'on n'entreprît rien sans avoir préalablement consulté les augures.

Romulus plaça les patriciens dans le sénat, les plébéiens dans les tribus ; et il ne comptoit pour rien les esclaves dans la république.

Les maris avoient le droit de punir de mort leurs femmes, lorsqu'elles étoient convaincues d'adultère ou d'ivrognerie.

La puissance des pères sur leurs enfans n'avoit point de bornes : il leur étoit permis de les faire mourir, lorsqu'ils naissoient monstrueux : on punissoit les parricides de mort : un patron qui fraudoit son client, étoit en abomination : une belle-fille qui battoit son père, étoit abandonnée à la vengeance des dieux pénates. Romulus voulut que les murailles des villes fussent sacrées ; et il tua son frère Rémus, pour avoir transgressé cette loi en sautant par-dessus les murs de la ville qu'il élevoit.

Ce prince établit des asiles ; il y en avoit entr'autres auprès de la roche Tarpéienne.

A ces loix de Romulus, Numa en ajouta de nouvelles. Comme ce prince étoit fort pieux, et que sa religion étoit épurée, il défendit que l'on donnât aux dieux la figure humaine, ou celle de quelque bête. Delà vint que pendant les cent soixante premières années depuis la fondation de Rome, il n'y eut point d'images dans les temples. Plutarque, Vie de Numa.

<small>Danet, Dictionnaire des antiquités</small>

Tullus Hostilius, afin d'exciter le peuple à la multiplication de l'espèce, voulut que lorsqu'une femme accoucheroit de trois enfans à la fois, ils fussent nourris aux dépens du public, jusqu'à l'âge de puberté.

Nous remarquons parmi les loix de Tarquin, qu'il obligea chaque citoyen de donner au roi le dénombrement de tous ses biens, au risque d'être puni s'il y manquoit ; qu'il régla les dons que chacun devoit faire aux temples ; et qu'entr'autres il permit que les esclaves mis en liberté pussent être reçus dans les tribus de la ville ; les loix de ce prince furent favorables aux débiteurs.

Telles sont les principales loix que les Romains reçurent de leurs rois. Sextus Papirius les recueillit toutes ; et elles prirent de lui le nom de *Code papirien*.

La plupart de ces loix, faites pour un État monarchique, furent abolies à l'expulsion des rois.

Valérius Publicola, collègue de Brutus dans le consulat, un des instrumens de la liberté dont Rome jouissoit, ce consul si favorable au peuple, publia de nouvelles loix, propres au genre de gouvernement qu'il venoit d'établir.

Ces loix permettoient d'appeller au peuple des jugemens des magistrats, et défendoient sous peine de mort d'accepter des charges sans son aveu. Publicola diminua les tailles, et autorisa le meurtre des citoyens qui aspiroient à la tyrannie.

Ce ne fut qu'après lui que s'établirent les usures; les grands de Rome les portèrent jusqu'au denier huit : si le débiteur ne pouvoit acquitter sa dette, il étoit traîné en prison, et réduit à l'esclavage, lui et toute sa famille. La dureté de cette loi parut insupportable aux plébéiens, qui en étoient souvent les victimes; ils murmurèrent contre les consuls; le sénat se montra inflexible, et le peuple, irrité de plus en plus, se retira au Mont-Sacré; delà il traita d'égal avec les sénateurs, et il ne rentra à Rome qu'à condition qu'on abolît ses dettes, et que l'on créât des magistrats qui par la charge de tribuns seroient autorisés à soutenir ses droits : ces tribuns réduisirent l'usure au denier seize ; et enfin elle fut tout-à-fait abolie pour un temps.

Tite-Live, Livre II ; Échard, Chap. II ; Tacite, Annales.

Les deux ordres qui composoient la république Romaine, formoient sans cesse des desseins ambitieux, pour s'élever les uns aux dépens des autres : delà naquirent les défiances et les jalousies ; quelques séditieux, qui flattoient le peuple, outroient ses prétentions ; et quelques sénateurs, nés avec des passions vives et avec beaucoup d'orgueil, rendoient les résolutions du sénat souvent trop sévères.

La loi agraire sur le partage des terres conquises divisa plus d'une fois la république : il en fut question l'année CCLXVII de sa fondation. Ces dissentions, auxquelles le sénat faisoit diversion par quelques guerres, mais qui se réveilloient toujours, continuèrent jusqu'en l'année CCC.

Tite-Live, Livre III. Rome reconnut enfin la nécessité d'avoir recours à des loix qui pussent satisfaire les deux partis : on envoya à Athènes Posthumius Albus, Antonius Manlius, et Sulpitius Camerinus, pour y compiler les loix de Solon : ces ambassadeurs à leur retour furent mis au nombre des décemvirs ; ils rédigèrent ces loix, qui furent approuvées du sénat par un arrêt, et du peuple par un plébiscite : on les fit graver sur dix tables de cuivre ; et l'année d'après on en y ajouta encore deux autres : ce qui forma un corps de loix, si connu sous le nom de celui des douze tables.

Danet, Dictionn. des antiquités romaines. Ces loix limitoient la puissance paternelle ; elles infligeoient des punitions aux tuteurs qui fraudoient leurs pupilles ; elles permettoient de léguer son bien à qui l'on voudroit. Les triumvirs ordonnèrent depuis, que les testateurs seroient obligés de laisser le quart de leur bien à leurs héritiers ; et c'est l'origine de ce que nous appellons *la légitime* (a).

Les enfans posthumes, nés dix mois après la mort de leurs pères, étoient déclarés légitimes ; l'empereur Adrien étendit ce privilège jusqu'au onzième mois.

Le divorce, jusqu'alors inconnu aux Romains, n'eut force de loi que par celles des douze tables. Il y avoit des peines infligées contre les injures d'effet, de paroles et par écrit.

L'intention seule de parricide étoit punie de mort.

(a) Il n'y avoit que deux sortes d'héritiers *ab intestat*, les enfans, et les parens masculins.

Les citoyens étoient autorisés à tuer les voleurs armés, ou qui entroient de nuit dans leur maison.

Tout faux témoin devoit être précipité de la roche Tarpéïenne. En matières criminelles, l'accusateur avoit deux jours, dans lesquels il formoit l'accusation, qu'il signoit; et l'accusé avoit trois jours pour y répondre (*a*). S'il se trouvoit que l'accusateur eût calomnié l'accusé, il étoit puni des mêmes peines que méritoit le crime dont il l'avoit chargé.

Voilà en substance ce que contenoient les loix des douze tables, dont Tacite dit qu'elles furent la fin des bonnes loix : l'Égypte, la Grèce, et tout ce qu'elle connoissoit de plus parfait, y avoient contribué : ces loix si équitables et si justes ne resserroient la liberté des citoyens que dans les cas où l'abus qu'ils en pouvoient faire, auroit nui au repos des familles et à la sûreté de la république.

L'autorité du sénat, sans cesse en opposition avec celle du peuple; l'ambition outrée des grands; les prétentions des plébéïens qui s'accroissoient chaque jour, et beaucoup d'autres raisons, qui sont proprement du ressort de l'histoire, causèrent de nouveau des orages violens : les Gracques et les Saturninus publièrent quelques loix séditieuses : pendant les troubles des guerres civiles, on vit un nombre d'ordonnances que les événemens faisoient paroître et disparoître. Sylla abolit les anciennes loix, et en

---

(*a*) L'accusé comparoissoit en suppliant devant le magistrat avec ses parens et ses cliens.

établit de nouvelles, que Lépidus détruisit; la corruption des mœurs, qui augmentoit avec ces dissentions domestiques, donna lieu à la multiplication des loix à l'infini. Pompée élu pour réformer ces loix, en publia quelques-unes qui périrent avec lui. Pendant vingt-cinq ans de guerres civiles et de troubles, il n'y eut ni droit, ni coutume, ni justice; et tout demeura dans cette confusion jusqu'au règne d'Auguste, qui sous son sixième consulat rétablit les anciennes loix, et annulla toutes celles qui avoient pris naissance pendant les désordres de la république.

L'empereur Justinien remédia enfin à la confusion que la multiplicité des loix apportoit à la jurisprudence; et il ordonna à son chancelier Tribonien de composer un corps de droit parfait; celui-ci le réduisit en trois volumes, qui nous sont restés : savoir, le digeste, qui contient les opinions des plus célèbres jurisconsultes; le code, qui renferme les constitutions des empereurs; et les instituts, qui forment un abrégé du droit romain.

Ces loix se sont trouvées si admirables, qu'après la destruction de l'empire, elles ont été embrassées par les peuples les plus policés, qui en ont fait la base de leur jurisprudence.

<small>Daniel, Histoire de France.</small> Les Romains avoient apporté leurs loix dans les pays de leurs conquêtes; les Gaules les reçurent, lorsque Jules-César, qui les subjugua, en fit une province de l'empire.

Pendant le cinquième siècle, après le démembrement de la monarchie Romaine, les peuples du Nord inondèrent une partie de l'Europe : ces différentes nations barbares introduisirent chez leurs ennemis vaincus leurs loix et leurs coutumes : les Gaules furent envahies par les Visigoths, les Bourguignons et les Francs.

Clovis crut faire grâce à ses nouveaux sujets en leur laissant l'option des loix du vainqueur, ou de celles du vaincu : il publia la loi salique ; et sous les règnes de ses successeurs, on créa souvent de nouvelles loix. Gondebaud, roi de Bourgogne, fit une ordonnance par laquelle il défère le duel à ceux qui ne voudront pas s'en tenir au serment. En 487, selon Daniel. Hénault, Abrégé chronologique.

Anciennement les seigneurs avoient le droit de juger souverainement et sans appel.

Sous le règne de Louis-le-Gros s'établit la justice supérieure et royale en France : nous voyons depuis, que Charles IX avoit intention de réformer la justice et d'abréger les procédures ; c'est ce qui paroît par l'ordonnance de Moulins. Il est à remarquer que des loix si sages furent publiées dans des temps de troubles ; mais, dit le président Hénault, le chancelier de l'Hôpital veilloit pour le salut de la patrie. Ce fut enfin Louis XIV qui fit rédiger toutes les loix, depuis Clovis jusqu'à lui, dans un corps qu'on appella de son nom le *Code Louis*. De Thou.

Les Bretons, que les Romains subjuguèrent, de même que les Gaulois, reçurent également les loix de leurs conquérans. Rapin Thoiras, Introduction.

Avant d'être assujettis, ces peuples étoient gouvernés par des druides, dont les maximes avoient force de loix.

Les pères de famille chez ces peuples avoient droit de vie et de mort sur leurs femmes et leurs enfans ; tout commerce étranger leur étoit défendu ; ils égorgeoient les prisonniers de guerre, et en faisoient un sacrifice aux dieux.

Les Romains maintinrent leur puissance et leurs loix chez ces insulaires jusqu'à l'empire d'Honorius, qui rendit aux Anglois leur liberté, l'an CCCCX, par un acte solemnel.

Les Pictes (*a*), alliés avec les Écossois, les attaquèrent ensuite : les Bretons, foiblement secourus des Romains, et toujours battus par leurs ennemis, eurent recours aux Saxons ; ceux-ci subjuguèrent toute l'isle après une guerre de 150 ans ; et de leurs auxiliaires ils devinrent leurs maîtres.

Selon Brand. Les Anglo-Saxons introduisirent dans la grande Bretagne leurs loix ; les mêmes qui se pratiquoient anciennement en Allemagne ; ils partagèrent l'Angleterre en sept royaumes, qui se gouvernoient séparément ; ils avoient tous des assemblées générales (*a*), composées des grands, du peuple, et de l'ordre des paysans : la forme de ce gouvernement, qui étoit ensemble monarchique et démocratique, s'est conservée jusqu'à nos jours ; l'autorité se trouve encore partagée entre le roi, la chambre des seigneurs et celle des communes.

Alfred-le-Grand donna à l'Angleterre les

(*a*) Peuples venus du Mecklenbourg.

(*b*) Ces assemblées s'appelloient *Wittenagemot*, ou conseil des sages, dont le gouvernement prit le nom d'heptarchique.

premières loix, réduites en corps. Quoiqu'elles fussent douces, ce prince fut inexorable envers les magistrats convaincus de corruption ; l'histoire remarque qu'en une seule année il fit pendre quarante juges qui avoient prévariqué.

Selon le code d'Alfred-le-Grand, tout Anglois accusé de quelque crime devoit être jugé par ses pairs, et la nation conserve encore ce privilège.

L'Angleterre prit une nouvelle forme par la conquête qu'en fit Guillaume, duc de Normandie (a). Ce conquérant érigea de nouvelles cours souveraines, dont celle de l'échiquier subsiste encore : ces tribunaux suivoient la personne du roi. Il sépara la juridiction ecclésiastique de la civile ; et de ses loix, qu'il fit publier en langue normande, la plus sévère étoit l'interdiction de la chasse, sous peine de mutilation, ou de mort même. *Rapin Thoiras, en 890.*

Depuis Guillaume-le-Conquérant, les rois ses successeurs firent différentes chartres.

Henri I, dit Beau-Clerc, permit aux héritiers nobles de prendre possession des successions qui leur retomboient, sans rien payer au souverain ; il permit même à la noblesse de se marier sans le consentement du prince. *En 1100.*

Nous voyons encore que le roi Étienne donna une chartre par laquelle il reconnoît tenir son pouvoir du peuple et du clergé ; qui confirme les prérogatives de l'Église, et abolit les loix rigoureuses de Guillaume-le-Conquérant. *En 1136.*

_____

(a) Couronné à Londres en 1066.

Rapin Thoiras, Liv. VIII.

Ensuite Jean Sans-Terre accorda à ses sujets la chartre, dite la grande-chartre; elle consiste en soixante-deux articles.

Les articles principaux règlent la façon de relever les fiefs; le partage des veuves, en défendant de les contraindre à convoler en secondes noces; elles sont obligées sous caution à ne point se remarier sans la permission de leur seigneur suzerain. Ces loix établissent les cours de justice dans des lieux stables; elles défendent au parlement de lever des impôts sans le consentement des communes, à moins que ce ne soit pour racheter la personne du roi, ou afin de faire son fils chevalier, ou pour doter sa fille; elles ordonnent de n'emprisonner, de ne déposséder, ni de ne faire mourir personne, sans que ses pairs l'aient jugé selon les loix du royaume; et de plus le roi s'engage à ne vendre ni refuser la justice à personne.

En 1275.

Les loix de Westminster, qu'Édouard I publia, n'étoient qu'un renouvellement de la grande chartre; excepté qu'il défendit l'acquisition des terres aux gens de main-morte, et qu'il bannit les juifs du royaume.

Quoique l'Angleterre ait beaucoup de sages loix, c'est peut-être le pays de l'Europe où elles sont le moins en vigueur. Rapin Thoiras remarque très-bien que par un vice du gouvernement, le pouvoir du roi se trouve sans cesse en opposition avec celui du parlement; qu'ils s'observent mutuellement, soit pour conserver leur autorité, soit pour l'étendre; ce qui distrait et le roi et les représentans de la nation, du soin qu'ils devroient employer au maintien de la justice ; et ce gouvernement turbulent et orageux change sans cesse ses loix par acte de parlement, selon que les événemens l'y obligent ; d'où il s'ensuit que l'Angleterre est dans le cas d'avoir plus besoin de réforme dans sa jurisprudence qu'aucun autre royaume.

Il ne nous reste qu'à dire deux mots de l'Allemagne. Nous reçûmes les loix romaines, lorsque les Romains conquirent la Germanie, et nous les conservâmes, parce que les empereurs abandonnant l'Italie, transportèrent chez nous le siège de leur empire : cependant il n'est aucun cercle, aucune principauté, quelque petite qu'elle soit, qui n'ait un droit coutumier différent ; et ces droits, par la longueur du temps, ont acquis force de loix.

Après avoir exposé la manière dont les loix se sont établies chez la plupart des peuples policés, nous remarquerons que dans tous les pays où elles ont été introduites du consentement des citoyens, ce fut le besoin qui les y fit recevoir ; et que dans les pays subjugués, c'étoient les loix des conquérans qui devenoient celles des conquis ; mais qu'également par-tout elles ont été augmentées successivement. Si l'on est étonné de voir au premier coup-d'œil que les peuples puissent être gouvernés par tant de loix différentes, on peut revenir de sa surprise en observant que pour l'essentiel des loix elles se trouvent à-peu-près les mêmes, j'entends celles qui pour le maintien de la société punissent les crimes.

Nous observons encore en examinant la conduite des plus sages législateurs, que les loix doivent être adaptées au genre du gouvernement et au génie de la nation qui les doit recevoir ; que les meilleurs législateurs ont eu pour but la félicité publique, et qu'en général toutes les loix qui sont les plus conformes à l'équité naturelle, sont à quelques exceptions près les meilleures.

Comme Lycurgue trouva un peuple ambitieux, il lui donna des loix plus propres à faire des guerriers que des citoyens ; et s'il bannit l'or de sa république, c'étoit parce que l'intérêt est de tous les vices celui qui est le plus opposé à la gloire.

<small>Plutarque, Vie de Solon.</small> Solon disoit de lui-même qu'il n'avoit pas donné aux Athéniens les loix les plus parfaites, mais les meilleures qu'ils fussent capables de recevoir : ce législateur considéra non-seulement le génie de ce peuple, mais aussi la situation d'Athènes, qui étoit aux bords de la mer : par cette raison il infligea des peines pour l'oisiveté, il encouragea l'industrie, et il ne défendit point l'or ni l'argent, prévoyant que sa république ne pouvoit devenir grande ni puissante que par un commerce florissant.

Il faut bien que les loix s'accordent avec les génies des nations, ou il ne faut point espérer qu'elles subsistent : le peuple Romain vouloit la démocratie ; tout ce qui pouvoit altérer cette forme de gouvernement, lui étoit odieux. Delà vint qu'il y eut tant de séditions pour faire passer la loi agraire, le peuple se flattant que par le partage des terres il rétabliroit une sorte d'égalité dans les fortunes des citoyens : delà vint qu'il y eut de fréquentes émeutes pour l'abolition des dettes ; parce que les créanciers, qui étoient les grands, traitoient les plébéiens avec inhumanité; et que rien ne rend plus odieuse la différence des conditions que la tyrannie que les riches exercent impunément sur les misérables.

On trouve trois sortes de loix dans tous les pays ; savoir, celles qui tiennent à la politique, et qui établissent le gouvernement ; celles qui tiennent aux mœurs et qui punissent les criminels ; et enfin les loix civiles qui règlent les successions, les tutelles, les usures et les contrats. Les législateurs qui établissent des loix dans des monarchies, sont ordinairement eux-mêmes souverains : si leurs loix sont douces et équitables, elles se soutiennent d'elles-mêmes ; tous les particuliers y trouvent leur avantage : si elles sont dures et tyranniques, elles seront bientôt abolies ; parce qu'il faut les maintenir par la violence, et que le tyran est seul contre tout un peuple, qui ne désire que de les supprimer.

Dans plusieurs républiques, où des particuliers ont été législateurs, leurs loix n'ont réussi qu'autant qu'elles ont pu établir un juste équilibre entre le pouvoir du gouvernement et la liberté des citoyens.

Il n'est que les loix qui regardent les mœurs sur lesquelles les législateurs conviennent en général du même principe; excepté qu'ils se sont plus roidis contre un crime que contre un autre; et cela sans doute, pour avoir connu les vices auxquels la nation avoit le plus de penchant.

Comme les loix sont des digues qu'on oppose au débordement des vices, il faut qu'elles se fassent respecter par la terreur des peines ; mais il n'en est pas moins vrai que les législateurs qui ont le moins aggravé les châtimens, sont au moins les plus humains, s'ils ne sont pas les plus rigides.

Les loix civiles sont celles qui diffèrent le plus entr'elles : ceux qui les ont établies, ont trouvé certains usages introduits généralement avant eux, qu'ils n'ont osé abolir de crainte de choquer les préjugés de la nation ; ils ont respecté la coutume qui les fait regarder comme bonnes, et ils ont adopté ces usages, quoiqu'ils ne soient pas équitables, purement en faveur de leur antiquité.

Quiconque s'est donné la peine d'examiner les loix avec un esprit philosophique, en aura sans doute trouvé beaucoup qui d'abord paroissent contraires à l'équité naturelle, et qui cependant ne le sont pas : je me contente de citer le droit de primogéniture. Il paroît que rien n'est plus juste que de partager la succession paternelle en portions égales entre tous les enfans ; cependant l'expérience prouve que les plus puissans héritages, subdivisés en beaucoup de parties, réduisent avec le temps des familles opulentes à l'indigence : ce qui a fait que des pères ont mieux aimé déshériter leurs cadets, que de préparer à leur maison une décadence certaine.

Par la même raison des loix qui paroissent gênantes et dures à quelques particuliers, n'en sont pas moins sages, dès qu'elles tendent à l'avantage de la société entière. C'est un tout, auquel un législateur éclairé sacrifiera constamment les parties.

Les loix qui regardent les débiteurs, sont sans contredit celles qui exigent le plus de circonspection et de prudence de la part de ceux qui les publient : si ces loix favorisent les créanciers, la condition des débiteurs devient trop dure ; un malheureux hasard peut ruiner à jamais leur fortune : si au contraire cette loi leur est avantageuse, elle altère la confiance publique, en infirmant des contrats qui sont fondés sur la bonne foi.

Ce juste milieu, qui, en maintenant la validité des contrats, n'opprime pas les débiteurs insolvables, me paroît la pierre philosophale de la jurisprudence.

Nous ne nous étendrons pas davantage sur cet article ; la nature de cet ouvrage ne nous permet point d'entrer dans un plus grand détail: nous nous bornons aux réflexions générales.

Un corps de loix parfaites seroit le chef-d'œuvre de l'esprit humain, dans ce qui regarde la politique du gouvernement ; on y remarqueroit une unité de dessein, et des règles si exactes et si proportionnées, qu'un État conduit par ces loix ressembleroit à une montre dont tous les ressorts ont été faits pour un même but ; on y trouveroit une connoissance profonde du cœur humain, et du génie de la nation ; les châtimens seroient tempérés, de sorte qu'en maintenant les bonnes mœurs, ils ne seroient ni légers ni rigoureux ; des ordonnances claires et précises ne donneroient jamais lieu au litige ; elles consisteroient dans un choix exquis de tout ce que les loix civiles ont eu de meilleur, et dans une application ingénieuse et simple de ces loix aux usages de la nation : tout seroit prévu, tout seroit combiné, et rien ne seroit sujet à des inconvéniens ; mais les choses parfaites ne sont pas du ressort de l'humanité.

Les peuples auroient lieu d'être satisfaits, si les législateurs se mettoient à leur égard dans les mêmes dispositions d'esprit où étoient ces pères de famille qui donnèrent les premières loix ; ils aimoient leurs enfans ; les maximes qu'ils leur prescrivoient, n'avoient d'objet que le bonheur de leur famille.

Peu de loix sages rendent un peuple heureux ; beaucoup de loix embarrassent la jurisprudence ; par la raison qu'un bon médecin ne surcharge pas ses malades de remèdes, le législateur habile ne surcharge pas le public de loix superflues : trop de médicamens se nuisent, empêchent réciproquement leurs effets ; trop de loix deviennent un dédale où les jurisconsultes et la justice s'égarent.

Chez les Romains, les loix se multiplièrent, lorsque les révolutions étoient fréquentes : tout ambitieux qui se voyoit favorisé de la fortune, se faisoit législateur. Cette confusion dura, comme nous l'avons dit, jusqu'au temps d'Auguste, qui annulla toutes ces ordonnances injustes, et remit les anciennes loix en vigueur.

En France, les loix devinrent plus nombreuses, lorsque les Francs, en conquérant ce royaume, y introduisirent les leurs. Louis XI. eut dessein de réunir toutes ces loix, et d'établir dans son empire, comme il le disoit lui-même, une seule loi, un seul poids et une seule mesure.

Il est plusieurs loix auxquelles les hommes sont attachés, parce qu'ils sont la plupart des animaux de coutume : quoiqu'on pût en substituer de meilleures à leur place, il seroit peut-être dangereux d'y toucher ; la confusion que cette réforme mettroit dans la jurisprudence, feroit peut-être plus de mal que les nouvelles loix ne produiroient de bien.

Cela n'empêche pas qu'il n'y ait des cas où la réforme semble absolument nécessaire ; c'est lorsqu'il se trouve des loix contraires au bonheur public et à l'équité naturelle ; lorsqu'elles sont énoncées en termes vagues et obscurs, et lors enfin qu'elles impliquent contradiction dans le sens, ou dans les termes.

Entrons dans quelques éclaircissemens sur cette matière.

Les loix d'Osiris sur le vol sont, par exemple, dans le cas de ces premières dont nous avons parlé ; elles ordonnoient que ceux qui voudroient faire le métier de voleurs, se fissent inscrire chez leurs capitaines, et qu'on portât chez lui à l'instant tout ce qu'on déroberoit. Ceux sur qui s'étoit fait le vol, venoient chez le chef des voleurs revendiquer leurs biens, qu'on leur restituoit, pourvu que le propriétaire don-

Diodore de Sicile.

nât le quart de la valeur ; le législateur pensoit que par cet expédient il fournissoit aux citoyens un moyen de recouvrer ce qui leur appartenoit, moyennant une légère redevance ; c'étoit le moyen de faire des voleurs de tous les Égyptiens. Osiris n'y pensoit pas sans doute en établissant cette loi ; à moins qu'on ne veuille dire qu'il conniva au vol, comme à un mal qu'il ne pouvoit pas empêcher, de même que le gouvernement d'Amsterdam souffre les musicos, et celui de Rome les maisons de joie privilégiées.

Les bonnes mœurs et la sûreté publique demanderoient cependant qu'on abrogeât cette loi d'Osiris, si malheureusement on la trouvoit établie.

Les François ont pris le contrepied des Égyptiens : ceux-là étoient trop doux ; ceux-ci sont trop sévères. Les loix françoises sont d'une rigueur terrible ; tous les voleurs domestiques sont punis de mort. Ils disent, pour se justifier, qu'en punissant sévérement les coupeurs de bourse, ils détruisent la semence des brigands et des assassins.

L'équité naturelle veut qu'il y ait une proportion entre le crime et le châtiment : les vols compliqués méritent la mort ; ceux qui se commettent sans violence ont des côtés par lesquels on peut envisager avec compassion ceux qui en sont coupables.

Il y a l'infini entre le destin d'un riche et celui d'un misérable : l'un regorge de biens et nage dans le superflu ; l'autre, abandonné de la

fortune, manque même du nécessaire ; qu'un malheureux dérobe, pour vivre, quelques pistoles, une montre d'or, ou pareilles bagatelles, à un homme que sa magnificence empêche de s'appercevoir de cette perte ; faut-il que ce misérable soit dévoué à la mort ? l'humanité n'exige-t-elle pas qu'on adoucisse l'extrême rigueur ? Il paroît bien que les riches ont fait cette loi : les pauvres ne seroient-ils pas en droit de dire : » Que n'a-t-on de la commisération de
» notre état déplorable ? Si vous étiez charita-
» bles, si vous étiez humains, vous nous se-
» courriez dans nos misères, et nous ne vous
» volerions pas : parlez, est-il juste que toutes
» les félicités de ce monde soient pour vous,
» et que toutes les infortunes nous accablent » ?

La jurisprudence prussienne a trouvé un tempérament entre le relâchement de celle d'Égypte et la sévérité de celle de France : les loix ne punissent point de mort le vol simple, elles se contentent de condamner le coupable à la prison pour un certain temps : peut-être feroit-on mieux encore d'introduire la loi du talion qui s'observoit chez les Juifs, par laquelle le voleur étoit obligé de restituer le double de ce qu'il avoit dérobé, ou de se constituer l'esclave de celui dont il avoit saisi le bien. Si l'on se contente de punir légèrement les petites fautes, on réserve les derniers supplices aux brigands, aux meurtriers, aux assassins ; de sorte que la punition marche toujours de pair avec le crime.

Aucune loi ne révolte plus l'humanité que le droit de vie et de mort que les pères avoient sur leurs enfans à Sparte et à Rome. En Grèce, un père qui se trouvoit trop pauvre pour fournir aux besoins d'une famille nombreuse, faisoit périr les enfans qui lui naissoient de trop : à Sparte et à Rome, qu'un enfant vint au monde mal conformé, cela autorisoit suffisamment le père à lui ôter la vie. Nous sentons toute la barbarie de ces loix, à cause que ce ne sont pas les nôtres ; mais examinons un moment si nous n'en avons pas d'aussi injustes.

N'y a-t il point quelque chose de bien dur dans la façon dont nous punissons les avortemens ? A Dieu ne plaise que j'excuse l'action affreuse de ces Médées, qui, cruelles à elles-mêmes et sourdes à la voix du sang, étouffent la race future (si j'ose m'exprimer ainsi) sans lui laisser le temps de voir le jour ! Mais que le lecteur se dépouille de tous les préjugés de la coutume, et qu'il daigne prêter quelque attention aux réflexions que je vais lui présenter.

Les loix n'attachent-elles pas un degré d'infamie aux couches clandestines ? Une fille née avec un tempérament trop tendre, trompée par les promesses d'un débauché, ne se trouve-t-elle pas, par les suites de sa crédulité, dans le cas d'opter entre la perte de son honneur, ou celle du fruit malheureux qu'elle a conçu ? N'est-ce pas la faute des loix de la mettre dans une situation aussi violente ? Et la sévérité des juges ne prive-t-elle pas l'État de deux sujets à la fois ? de l'avorton qui a péri, et de la mère qui pourroit réparer abondamment cette perte par une propagation légitime? On dit à cela qu'il y a des maisons d'enfans trouvés: je sais qu'elles sauvent la vie à une infinité de bâtards; mais ne vaudroit-il pas mieux trancher le mal par ses racines, et conserver tant de pauvres créatures qui périssent misérablement, en abolissant les flétrissures attachées aux suites d'un amour imprudent et volage. *Cicéron, Verrine.*

Mais rien de plus cruel que la question: les Romains la donnoient à leurs esclaves, qu'ils regardoient comme une espèce de bétail domestique: jamais aucun citoyen ne la recevoit. *Cicéron pour Cluentius.*

La question se donne en Allemagne aux malfaiteurs, après qu'ils sont convaincus, afin d'arracher de leur propre bouche l'aveu de leurs crimes: elle se donne en France pour avérer le fait, ou pour découvrir les complices: autrefois les Anglois avoient l'ordéal (*a*) ou l'épreuve par le feu et par l'eau (*b*); ils ont à présent une espèce de question moins dure que l'ordinaire, mais qui revient à-peu-près à la même chose. *Rapin Thoiras.*

Qu'on me le pardonne, si je me récrie contre la question; j'ose prendre le parti de l'humanité contre un usage qui fait honte à des chrétiens, et à des peuples policés; et j'ose ajouter, contre un usage aussi cruel qu'inutile.

(*a*) L'ordéal par le feu: on mettoit entre les mains de l'accusé un morceau de fer ardent; s'il étoit assez heureux pour ne se point brûler, il étoit absous; sinon, on le punissoit comme coupable.

(*b*) L'ordéal par l'eau: on lioit le coupable et le jetoit dans l'eau; s'il surnageoit, il étoit absous.

Quintilien, le plus sage et le plus éloquent des rhéteurs, dit, en traitant de la question, que c'est une affaire de tempérament : un scélérat vigoureux nie le fait : un innocent d'une complexion foible l'avoue. Un homme est accusé, il y a des indices, le juge est dans l'incertitude, il veut s'éclaircir : ce malheureux est mis à la question ; s'il est innocent, quelle barbarie de lui faire souffrir le martyre ! si la force des tourmens l'oblige à déposer contre lui-même, quelle inhumanité épouvantable que d'exposer aux plus violentes douleurs, et de condamner à la mort un citoyen vertueux, contre lequel il n'y a que des soupçons ! Il vaudroit mieux pardonner à vingt coupables que de sacrifier un innocent : si les loix doivent s'établir pour le bien des peuples, faut-il qu'on en tolère de pareilles, qui mettent les juges dans le cas de commettre méthodiquement des actions criantes qui révoltent l'humanité ?

<small>Quintilien, Liv. 5. des Preuves et de la Réfutation.</small>

Il y a huit ans que la question est abolie en Prusse : on est sûr de ne point confondre l'innocent et le coupable ; et la justice ne s'en fait pas moins.

Examinons à présent les loix vagues, et les procédures qui sont dans le cas d'être réformées.

Il y avoit une loi en Angleterre qui défendoit la bigamie : un homme fut accusé d'avoir cinq femmes, et comme la loi ne s'expliquoit pas sur ce cas, et qu'on l'interprète littéralement, il fut mis hors de cour et de procès. Pour que cette loi fût claire, elle auroit dû porter, que quiconque prendroit plus d'une femme, seroit puni, etc. Les loix vagues et littéralement interprétées en Angleterre, ont donné lieu aux abus les plus ridicules (*a*).

Des loix précises ne donnent point lieu à la chicane, elles doivent s'entendre selon le sens de la lettre : lorsqu'elles sont vagues ou obscures, elles obligent de recourir à l'intention du législateur, et au-lieu de juger des faits, on s'occupe à les définir.

La chicane ne se nourrit pour l'ordinaire que de successions et de contrats ; et par cette raison les loix qui roulent sur ces articles, ont besoin de la plus grande clarté : si l'on s'occupe à vétiller sur les termes, en composant des ouvrages d'esprit frivoles, à combien plus forte raison les termes de la loi méritent-ils d'être pesés scrupuleusement ?

Les juges ont deux pièges à craindre, ceux de la corruption, et ceux de l'erreur ; leur conscience doit les garantir des premiers, et les législateurs des seconds : des loix claires, qui ne donnent pas lieu à des interprétations, y sont un premier remède ; et la simplicité des plaidoyers, le second. On peut restraindre les discours des avocats à la narration du fait, fortifiée de quelques preuves, et terminée par un épilogue, ou courte récapitulation. Rien n'est plus fort dans la bouche d'un homme éloquent que l'art de manier les passions : l'avocat s'em-

---

(*a*) *Muralt*. Un homme coupa le nez à son ennemi ; on voulut le châtier d'avoir mutilé un citoyen, mais il soutint que ce qu'il avoit coupé n'étoit point un membre, et le parlement déclara par un arrêt qu'on regarderoit le nez comme un membre.

pare de l'esprit des juges ; il les intéresse, il les émeut, il les entraîne : et le prestige du sentiment fait illusion sur le fond de la vérité. Lycurgue et Solon interdirent tous les deux cette sorte de persuasion aux avocats ; et si nous en rencontrons dans les Philippiques et dans les harangues sur la Couronne qui nous restent de Démosthène et d'Eschine, il faut observer qu'elles ne se prononcèrent pas devant l'aréopage, mais devant le peuple ; que les Philippiques sont du genre délibératif, et que celles sur la Couronne sont plutôt du genre démonstratif que du judiciaire.

Les Romains n'étoient pas aussi scrupuleux que les Grecs sur les harangues de leurs orateurs. Il n'est point de plaidoyer de Cicéron qui ne soit plein de passion. J'en suis fâché pour cet orateur ; mais nous voyons dans sa harangue pour Cluentius qu'il avoit auparavant plaidé pour sa partie adverse : la cause de Cluentius ne paroît pas absolument bonne ; mais l'art de l'orateur l'emporta. Le chef-d'œuvre de Cicéron est sans doute la péroraison de la harangue pour Fontéjus ; elle le fit absoudre, quoiqu'il paroisse coupable. Quel abus de l'éloquence, que de se servir de son enchantement pour énerver les loix les plus sages !

La Prusse a suivi cet usage de la Grèce ; et si les raffinemens dangereux de l'éloquence sont bannis des plaidoyers, elle en est redevable à la sagesse du grand-chancelier, dont la probité, les lumières et l'activité infatigable auroient fait honneur aux républiques Grecques

et

et Romaines, dans les temps où elles étoient le plus fécondes en grands hommes.

Il est encore un article qui doit être compris sous l'obscurité des loix ; c'est la procédure et le nombre d'instances que les plaideurs ont à parcourir avant que de terminer leurs procès. Que ce soient de mauvaises loix qui leur fassent injustice ; que ce soient des plaidoyers artificieux qui obscurcissent leurs droits, ou que ce soient des longueurs, qui absorbant le fond même du litige, leur fassent perdre les avantages qui leur sont dus ; tout cela revient au même : l'un est un mal plus grand que l'autre ; mais tous les abus méritent réforme. Ce qui allonge les procès, donne un avantage considérable aux riches sur les plaideurs qui sont pauvres ; ils trouvent le moyen de traduire le procès d'une instance à l'autre ; ils mattent et ruinent leur partie ; et ils restent à la fin les seuls dans la carrière.

Autrefois dans ce pays les procès duroient au-delà d'un siècle : lors même qu'une cause avoit été décidée par cinq tribunaux, la partie adverse, au plus haut mépris de la justice, en appelloit aux universités, et les professeurs en droit réformoient ces sentences à leur gré. Un plaideur jouoit bien de malheur, qui dans cinq tribunaux, et je ne sais combien d'universités, ne trouvoit pas des ames vénales et corruptibles. Ces usages ont été abolis, les procès sont jugés en dernier ressort dès la troisième instance ; et le terme limité d'un an est prescrit aux juges, dans lequel ils doivent terminer les causes les plus litigieuses.

Tome IV. Y

Il nous reste encore à dire quelques mots sur les loix qui impliquent contradiction, soit par les termes, soit par le sens même.

Lorsque dans un Etat les loix ne sont pas rassemblées en un seul corps, il faut qu'il y en ait qui se contredisent entr'elles : comme elles sont l'ouvrage de différens législateurs, qui n'ont pas travaillé sur le même plan, elles manqueront de cette unité si essentielle et si nécessaire à toutes les choses importantes.

Quintilien, l. 7. ch. 7. Quintilien traite de cette matière dans son livre de l'Orateur ; et nous voyons, dans les Oraisons de Cicéron, qu'il oppose souvent une loi à une autre. Nous trouvons de même, dans *Édit de Nantes de 1598, révoqué par LouisXIV.* l'Histoire de France, des édits tantôt en faveur et tantôt contre les Huguenots. Le besoin de rédiger ces sortes d'ordonnances est d'autant plus indispensable, que rien n'est moins digne de la majesté des loix (qu'on suppose toujours établies avec sagesse) que d'y découvrir des contradictions ouvertes et manifestes.

L'édit contre les duels est très-juste, très-équitable, très-bien fait ; mais il n'amène point au but que les princes se sont proposé en le publiant ; des préjugés plus anciens que cet édit l'emportent sur lui de haute-lutte, et il semble que le public, rempli de fausses opinions, soit convenu tacitement de n'y point obéir. Un point d'honneur mal-entendu, mais généralement reçu, brave le pouvoir des souverains ; et ils ne peuvent maintenir cette loi en vigueur qu'avec une espèce de cruauté. Tout homme qui a le malheur d'être insulté par un brutal, passe pour un lâche dans tout l'univers, s'il ne se venge de son affront, en donnant la mort à celui qui en est l'auteur : si cette affaire arrive à un homme de condition, on le regarde comme indigne des titres de noblesse qu'il porte; s'il est militaire, et qu'il ne termine point son différend, on le force de sortir avec ignominie du corps dans lequel il sert, et il ne trouve de l'emploi dans aucun service de l'Europe. Quel parti prendra donc un particulier, s'il se trouve engagé dans une affaire aussi épineuse ? Voudra-t-il se déshonorer en obéissant à la loi, où ne risquera-t-il pas plutôt sa vie et sa fortune pour sauver sa réputation ?

Le point de la difficulté qui reste à résoudre, seroit de trouver un expédient qui, en conservant l'honneur aux particuliers, maintînt la loi dans toute sa vigueur.

La puissance des plus grands rois n'a rien pu contre cette mode barbare. Louis XIV, Fréderic-Guillaume I, publièrent des édits rigoureux contre les duels : ces princes n'avancèrent rien, sinon que les duels changèrent de nom, et passèrent pour des rencontres ; et que bien des nobles qui avoient été tués, furent enterrés comme étant mort subitement.

Si tous les princes de l'Europe n'assemblent pas un congrès, et ne conviennent entr'eux d'attacher un déshonneur à ceux qui malgré leurs ordonnances tentent de s'égorger dans ces combats singuliers ; si, dis-je, ils ne conviennent pas de refuser tout asile à cette espèce de meurtriers et de punir sévérement ceux qui insulteront leurs pareils, soit en paroles, soit par écrit, ou par voies de fait, il n'y aura point de fin aux duels.

Qu'on ne m'accuse point d'avoir hérité des visions de l'abbé de Saint-Pierre : je ne vois rien d'impossible à ce que des particuliers soumettent leurs querelles à la décision des juges, de même qu'ils y soumettent les différens qui décident de leurs fortunes : et par quelle raison les princes n'assembleroient-ils pas un congrès pour le bien de l'humanité, après en avoir fait tenir tant d'infructueux sur des sujets de moindre importance? J'en reviens là, et j'ose assurer que c'est le seul moyen d'abolir en Europe ce point d'honneur mal placé, qui a coûté la vie à tant d'honnêtes gens, de la part desquels la patrie pouvoit s'attendre aux plus grands services.

Telles sont en abrégé les réflexions que les loix m'ont fournies : je me suis borné à faire une esquisse au-lieu d'un tableau, et je crains même de n'en avoir que trop dit.

Il me semble enfin, que chez des nations qui sortent à peine de la barbarie, il faut des législateurs sévères ; que chez les peuples policés, dont les mœurs sont douces, il faut des législateurs humains.

S'imaginer que les hommes sont tous des démons, et s'acharner sur eux avec cruauté, c'est la vision d'un misanthrope farouche : supposer que les hommes sont tous des anges, et leur abandonner la bride, c'est le rêve d'un capucin imbécille : croire qu'ils ne sont ni tous bons ni tous mauvais, récompenser les bonnes actions au-delà de leur prix, punir les mauvaises au-dessous de ce qu'elles méritent, avoir de l'indulgence pour leurs foiblesses, et de l'humanité pour tous, c'est comme doit agir un homme raisonnable.

DE L'UTILITÉ

DES SCIENCES ET DES ARTS
DANS UN ÉTAT.

Discours prononcé à l'assemblée extraordinaire et publique de l'Académie Royale des Sciences et Belles-Lettres de Prusse, en présence de Sa Majesté la Reine Douairière de Suède ; le Lundi 27 Janvier 1772.

DEs personnes peu éclairées ou peu sincères ont osé se déclarer ennemies des sciences et des arts : s'il leur a été permis de calomnier ce qui fait le plus d'honneur à l'humanité, à plus forte raison sera-t-il permis de le défendre : c'est le devoir de tous ceux qui aiment la société, et qui sont reconnoissans de ce qu'ils doivent aux lettres. Le malheur veut que souvent des paradoxes fassent plus d'impression sur le public que des vérités : c'est alors qu'il faut le détromper, et confondre par de bonnes raisons, et non par des injures, les auteurs de semblables rêveries. Je suis honteux de dire dans cette académie, qu'on a eu l'effronterie de mettre en question, si les sciences sont utiles ou nuisibles à la société ; chose sur laquelle personne ne devroit avoir de doute. Si nous avons de la préférence sur les animaux, ce n'est pas certainement par les facultés du corps, mais c'est par l'esprit plus étendu que la Nature nous a donné; et ce qui distingue l'homme de l'homme, c'est le génie et les connoissances. D'où viendroit la distance infinie qu'il y a entre un peuple policé et un peuple barbare, si ce n'est que l'un est éclairé, et que l'autre végète dans l'abrutissement et dans la stupidité?

Les nations qui ont joui de cette supériorité, ont été reconnoissantes envers ceux qui leur ont procuré cet avantage. Delà vient la juste réputation dont jouissent ces lumières de l'univers, ces sages qui par leurs savans travaux ont éclairé leurs compatriotes et leur siècle.

L'homme est peu de chose par lui-même : il naît avec des dispositions plus ou moins propres à se développer ; mais il faut les cultiver : il faut que ses connoissances se multiplient, pour que ses idées puissent s'étendre : il faut que sa mémoire se remplisse, pour que ce magasin fournisse à l'imagination des matières sur lesquelles elle puisse s'exercer ; et que le jugement se raffine, pour trier ses propres productions. L'esprit le plus vaste, privé de connoissances, n'est qu'un diamant brut, qui n'acquerra de prix qu'après avoir été taillé par les mains d'un habile lapidaire. Que d'esprits perdus ainsi pour la société ! Et que de grands hommes en tout genre, étouffés dans leur germe, soit par l'ignorance, soit par l'état abject où ils se trouvoient placés !

Le véritable bien de l'État, son avantage, et son lustre, exigent donc que le peuple qu'il contient, soit le plus instruit et le plus éclairé qu'il est possible, pour lui fournir, en chaque genre, un nombre de sujets habiles, et capables de s'acquitter avec dextérité des différens emplois qu'il faut leur confier.

Ceux qui par le hasard de la naissance sont dans une position à ne pouvoir apprécier les torts infinis que souffrent (plus ou moins) tous les gouvernemens européens, par les fautes dont l'ignorance est cause, ne sentiront peut-être pas aussi vivement ces inconvéniens que s'ils en avoient été les témoins. On pourroit rapporter une multitude de ces exemples, si la nature et l'étendue de ce discours ne nous resserroient dans de justes bornes. C'est la paresse qui dédaigne de s'instruire, c'est l'ignorance ambitieuse qui prétend à tout et qui est incapable de tout, qu'auroit dû fronder je ne sais quel énergumène, qui ne débitant que de misérables paradoxes, a osé soutenir que les sciences sont pernicieuses, qu'elles ont rendu les vices plus raffinés, et qu'elles pervertissent les mœurs. De pareilles faussetés sautent aux yeux; et sous quelqu'apparence qu'on les présente, il demeurera constant que la culture de l'esprit le rectifie au-lieu de le dépraver. Qu'est-ce qui corrompt les mœurs? Ce sont les mauvais exemples : et comme les maladies épidémiques font de plus grands ravages dans des villes immenses que dans des hameaux, il arrive de même que la contagion du vice fait plus de progrès dans les cités, qui fourmillent de peuple, que dans les campagnes, où les travaux journaliers et une vie plus retirée conservent la simplicité des mœurs dans leur pureté.

Il s'est trouvé de faux politiques, resserrés

dans leurs petites idées, qui sans approfondir la matière, ont cru qu'il étoit plus facile de gouverner un peuple ignorant et stupide, qu'une nation éclairée : c'est vraiment puissamment raisonner, tandis que l'expérience prouve que plus le peuple est abruti, plus il est capricieux et obstiné ! et la difficulté est bien plus grande de vaincre son opiniâtreté, que de persuader des choses justes à un peuple assez policé pour entendre raison. Le beau pays que celui où les talens demeureroient éternellement étouffés, et où il n'y auroit qu'un seul homme moins borné que les autres ! Un tel État, peuplé d'ignorans, ressembleroit au paradis perdu de la Genèse, qui n'étoit habité que par des bêtes.

Quoiqu'il ne soit pas nécessaire de prouver à cet illustre auditoire et dans cette académie, que les arts et les sciences procurent autant d'utilité qu'ils donnent d'éclat aux peuples qui les possèdent ; il ne sera peut-être pas inutile d'en convaincre un genre de personnes moins éclairées, pour les prémunir contre les impressions que de vils sophistes pourroient faire sur leur esprit. Qu'ils comparent un sauvage du Canada avec quelque citoyen d'un pays policé de l'Europe ; et tout l'avantage sera en faveur de ce dernier. Comment peut-on préférer la nature grossière à la nature perfectionnée ; le manque de moyens de subsister à une vie aisée ; la grossiéreté à la politesse ; la sûreté des possessions, dont on jouit à l'abri des loix, au droit du plus fort et au brigandage, qui anéantit les fortunes et l'état des familles ?

La société formant un corps de peuple, ne sauroit se passer ni des arts ni des sciences. C'est par le nivellement et l'hydraulique que les contrées situées le long des fleuves se mettent à couvert des débordemens et des inondations : sans ces arts, des terrains féconds se changeroient en marais mal-sains, et priveroient nombre de familles de leur subsistance. Les terrains plus élevés ne sauroient se passer d'arpenteurs pour mesurer et partager les champs. Les connoissances physiques, bien constatées par l'expérience, contribuent à perfectionner la culture des terres, et sur-tout le jardinage. La botanique, qui s'applique à l'étude des simples, et la chymie, qui sait en extraire les sucs spiritueux, servent au moins à fortifier notre espérance durant nos maux, quand leur propriété n'auroit pas la vertu de nous guérir. L'anatomie guide et dirige la main du chirurgien dans ces opérations douloureuses, mais nécessaires, qui sauvent une partie de notre existence aux dépens de la partie endommagée. La méchanique sert à tout : faut-il soulever ou transporter un fardeau ? c'est elle qui le meut : faut-il creuser dans les entrailles de la terre pour en tirer des métaux ? c'est elle qui par des machines ingénieuses dessèche les carrières, et délivre le mineur de la surabondance des eaux qui le feroient périr, ou l'obligeroient à cesser son travail. Faut-il construire des moulins pour nous broyer l'aliment le plus connu et le plus nécessaire ? C'est la méchanique qui les perfectionne. C'est elle qui soulage les ouvriers, en rectifiant les diverses espèces de métiers sur lesquels ils travaillent. Tout ce qui est machine est de son ressort ; et combien ne faut-il pas de machines en tous les genres ? L'art de construire un vaisseau est peut-être un des plus grands efforts de l'imagination : mais que de connoissances ne faut-il pas que le pilote possède, pour diriger ce bâtiment, et braver les flots en dépit des vents ! Il faut qu'il ait étudié l'astronomie ; qu'il ait de bonnes cartes marines, une notion exacte de la géographie, de l'habileté dans le calcul, pour connoître l'étendue qu'il a parcourue, et le lieu où il se trouve ; en quoi il sera secouru à l'avenir par des pendules qu'on vient récemment de perfectionner en Angleterre. Les arts et les sciences se tiennent par la main ; nous leur devons tout ; ce sont les bienfaiteurs du genre-humain. Le citoyen des grandes villes en jouit, sans que sa mollesse orgueilleuse sache ce qu'il en coûte de veilles et de travaux pour fournir à ses besoins, et contenter ses goûts souvent bizarres.

La guerre, quelquefois nécessaire et souvent entreprise trop légérement, que n'exige-t-elle pas de connoissances ! La seule découverte de la poudre en a tellement changé la méthode, que les plus grands héros de l'antiquité, s'ils pouvoient revenir au monde, seroient obligés de se mettre au fait de nos découvertes, pour conserver la réputation qu'ils ont si justement acquise. Il faut, dans ces temps modernes, qu'un guerrier étudie la géométrie, la fortification, l'hydraulique, la méchanique, pour construire des forts, former des inondations artificielles, connoître la force de la poudre, calculer le jet des bombes, savoir diriger l'effet des mines, faciliter le transport des machines de guerre. Il faut qu'il sache à fond la castramétation et la tactique, la méchanique de l'exercice ; qu'il ait une connoissance exacte des terrains et de la géographie ; et que ses projets de campagne soient semblables à une démonstration géométrique, quoiqu'il soit borné à l'art conjectural. Il doit avoir la mémoire remplie de l'histoire de toutes les guerres précédentes, pour que son imagination ait la liberté d'y puiser comme dans une source féconde.

Mais les généraux ne sont pas les seuls obligés de recourir aux archives des temps passés : le magistrat, le jurisconsulte, ne sauroient s'acquitter de leurs devoirs, s'ils n'ont bien approfondi cette partie de l'histoire qui concerne la législation. Il faut non-seulement qu'ils aient étudié l'esprit des loix du pays qu'ils habitent ; mais qu'ils sachent encore celles des autres peuples, et à quelles occasions elles ont été promulguées ou abolies.

Ceux même qui se trouvent à la tête des nations, et ceux qui administrent sous eux les gouvernemens, ne sauroient se passer d'étudier l'histoire : c'est leur bréviaire ; c'est un tableau qui leur représente les plus fines nuances des caractères, et les actions des hommes puissans, leurs vertus, leurs vices, leurs succès, leurs malheurs, leurs ressources. Dans l'histoire de leur patrie, qui doit attirer leur attention principale, ils trouvent l'origine des institutions bonnes ou mauvaises, et une chaîne d'évènemens liés les uns aux autres, qui les conduit jusqu'au temps présent : ils y trouvent les causes qui ont uni les peuples, et les causes qui ont rompu ces liens ; des exemples à suivre, des exemples à éviter. Mais quel objet de méditation pour un prince, que de passer en revue cette multitude de souverains que lui présente l'histoire ! Il s'en trouve nécessairement dans ce nombre, de son caractère, ou dont les actions ont quelque rapport aux siennes ; et dans le jugement que la postérité en a porté, il voit, comme dans un miroir, l'arrêt qui l'attend dès que sa dissolution totale aura fait évanouir la crainte qu'il inspire.

Si les historiens sont les précepteurs des hommes d'État, les dialecticiens ont été les foudres des erreurs et des superstitions : ils ont combattu et détruit les chimères des charlatans sacrés et profanes. Sans eux nous immolerions peut-être encore, comme nos ancêtres, des victimes humaines à des dieux fantastiques ; nous adorerions l'ouvrage de nos mains ; obligés de croire sans oser réfléchir, il nous seroit peut-être encore interdit de faire usage de notre raison sur la matière qui importe le plus à notre destinée ; nous acheterions au poids de l'or, comme nos pères, des passe-ports pour le paradis, des indulgences pour les crimes ; les voluptueux se ruineroient pour ne point entrer en purgatoire ; nous dresserions encore des bûchers pour brûler ceux dont les opinions ne seroient pas les nôtres ; la nécessité des actions vertueuses seroit remplacée par de vaines pratiques ; et des fourbes tonsurés nous pousseroient, au nom de la Divinité, à commettre les plus horribles forfaits. Si le fanatisme subsiste encore en partie, il faut l'attribuer aux profondes racines qu'il a poussées dans des temps d'ignorance et d'erreur, de même qu'à l'intérêt de certains corps en soutane, noirs, bruns, gris, blancs, ou pies, qui réchauffent ce mal et en redoublent les accès, pour ne pas perdre la considération où ils se maintiennent encore dans l'esprit du peuple. Nous convenons que la dialectique n'est pas à la portée de la populace : cette portion nombreuse de l'espèce humaine sera toujours la dernière à se dessiller les yeux; mais quoiqu'en tout pays elle ait le dépôt de la superstition en garde, il n'en est pas moins vrai de dire qu'on est parvenu à la détromper des sorciers, des possédés, des adeptes, et d'autres inepties aussi puériles. Nous devons ces avantages à une étude plus scrupuleuse qu'on a faite de la nature. La physique s'est associée à l'analyse et à l'expérience : on a porté la plus vive lumière dans ces ténèbres qui cachoient tant de vérités à la docte antiquité; et quoique nous ne puissons parvenir à la connoissance des premiers principes secrets que le grand Géomètre s'est réservés pour lui seul, il s'est trouvé néanmoins de ces puissans génies qui ont découvert les loix éternelles de la pesanteur et du mouvement : un chancelier Bacon, le précurseur de la nouvelle philosophie, ou pour mieux dire, celui qui en a deviné et prédit les progrès, a mis le chevalier Newton sur les voies de ses merveilleuses découvertes : Newton parut après Descartes, qui, ayant décrédité les erreurs anciennes, les avoit remplacées par les siennes propres. On a depuis pesé l'air (a) ; on a mesuré les cieux ; on a calculé la marche des corps célestes avec une justesse infinie (b) ; on a prédit les éclipses ; on a découvert une propriété inconnue de la matière, la force électrique, dont les effets étonnent l'imagination ; et sans doute que dans peu le retour des comètes pourra se prédire comme les éclipses : mais nous devons déjà au savant Bayle d'avoir dissipé l'effroi que ce phénomène causoit aux ignorans. Avouons-le ; autant que la foiblesse de notre condition nous humilie, autant les travaux de ces grands hommes nous relèvent le courage, et nous font sentir la dignité de notre être.

Les fourbes et les imposteurs sont donc les seuls qui puissent s'opposer aux progrès des sciences, et qui puissent prendre à tâche de les décrier ; puisqu'ils sont les seuls auxquels les sciences soient nuisibles.

Dans ce siècle philosophe où nous vivons, on n'a pas seulement voulu dénigrer les hautes sciences, il s'est trouvé des personnes d'assez mauvaise humeur, ou plutôt assez dépourvues de sentiment et de goût, pour se déclarer les ennemies des belles-lettres. A leur sens, un orateur est un homme qui s'occupe plus à bien dire qu'à penser juste, un poëte est un fou qui s'a-

---

(a) Torricelli.
(b) Newton.

muse à mesurer des syllabes, un historien est un compilateur de mensonges ; ceux qui s'occupent à les lire, perdent leur temps ; et ceux qui les admirent, sont des esprits frivoles. Ils proscriroient les fictions anciennes, ces fables ingénieuses et allégoriques qui renfermoient tant de vérités. Ils ne veulent pas concevoir que si Amphion, par les sons de sa lyre, bâtit les murs de Thèbes, c'est-à-dire que les arts adoucirent les mœurs des sauvages humains, et donnèrent lieu à l'origine des sociétés.

Il faut avoir l'ame bien dure pour vouloir priver l'espèce humaine des consolations et des secours qu'elle peut puiser dans les belles-lettres, contre les amertumes dont la vie est remplie. Qu'on nous délivre de nos infortunes, ou qu'on nous permette de les adoucir. Ce ne sera pas moi qui répondrai à ces ennemis atrabilaires des belles-lettres : mais je me servirai des paroles de ce consul philosophe, le père de la patrie et de l'éloquence. : » Les lettres, dit-il (a), culti-
» vent la jeunesse, réjouissent la vieillesse,
» donnent du lustre à la fortune, offrent un asile
» et consolent dans la disgrace, plaisent au-
» dedans de la maison, n'importunent point au-
» dehors, veillent les nuits avec nous, voyagent
» avec nous, résident aux champs avec nous.
» Fussions-nous même incapables d'y parvenir,
» ou d'en bien goûter les charmes, nous de-
» vrions les admirer, à ne les voir que dans les
» autres. »

(a) *Oratio pro Archia.*

Que ceux qui aiment tant à déclamer, apprennent à respecter ce qui est respectable ; et au-lieu de censurer des occupations également honnêtes et utiles, qu'ils répandent plutôt leur bile sur l'oisiveté, qui est la mère de tous les vices ! Si les sciences et les arts n'étoient pas d'une nécessité indispensable aux sociétés ; s'il n'y avoit pas de l'utilité, de l'agrément et de la gloire à les cultiver ; comment la Grèce auroit-elle jeté ce vif éclat dont elle éblouit encore nos yeux, dans ces temps mémorables où elle porta les Socrate, les Platon, les Aristote, les Alexandre, les Périclès, les Thucydide, les Euripide, les Xénophon ? Les faits vulgaires s'effacent de la mémoire ; mais les actions, les découvertes, les progrès des grands hommes font des impressions durables.

Il en fut de même chez les Romains : leur beau siècle fut celui où le stoïque Caton périt avec la liberté ; où Cicéron foudroyoit Verrès, publioit son livre des Offices, ses Tusculanes, son ouvrage immortel de la Nature des Dieux ; où Varron écrivoit ses Origines et son Poëme sur la Guerre civile ; où César effaça par sa clémence ce que son usurpation avoit d'odieux ; où Virgile récitoit son Énéide ; où Horace chantoit ses Odes ; où Tite-Live transmettoit à la postérité l'Histoire de tous les grands hommes qui avoient illustré la république. Que chacun se demande dans quel temps il auroit voulu naître à Athènes ou à Rome : sans doute il choisira ces époques brillantes.

Une affreuse barbarie succéda à ces temps de

gloire ; un débordement de peuples féroces couvrit presque toute la face de l'Europe. Ils amenèrent avec eux les vices et l'ignorance, qui préparèrent les voies à la superstition la plus outrée. Ce ne fut qu'après onze siècles d'abrutissement que la terre put se dégager de cette rouille : et dans cette renaissance des lettres, on fait plus de cas des bons auteurs qui les premiers illustrèrent l'Italie, que de Léon X, qui les protégea. François I, jaloux de cette gloire, voulut la partager : il fit des efforts inutiles pour transporter ces plantes étrangères dans un sol qui n'étoit point encore préparé pour elles ; et ce ne fut qu'à la fin du règne de Louis XIII, et sous celui de Louis XIV, que commença ce beau siècle où tous les arts et toutes les sciences s'acheminèrent d'une marche égale, au point de perfection où il est permis aux hommes d'atteindre. Depuis, les différens arts se répandirent par-tout. Le Danemarck avoit déjà produit un Tycho-Brahé ; la Prusse, un Copernic ; l'Allemagne se glorifia d'avoir donné le jour à Leibnitz. La Suède auroit également augmenté la liste de ces hommes célèbres, si les guerres perpétuelles où cette nation se trouvoit engagée alors, n'avoient nui aux progrès des arts.

Tous les princes éclairés ont protégé ceux dont les savans travaux ont honoré l'esprit humain ; et les choses de nos jours en sont venues au point, que pour peu qu'un gouvernement européen négligeât d'encourager les sciences, il se trouveroit bientôt arriéré d'un siècle à l'égard de ses voisins : la Pologne en fournit un exemple palpable.

Nous voyons une grande impératrice se faire un point-d'honneur d'introduire et d'étendre les connoissances dans sés vastes États, et traiter comme une affaire importante tout ce qui peut y contribuer.

Qui ne seroit ému et touché en apprenant l'honneur qu'on rend en Suède à la mémoire d'un grand homme ? Un jeune roi, qui connoît le prix des sciences, y fait ériger actuellement un tombeau à Descartes, pour s'acquitter, au nom de ses prédécesseurs, de la reconnoissance qu'ils devoient à ses talens ? Quelle douce satisfaction pour cette Minerve qui mit au jour, qui instruisit elle-même ce jeune Télémaque, de retrouver en lui son esprit, ses connoissances et son cœur ! Elle a droit de se complaire et de s'applaudir dans son ouvrage ; et s'il est interdit à nos cœurs d'épancher avec profusion tout ce que le sentiment nous inspire sur son sujet, au moins sera-t-il permis à cette académie et à toutes celles qui existent, en lui offrant les hommages les plus sincères, de la placer avec reconnoissance dans le petit nombre des princesses éclairées qui ont aimé et protégé les lettres (a).

(a) Elle étoit sœur de Fréderic II ; voyez les belles Epîtres qu'il lui adressa, dans le tome VII*e* de ses *Œuvres posthumes*, édition gr. in-8vo, sous le titre d'Amsterdam, 1789, et dans le tome III*e* de ses *Œuvres primitives*, même édition, 1790. (*L'Editeur.*)

DE LA LITTÉRATURE
ALLEMANDE;

Des défauts qu'on peut lui reprocher; quelles en sont les causes; et par quels moyens on peut les corriger.

Vous vous étonnez, Monsieur, que je ne joigne pas ma voix à la vôtre, pour applaudir aux progrès que fait, selon vous, journellement la littérature allemande. J'aime notre commune patrie autant que vous l'aimez, et par cette raison je me garde bien de la louer avant qu'elle ait mérité ces louanges : ce seroit comme si l'on vouloit proclamer vainqueur un homme qui est au milieu de sa course. J'attends qu'il ait gagné le but, et alors mes applaudissemens seront aussi sincères que vrais.

Vous savez que dans la république des lettres les opinions sont libres. Vous envisagez les objets d'un point de vue, moi d'un autre ; souffrez donc que je m'explique, et que je vous expose ma façon de penser ainsi que mes idées sur la littérature ancienne et moderne, tant par rapport aux langues, aux connoissances, qu'au goût.

Je commence par la Grèce, qui étoit le berceau des beaux-arts. Cette nation parloit la langue la plus harmonieuse qui eût jamais existé.

Ses premiers théologiens, ses premiers historiens étoient poëtes; ce furent eux qui donnèrent des tours heureux à leur langue, qui créèrent quantité d'expressions pittoresques, et qui apprirent à leurs successeurs à s'exprimer avec grâce, politesse et décence.

Je passe d'Athènes à Rome; j'y trouve une république qui lutte long-temps contre ses voisins, qui combat pour la gloire et pour l'empire. Tout étoit dans ce gouvernement nerf et force, et ce ne fut qu'après qu'elle l'eut emporté sur Carthage sa rivale, qu'elle prit du goût pour les sciences. Le grand Africain, l'ami de Lélius et de Polybe, fut le premier Romain qui protégea les lettres. Ensuite vinrent les Gracques; après eux Antoine et Crassus, deux orateurs célèbres de leur temps. Enfin la langue, le style et l'éloquence romaine ne parvinrent à leur perfection que du temps de Cicéron, d'Hortensius, et des beaux génies qui honorèrent le siècle d'Auguste.

Ce court recensement me peint la marche des choses. Je suis convaincu qu'un auteur ne sauroit bien écrire, si la langue qu'il parle n'est ni formée ni polie; et je vois qu'en tout pays on commence par le nécessaire pour y joindre ensuite ce qui nous procure des agrémens. La république Romaine se forme; elle se bat pour acquérir des terres, elle les cultive; et dès qu'après les guerres puniques elle a pris une forme stable, le goût des arts s'introduit, l'éloquence et la langue latine se perfectionnent. Mais je ne néglige pas d'observer que depuis le premier

Africain jusqu'au consulat de Cicéron, il se trouve une période de cent soixante années.

Je conclus delà qu'en toute chose les progrès sont lents, et qu'il faut que le noyau qu'on plante en terre, prenne racine, s'élève, étende ses branches, et se fortifie avant de produire des fleurs et des fruits. J'examine ensuite l'Allemagne selon ces règles, pour apprécier avec justice la situation où nous sommes; je purge mon esprit de tout préjugé; c'est la vérité seule qui doit m'éclairer. Je trouve une langue à demi-barbare, qui se divise en autant de dialectes différens que l'Allemagne contient de provinces. Chaque cercle se persuade que son patois est le meilleur. Il n'existe point encore de recueil muni de la sanction nationale, où l'on trouve un choix de mots et de phrases qui constitue la pureté du langage. Ce qu'on écrit en Souabe n'est pas intelligible à Hambourg, et le style d'Autriche paroît obscur en Saxe. Il est donc physiquement impossible qu'un auteur doué du plus beau génie, puisse supérieurement bien manier cette langue brute. Si l'on exige qu'un Phidias fasse une Vénus de Gnide, qu'on lui donne un bloc de marbre sans défaut, des ciseaux fins, et de bons poinçons; alors il pourra réussir : point d'instrument, point d'artiste. On m'objectera peut-être que les républiques Grecques avoient jadis des idiomes aussi différens que les nôtres; on ajoutera que de nos jours même on distingue la patrie des Italiens par le style et la prononciation, qui varient de contrée en contrée. Je ne révoque pas ces vérités en doute; mais que cela ne nous empêche pas de suivre la continuation des faits dans l'ancienne Grèce, ainsi que dans l'Italie moderne. Les poëtes, les orateurs, les historiens célèbres, fixèrent leur langue par leurs écrits. Le public, par une convention tacite, adopta les tours, les phrases, les métaphores, que les grands artistes avoient employées dans leurs ouvrages; ces expressions devinrent communes, elles rendirent ces langues élégantes; elles les enrichirent en les ennoblissant.

Jetons à présent un coup-d'œil sur notre patrie : j'entends parler un jargon dépourvu d'agrément que chacun manie selon son caprice, des termes employés sans choix; les mots propres et les plus expressifs négligés, et le sens des choses noyé dans des mers épisodiques. Je fais des recherches pour déterrer nos Homère, nos Virgile, nos Anacréon, nos Horace, nos Démosthène, nos Thucydide, nos Tite-Live; je ne trouve rien, mes peines sont perdues. Soyons donc sincères, et confessons de bonne foi que jusqu'ici les belles-lettres n'ont pas prospéré dans notre sol. L'Allemagne a eu des philosophes qui soutiennent la comparaison avec les anciens, qui même les ont surpassés dans plus d'un genre : je me réserve d'en faire mention dans la suite. Quant aux belles-lettres, convenons de notre indigence. Tout ce que je puis vous accorder sans me rendre le vil flatteur de mes compatriotes, c'est que nous avons eu dans le petit genre des fables un Gellert, qui a su se placer à côté de Phèdre et d'Ésope : les Poésies de Canitz sont supportables, non à l'égard de la diction, mais plus en ce qu'il imite foiblement Horace. Je n'omettrai pas les Idylles de Gessner, qui trouvent quelques partisans : toutefois permettez-moi de leur préférer les ouvrages de Catulle, de Tibulle et de Properce. Si je repasse les historiens, je ne trouve que l'Histoire d'Allemagne du professeur Mascow que je puisse citer, comme la moins défectueuse. Voulez-vous que je vous parle de bonne foi du mérite de nos orateurs ? Je ne puis vous produire que le célèbre *Quant* de Kœnigsberg, qui possédoit le rare et l'unique talent de rendre sa langue harmonieuse; et je dois ajouter à notre honte, que son mérite n'a été ni reconnu ni célébré. Comment peut-on prétendre que les hommes fassent des efforts pour se perfectionner dans leur genre, si la réputation n'est pas leur récompense ? J'ajouterai à ces messieurs que je viens de nommer, un anonyme dont j'ai vu les vers non-rimés; leur cadence et leur harmonie résultoit d'un mélange de dactyles et de spondées ; ils étoient remplis de sens, et mon oreille a été flattée agréablement par des sons sonores, dont je n'aurois pas cru notre langue susceptible. J'ose présumer que ce genre de versification est peut-être celui qui est le plus convenable à notre idiome, et qu'il est de plus préférable à la rime ; il est vraisemblable qu'on feroit des progrès, si on se donnoît la peine de le perfectionner.

Je ne vous parle pas du théâtre allemand. Melpomène n'a été courtisée que par des amans bourrus, les uns guindés sur des échasses, les

autres rampans dans la boue, et qui tous rebelles
à ses loix, ne sachant ni intéresser ni toucher,
ont été rejetés de ses autels. Les amans de Thalie
ont été plus fortunés ; ils nous ont fournis du
moins une vraie comédie originale ; c'est le
Postzug dont je parle : ce sont nos mœurs, ce
sont nos ridicules que le poëte expose sur le
théâtre : la pièce est bien faite. Si Molière avoit
travaillé sur le même sujet, il n'auroit pas mieux
réussi. Je suis fâché de ne pouvoir pas étaler
un catalogue plus ample de nos bonnes productions : je n'en accuse pas la nation ; elle ne
manque ni d'esprit ni de génie ; mais elle a été
retardée par des causes qui l'ont empêchée de
s'élever en même temps que ses voisins. Remontons, s'il vous plaît, à la renaissance des lettres,
et comparons la situation où se trouvèrent l'Italie, la France et l'Allemagne lors de cette révolution qui se fit dans l'esprit humain.

Vous savez que l'Italie en redevint le berceau,
que la maison d'Est, les Médicis et le pape
Léon X contribuèrent à leurs progrès en les
protégeant. Tandis que l'Italie se polissoit, l'Allemagne, agitée par des théologiens, se partageoit en deux factions, dont chacune se signaloit par sa haine pour l'autre, son enthousiasme
et son fanatisme. Dans ce même temps François I entreprit de partager avec l'Italie la gloire
d'avoir contribué à restaurer les lettres : il se
consuma en vains efforts pour les transplanter
dans sa patrie ; ses peines furent infructueuses.
La monarchie, épuisée par la rançon de son roi,
qu'elle payoit à l'Espagne, étoit dans un état de

langueur. Les guerres de la Ligue qui survinrent après la mort de François I, empêchoient les citoyens de s'appliquer aux beaux-arts. Ce ne fut que vers la fin du règne de Louis XIII, après que les plaies des guerres civiles furent guéries sous le ministère du cardinal de Richelieu, dans des temps qui favorisoient cette entreprise, qu'on reprit le projet de François I. La cour encouragea les savans et les beaux-esprits, tout se piqua d'émulation; et bientôt après, sous le règne de Louis XIV, Paris ne le céda ni à Florence ni à Rome. Que se passoit-il alors en Allemagne ? Précisément lorsque Richelieu se couvroit de gloire en polissant sa nation, c'étoit le fort de la guerre de trente ans. L'Allemagne étoit ravagée et pillée par vingt armées différentes, qui tantôt victorieuses, tantôt battues, amenoient la désolation à leur suite. Les campagnes étoient dévastées, les champs sans culture, les villes presque désertes. L'Allemagne n'eut guère le temps de respirer après la paix de Westphalie : tantôt elle s'opposoit aux forces de l'empire Ottoman, très-redoutable alors ; tantôt elle résistoit aux armées Françoises, qui empiétoient sur la Germanie pour étendre l'empire des Gaules. Croit-on, lorsque les Turcs assiégeoient Vienne, ou lorsque Mélac saccageoit le Palatinat, que les flammes consumoient les habitations et les villes, que l'asile de la mort même étoit violé par la licence effrénée des soldats, qui tiroient de leur tombeau les cadavres des électeurs pour s'en approprier les misérables dépouilles ; croit-on que dans des momens où des mères désolées se sauvoient des ruines de leur patrie, en portant sur leurs bras, leurs enfans exténués d'inanition, que l'on composoit à Vienne, à Manheim, des sonnetti, ou que l'on y faisoit des épigrammes? Les Muses demandent des asiles tranquilles; elles fuient des lieux où règne le trouble, et où tout est en subversion. Ce ne fut donc qu'après la guerre de succession que nous commençâmes à réparer ce que tant de calamités successives nous avoient fait perdre. Ce n'est donc ni à l'esprit ni au génie de la nation qu'il faut attribuer le peu de progrès que nous avons fait; mais nous ne devons nous en prendre qu'à une suite de conjonctures fâcheuses, à un enchaînement de guerres qui nous ont ruinés et appauvris en homme et en argent.

Ne perdez pas le fil des événemens; suivez la marche de nos peres, et vous applaudirez à la sagesse qui a dirigé leur conduite; ils ont agi précisément comme il étoit convenable à la situation où ils se trouvoient. Ils ont commencé par s'appliquer à l'économie rurale, à remettre en valeur les terres qui faute de bras étoient demeurées sans culture; ils ont relevé les maisons détruites; ils ont encouragé la propagation. On s'est par-tout appliqué à défricher des terres abandonnées; une population plus nombreuse a donné naissance à l'industrie; le luxe même s'est introduit, ce fléau des petites provinces, et qui augmente la circulation dans les grands États. Enfin, voyagez maintenant en Allemagne, traversez-la d'un bout à l'autre; vous trouverez

par-tout sur votre chemin des bourgades chan-
gées en villes florissantes ; là c'est Munster, plus
loin c'est Cassel, ici c'est Dresde et Géra. Allez
dans la Franconie, vous trouverez Wurzbourg,
Nuremberg. Si vous approchez du Rhin, vous
passerez par Fulde et Francfort-sur-le-Mein,
pour aller à Manheim, delà à Mayence et à Bonn.
Chacune de ces cités présente au voyageur surpris des édifices qu'il ne croyoit pas trouver dans
le fond de la forêt Hercynienne. La mâle activité de nos compatriotes ne s'est donc pas bornée
à réparer les pertes causées par nos calamités
passées ; elle a su aspirer plus haut, elle a su
perfectionner ce que nos ancêtres n'avoient qu'é-
bauché. Depuis que ces changemens avantageux se sont opérés, nous voyons l'aisance devenir plus générale ; le tiers état ne languit plus
dans un honteux avilissement ; les pères fournissent à l'étude de leurs enfans sans s'obérer.
Voilà les prémices établies de l'heureuse révolution que nous attendons ; les entraves qui lioient
le génie de nos aïeux, sont brisées et détruites ;
déjà l'on s'apperçoit que la semence d'une
noble émulation germe dans les esprits. Nous
avons honte qu'en certains genres nous ne puissions pas nous égaler à nos voisins ; nous dé-
sirons de regagner par des travaux infatigables
le temps que nos désastres nous ont fait perdre ;
et en général le goût national est si décidé
pour tout ce qui peut illustrer notre patrie,
qu'il est presqu'évident, avec de telles dispositions, que les Muses nous introduiront à
notre tour dans le temple de la gloire. Exami-

nons donc ce qu'il reste à faire pour arracher de nos champs toutes les ronces de la barbarie qui s'y trouvent encore, et pour accélérer ces progrès si désirables auxquels nos compatriotes aspirent. Je vous l'ai déjà dit, il faut commencer par perfectionner la langue ; elle a besoin d'être maniée par des mains habiles. La clarté est la première règle que doivent se prescrire ceux qui parlent et qui écrivent, parce qu'il s'agit de peindre sa pensée, ou d'exprimer ses idées par des paroles. A quoi servent les pensées les plus justes, les plus fortes, les plus brillantes, si vous ne les rendez intelligibles? Beaucoup de nos auteurs se complaisent dans un style diffus ; ils entassent les parenthèses, et souvent vous ne trouvez qu'au bout d'une page entière le verbe d'où dépend le sens de toute la phrase ; rien n'obscurcit plus la construction ; ils sont lâches, au-lieu d'être abondans, et l'on devineroit plutôt l'énigme du Sphynx que leur pensée. Une autre cause qui nuit autant aux progrès des lettres que les vices que je reproche à notre langue et au style de nos écrivains, c'est le défaut des bonnes études. Notre nation a été accusée de pédanterie, parce que nous avons eu une foule de commentateurs vétilleurs et pesans. Pour se laver de ce reproche, on commence à négliger l'étude des langues savantes ; et afin de ne point passer pour pédant, on va devenir superficiel. Peu de nos savans peuvent lire sans difficulté les auteurs classiques tant grecs que latins. Si l'on veut se former l'oreille à l'harmonie des vers d'Homère, il faut pouvoir le lire couramment sans le secours d'un dictionnaire. J'en dis autant au sujet de Démosthène, d'Aristote, de Thucydide et de Platon. Il en est de même pour se rendre familière la connoissance des auteurs latins. La jeunesse à présent ne s'applique presque pas du tout au grec, et peu apprennent assez le latin pour traduire médiocrement les ouvrages des grands hommes qui ont honoré le siècle d'Auguste. Ce sont cependant là les sources abondantes où les Italiens, les François et les Anglois, nos devanciers, ont puisé leurs connoissances, ils se sont formés autant qu'ils ont pu sur ces grands modèles; ils se sont approprié leur façon de penser : et en admirant les grandes beautés dont les ouvrages des anciens fourmillent, ils n'ont pas négligé d'en rechercher les défauts. Il faut estimer avec discernement, et ne jamais s'abandonner à une adulation aveugle. Ces heureux jours dont les Italiens, les François et les Anglois ont joui avant nous, commencent à décliner sensiblement. Le public est rassasié des chef-d'œuvres qui ont paru; les connoissances étant plus répandues, sont moins estimées ; enfin ces nations se croient en possession de la gloire que leurs auteurs leur ont acquise, et elles s'endorment sur leurs lauriers. Mais je ne sais comment cette digression m'a égaré de mon sujet. Retournons à nos foyers, et continuons encore à examiner ce qu'il s'y trouve de défectueux à l'égard de nos études.

Je crois remarquer que le petit nombre des

bons et des habiles instituteurs ne répond point aux besoins des écoles ; nous en avons beaucoup, et toutes doivent être pourvues. Si les maîtres sont pédans, leur esprit vétilleur s'appesantit sur des bagatelles et néglige les choses principales. Longs, diffus, ennuyeux, vides de choses dans leurs instructions, ils excèdent leurs écoliers, et leur inspirent du dégoût pour les études. D'autres recteurs s'acquittent de leur emploi en mercenaires : que leurs écoliers profitent ou qu'ils ne s'instruisent pas, cela leur est indifférent, pourvu que leurs gages leur soient exactement payés. Et c'est encore pis, si ces maîtres manquent eux-mêmes de connoissances. Qu'apprendront-ils aux autres, si eux-mêmes ne savent rien ? A Dieu ne plaise qu'il n'y ait pas quelqu'exception à cette règle, et qu'on ne trouve pas en Allemagne quelques recteurs habiles ! Je ne m'y oppose en rien ; je me borne à désirer ardemment que leur nombre fût plus considérable. Que ne dirai-je pas de la méthode vicieuse que les maîtres emploient pour enseigner à leurs élèves la grammaire, la dialectique, la rhétorique, et d'autres connoissances? Comment formeront-ils le goût de leurs écoliers, s'ils ne savent pas eux-mêmes discerner le bon du médiocre, et le médiocre du mauvais ; s'ils confondent le style diffus avec le style abondant; le trivial, le bas, avec le naïf ; la prose négligée et défectueuse avec le style simple, le galimatias avec le sublime ? s'ils ne corrigent pas avec exactitude les thèmes de leurs écoliers ? s'ils ne relèvent pas leurs fautes sans les décourager, et s'ils ne leur inculquent pas soigneusement les règles qu'ils doivent toujours avoir devant les yeux en composant? J'en dis autant pour l'exactitude des métaphores; car je me ressouviens dans ma jeunesse d'avoir lu, dans une épître dédicatoire d'un professeur Heineccius à une reine, ces belles paroles : *Ihro Majestät glänzen wie ein Karfunkel am Finger der jetzigen Zeit* : » Votre Majesté brille » comme une escarboucle au doigt du Temps » présent ». — Peut-on rien de plus mauvais ? Pourquoi une escarboucle? Est-ce que le Temps a un doigt ? Quand on le représente, on le peint avec des ailes, parce qu'il s'envole sans cesse; avec une clepsydre, parce que les heures le divisent; et on arme son bras d'une faux, pour désigner qu'il fauche ou détruit tout ce qui existe. Quand des professeurs s'expriment dans un style aussi bas que ridicule, à quoi faut-il s'attendre de la part de leurs écoliers?

Passons maintenant des basses classes aux universités; examinons-les de même impartialement. Le défaut qui me saute le plus aux yeux, c'est qu'il n'y a point de méthode générale pour enseigner les sciences ; chaque professeur s'en fait une. Je suis de l'opinion qu'il n'y a qu'une bonne méthode, et qu'il faut s'en tenir à celle-là. Mais quelle est la pratique de nos jours? Un professeur en droit, par exemple, a quelques jurisconsultes favoris, dont il explique les opinions; il s'en tient à leurs ouvrages sans faire mention de ce que d'autres auteurs ont écrit sur le droit; il relève la dignité de son art pour

faire

faire valoir ses connoissances ; il croit passer pour un oracle s'il est obscur dans ses leçons ; il parle des loix de Memphis quand il est question des coutumes d'Osnabruck, ou il inculque les loix de Minos à un bachelier de St-Gall. Le philosophe a son système favori, auquel il se tient à-peu-près de même. Ses écoliers sortent de son collège la tête remplie de préjugés ; ils n'ont parcouru qu'une petite partie des opinions humaines, ils n'en connoissent pas toutes les erreurs ni toutes les absurdités. Je suis encore indécis sur la médecine, si elle est un art, ou si elle n'en est pas un ; mais je suis persuadé certainement qu'aucun homme n'a la puissance de refaire un estomac, des poumons, ni des reins, quand ces parties essentielles à la vie humaine sont viciées ; et je conseille très-fort à mes amis, s'ils sont malades, d'appeller à leur secours un médecin qui ait rempli plus d'un cimetière, plutôt qu'un jeune élève de Hoffmann ou de Boerhaave, qui n'a tué personne. Je n'ai rien à reprendre en ceux qui enseignent la géométrie. Cette science est la seule qui n'ait point produit de sectes ; elle est fondée sur l'analyse, sur la synthèse et sur le calcul ; elle ne s'occupe que de vérités palpables ; aussi a-t-elle la même méthode en tout pays. Je me renferme également dans un respectueux silence à l'égard de la théologie. On dit que c'est une science divine, et qu'il n'est pas permis aux profanes de toucher à l'encensoir. Il me sera, je crois, permis d'user de moins de circonspection à l'égard de messieurs les

Tome IV.   A a

professeurs d'histoire, et de présenter quelque petit doute à leur examen. J'ose leur demander si l'étude de la chronologie est ce qu'il y a de plus utile dans l'histoire ; si c'est une faute irrémissible de se tromper sur l'année de la mort de Bélus ; sur le jour où le cheval de Darius se mettant à hennir, éleva son maître sur le trône de Perse ; sur l'heure où la bulle d'or fut publiée, si ce fut à six heures du matin ou à quatre heures de l'après-midi? Pour moi, je me contente de savoir le contenu de la bulle d'or, et qu'elle a été promulguée l'année 1356. Ce n'est pas que je veuille excuser des historiens qui commettent des anachronismes : j'aurai cependant plutôt de l'indulgence pour les petites fautes de cette nature que pour des fautes considérables, comme celles de rapporter confusément les faits, de ne pas développer avec clarté les causes et les événemens, de négliger toute méthode, de s'appesantir longuement sur les petits objets, et de passer légèrement sur ceux qui sont les plus essentiels. Je pense à-peu-près de même à l'égard de la généalogie ; et je crois qu'on ne doit point lapider un homme de lettres pour ne pas savoir débrouiller la généalogie de sainte Hélène, mère de l'empereur Constantin, ou d'Hildegarde, femme ou maîtresse de Charlemagne. On ne doit enseigner que ce qu'il est nécessaire de savoir, il faut négliger le reste. Peut-être trouverez-vous ma censure trop sévère. Comme rien n'est parfait ici-bas, vous en conclurez que notre langue, nos collèges et nos universités ne le sont pas non plus. Vous ajouterez que la critique est aisée, mais que l'art est difficile; qu'il faut donc indiquer quelles sont, pour mieux faire, les règles qu'on doit suivre. Je suis tout disposé, Monsieur, à vous satisfaire. Je crois que si d'autres nations ont pu se perfectionner, nous avons les mêmes moyens qu'eux, et qu'il ne s'agit que de les employer. Il y a long-temps que dans mes heures de loisir j'ai réfléchi sur ces matières, de sorte que je les ai assez présentes pour les coucher sur le papier et les soumettre à vos lumières; d'autant plus que je n'ai aucune prétention à l'infaillibilité.

Commençons par la langue allemande, laquelle je dis être diffuse, difficile à manier, peu sonore, et qui manque, de plus, de cette abondance de termes métaphoriques si nécessaires pour fournir des tours nouveaux, et pour donner des grâces aux langues polies. Afin de déterminer la route que nous devons prendre pour arriver à ce but, examinons le chemin que nos voisins ont pris pour y parvenir. En Italie, du temps de Charlemagne, on parloit encore un jargon barbare; c'étoit un mélange de mots pris des Huns et des Lombards, entremêlés de phrases latines, mais qui auroient été inintelligibles aux oreilles de Cicéron ou de Virgile. Ce dialecte, durant les siècles de barbarie qui se succédèrent, demeura tel qu'il étoit. Long-temps après parut le Dante; ses vers charmèrent ses lecteurs, et les Italiens commencèrent à croire que leur langue pourroit succèder à celle des vainqueurs de l'univers ; ensuite, peu avant et durant la renaissance des lettres, fleurirent Pétrarque, l'Arioste, Sannazar, et le cardinal Bembo. C'est principalement le génie de ces hommes célèbres qui a fixé la langue italienne. L'on vit se former en même temps l'académie de la Crusca, qui veille à la conservation comme à la pureté du style.

Je passe maintenant en France. Je trouve qu'à la cour de François I on parloit un jargon aussi discordant pour le moins que notre allemand l'est encore ; et n'en déplaise aux admirateurs de Marot, de Rabelais, de Montagne, leurs écrits grossiers et dépourvus de grâces ne m'ont causé que de l'ennui et du dégoût. Après eux, vers la fin du règne de Henri IV, parut Malherbe. C'est le premier poëte que la France ait eu ; ou pour mieux dire, en qualité de versificateur il est moins défectueux que ses devanciers. Pour marque qu'il n'avoit pas poussé son art à la perfection, je n'ai qu'à vous rappeller ces vers que vous connoissez d'une de ses Odes :

> Prends ta foudre, Louis, et va, comme un lion,
> Donner le dernier coup à la dernière tête
> De la rebellion.

A-t-on jamais vu un lion armé d'un foudre ? La fable met la foudre entre les mains du maître des dieux, ou elle en arme l'aigle qui l'accompagne ; jamais lion n'a eu cet attribut. Mais quittons Malherbe avec ses métaphores impropres, et venons aux Corneille, aux Racine, aux

Despréaux, aux Bossuet, aux Fléchier, aux Pascal, aux Fénelon, aux Boursault, aux Vaugelas, les véritables pères de la langue françoise; ce sont eux qui ont formé le style, fixé l'usage des mots, rendu les phrases harmonieuses, et qui ont donné de la force et de l'énergie au vieux jargon barbare et discordant de leurs ancêtres. On dévora les ouvrages de ces beaux génies. Ce qui plaît se retient. Ceux qui avoient du talent pour les lettres, les imitèrent. Le style et le goût de ces grands hommes se communiqua depuis à toute la nation. Mais souffrez que je vous arrête un moment, pour vous faire remarquer qu'en Grèce, en Italie, comme en France, les poëtes ont été les premiers qui rendant leur langue flexible et harmonieuse, l'ont ainsi préparée à devenir plus souple et plus maniable sous la plume des auteurs qui après eux écrivirent en prose.

Si je me transporte maintenant en Angleterre, j'y trouve un tableau semblable à celui que je vous ai fait de l'Italie et de la France. L'Angleterre avoit été subjuguée par les Romains, par les Saxons, par les Danois, et enfin par Guillaume-le-Conquérant, duc de Normandie. De cette confusion des langues de leurs vainqueurs, en y joignant le jargon qu'on parle encore dans la principauté de Galles, se forma l'anglois. Je n'ai pas besoin de vous avertir que dans ces temps de barbarie, cette langue étoit au moins aussi grossière que celles dont je viens de vous parler. La renaissance des lettres opéra le même effet sur toutes les nations; l'Europe étoit lasse de l'ignorance crasse dans laquelle elle avoit croupi durant tant de siècles, elle voulut s'éclairer. L'Angleterre, toujours jalouse de la France, aspiroit à produire elle-même ses auteurs ; et comme pour écrire il faut avoir une langue, elle commença à perfectionner la sienne. Pour aller plus vite, elle s'appropria du latin, du françois, de l'italien, tous les termes qu'elle jugea lui être nécessaires; elle eut des écrivains célèbres ; mais ils ne purent adoucir ces sons aigus de leur langue qui choquent les oreilles étrangères. Les autres idiomes perdent quand on les traduit, l'anglois seul y gagne. Je me souviens à ce propos de m'être trouvé un jour avec des gens-de-lettres; quelqu'un leur demanda en quelle langue s'étoit énoncé le serpent qui tenta notre première mère? En anglois, répondit un érudit, car le serpent siffle. Prenez cette mauvaise plaisanterie pour ce qu'elle vaut.

Après vous avoir exposé comment chez d'autres nations les langues ont été cultivées et perfectionnées, vous jugez sans doute qu'en employant les mêmes moyens, nous réussirons également comme eux. Il nous faut donc de grands poëtes et de grands orateurs pour nous rendre ce service, et nous ne devons pas l'attendre des philosophes ; leur partage est de déraciner des erreurs, et de découvrir des vérités nouvelles. Les poëtes et les orateurs doivent nous enchanter par leur harmonie, nous attendrir et nous persuader ; mais comme on ne fait pas naître des génies à point nommé, voyons si nous ne pourrons pas faire également quelques progrès en employant des secours intermédiaires. Pour resserrer notre style, retranchons toute parenthèse inutile; pour acquérir de l'énergie, traduisons les auteurs anciens qui se sont exprimés avec le plus de force et de grâce. Prenons chez les Grecs, Thucydide, Xénophon; n'oublions pas la Poétique d'Aristote. Qu'on s'applique surtout à bien rendre la force de Démosthène. Nous prendrons des Latins, le Manuel d'Épictète, les Pensées de l'empereur Marc-Aurèle, les Commentaires de César, Salluste, Tacite, l'Art poétique d'Horace. Les François pourront nous fournir les Pensées de la Rochefoucault, les Lettres persannes, l'Esprit des loix. Tous ces livres que je propose, la plupart écrits en style sentencieux, obligeront ceux qui les traduiront à fuir les termes oiseux et les paroles inutiles; nos écrivains emploieront toute leur sagacité à resserrer leurs idées, pour que leur traduction ait la même force que l'on admire dans leurs originaux. Toutefois en rendant leur style plus énergique, ils seront attentifs à ne point devenir obscurs; et pour conserver cette clarté, le premier des devoirs de tout écrivain, ils ne s'écarteront jamais des règles de la grammaire, afin que les verbes qui régissent les phrases, soient placés de sorte qu'il n'en résulte aucun sens amphibologique. Des traductions faites en ce genre serviront de modèles, sur lesquels nos écrivains pourront se mouler. Alors nous pourrons nous flatter d'avoir suivi le principe qu'Horace donne aux auteurs dans sa Poétique : *Tot verba, tot pondera.* Il sera plus difficile d'adoucir les sons durs dont la plupart des mots de notre langue abondent. Les voyelles plaisent aux oreilles ; trop de consonnes rapprochées les choquent, parce qu'elles coûtent à prononcer, et n'ont rien de sonore: nous avons de plus quantité de verbes auxiliaires et actifs, dont les dernières syllabes sont sourdes et désagréables, comme *sagen, geben, nehmen* : mettez un *a* au bout de ces terminaisons, et faites-en *sagena, gebena, nehmena*, et ces sons flatteront l'oreille. Mais je sais aussi, que quand même l'empereur, avec ses huit électeurs, dans une diète solemnelle de l'Empire, donneroit une loi pour qu'on prononçât ainsi, les sectateurs zélés du tudesque se moqueroient d'eux et crieroient par-tout en beau latin : *Cæsar non est super grammaticos*, et le peuple qui décide des langues en tout pays, continueroit à prononcer *sagen* et *geben* comme de coutume. Les François ont adouci par la prononciation bien des mots qui choquent les oreilles, et qui avoient fait dire à l'empereur Julien que les Gaulois croassoient comme les corneilles. Ces mots, tels qu'on les prononçoit alors, sont, *cro-jo-gent, voi-yai-gent*, on les prononce à présent *croyent, voyent* ; s'ils ne flattent pas, ils sont toutefois moins désagréables. Je crois que pour certains mots nous en pourrions user de même. Il est encore un vice que je ne dois pas omettre, celui des comparaisons basses et triviales, puisées dans le jargon du peuple. Voici, par exemple, comme s'exprimoit un poëte qui dédia ses ouvrages à je ne sais quel protecteur : *Schiess, grosser Goenner, schiess deine Strahlen, Arm dick, auf deinen Knecht hernieder* : » Répands, grand Protecteur, ré-» pands tes rayons gros comme le bras sur ton » serviteur ». Que dites-vous de ces rayons gros comme le bras ? N'auroit-on pas dû dire à ce poëte : Mon ami, apprends à penser avant de te mêler d'écrire ? N'imitons donc pas les pauvres qui veulent passer pour riches ; convenons de bonne foi de notre indigence ; que cela nous encourage plutôt à gagner par nos travaux les trésors de la littérature, dont la possession mettra le comble à la gloire nationale.

Après vous avoir exposé de quelle manière on pourroit former notre langue, je vous prie de me prêter la même attention à l'égard des mesures que l'on pourroit prendre, pour étendre la sphère de nos connoissances, rendre les études plus faciles, plus utiles, et former en même temps le goût de la jeunesse. Je propose, en premier lieu, qu'on fasse un choix plus réfléchi des maîtres qui doivent régir les classes, et qu'on leur prescrive la méthode sage et judicieuse qu'ils doivent suivre en enseignant, tant pour la grammaire et pour la dialectique qu'également pour la rhétorique ; qu'on fasse de petites distinctions pour les enfans qui s'appliquent, et qu'il y ait de légères flétrissures pour ceux qui se négligent. Je crois que le meilleur traité de logique, et en même temps le plus clair, est celui de Wolff. Il faudroit donc obliger tous les recteurs à l'enseigner, d'autant plus que celui de Batteux n'est pas traduit et qu'il ne l'emporte pas sur l'autre. Pour la rhétorique, qu'on s'en tienne à Quintilien. Quiconque, en l'étudiant, ne parvient pas à l'éloquence, n'y parviendra jamais. Le style de cet ouvrage est clair, il contient tous les préceptes et toutes les règles de l'art ; mais il faut avec cela que les maîtres examinent avec soin les thêmes de leurs écoliers, en leur expliquant les raisons pour lesquelles on corrige leurs fautes, et en louant les endroits où ils ont réussi.

Si les maîtres suivent la méthode que je propose, ils développeront le germe des talens où la nature en a semé ; ils perfectionneront le jugement de leurs écoliers, en les accoutumant à ne point décider sans connoissance de cause, ainsi qu'à tirer des conséquences justes de leurs principes. La rhétorique rendra leur esprit méthodique ; ils apprendront l'art d'arranger leurs idées, de les joindre, et de les lier les unes aux autres par des transitions naturelles, imperceptibles et heureuses ; ils sauront proportionner le style au sujet, employer à propos les figures, tant pour éviter la monotonie du style, que pour répandre des fleurs sur les endroits qui en sont susceptibles ; et ils ne confondront pas deux métaphores en une, ce qui ne peut présenter qu'un sens louche au lecteur. La rhétorique leur enseignera encore à faire un choix des argumens qu'ils veulent employer, selon le caractère de l'auditoire auquel ils ont à s'adresser ; ils apprendront à s'insinuer dans les esprits, à plaire, à émouvoir, à exciter l'indignation ou la pitié, à persuader, à entraîner tous les suffrages. Quel art divin que celui où par le moyen de la seule parole, sans force ni violence, on parvient à subjuguer les esprits, à régner sur les cœurs, et à savoir exciter dans une nombreuse assemblée les passions que l'on veut lui inspirer ! Si les bons auteurs étoient traduits en notre langue, j'en recommanderois la lecture comme celle d'une chose importante et nécessaire. Par exemple, pour les logiciens, rien ne les formeroit mieux que le Commentaire de Bayle sur les Comètes, et sur le *Contrains-les d'entrer*. Bayle est, selon mes foibles lumières, le premier des dialecticiens de l'Europe ; il raisonne non-seulement avec force et précision ; mais il excelle sur-tout à voir d'un coup-d'œil tout ce de quoi une proposition est susceptible ; son côté fort, son côté foible ; comment il faut la soutenir, et comment on pourra réfuter ceux qui l'attaqueront. Dans son grand Dictionnaire il attaque Ovide sur le débrouillement du chaos ; il y a des articles excellens sur les manichéens, sur Épicure, sur Zoroastre, etc. Tous méritent d'être lus et étudiés, et ce sera un avantage inestimable pour les jeunes gens qui pourront s'approprier la force du raisonnement et la vive pénétration d'esprit de ce grand homme. Vous devinez d'avance les auteurs que je recommanderai à ceux qui étudient l'éloquence. Pour qu'ils apprennent à sacrifier aux grâces, je voudrois qu'ils lussent les grands poëtes, Homère, Virgile, quelques odes choisies d'Horace, quelques vers d'Anacréon. Afin qu'ils prissent le grand goût de l'éloquence, je mettrois Démosthène et Cicéron entre leurs mains ; on leur feroit remarquer en quoi diffère le mérite de ces deux grands orateurs. Au premier on ne sauroit rien ajouter, au second il n'y a rien à retrancher. Ces lectures pourroient être suivies des belles Oraisons funèbres de Bossuet et de Fléchier, du Démosthène et du Cicéron François, et du petit Carême de Massillon rempli de traits de la plus sublime éloquence. Afin de leur apprendre dans quel goût il faut écrire l'histoire, je voudrois qu'ils lussent Tite-Live, Salluste, Tacite ; on leur feroit remarquer en même temps la noblesse du style, la beauté de la narration ; en condamnant toutefois la crédulité avec laquelle Tive-Live donne à la fin de chaque année une liste de miracles les uns plus ridicules que les autres. Ces jeunes gens pourroient ensuite parcourir l'Histoire universelle de Bossuet, et les Révolutions Romaines par l'Abbé de Vertot ; on pourroit y ajouter l'avant-propos de l'Histoire de Charles-Quint par Robertson. Ce seroit le moyen de leur former le goût et de leur apprendre comment il faut écrire ; mais si le recteur n'a pas lui-même ces connoissances, il se contentera de dire : Ici Démosthène emploie le grand argument oratoire ; là, et dans la plus grande partie du discours, il se sert de l'enthymême ; voilà une apostrophe, voici une prosopopée ; en tel endroit une métaphore, dans l'autre une hyperbole. Cela est bon, mais si le maître ne relève pas mieux les beautés de l'auteur, et qu'il n'en fasse pas remarquer les défauts (parce qu'il en échappe même aux plus grands orateurs), il n'aura pas rempli sa tâche.

J'insiste si fort sur toutes ces choses, à cause que je voudrois que les jeunes gens sortissent des écoles avec des idées nettes, et que sans se contenter de remplir leur mémoire, on s'attachât sur-tout à leur former le jugement, afin qu'ils apprissent à discerner le bon du mauvais, et que ne se bornant pas à dire, cela me plaît, ils pussent à l'avenir donner des raisons solides de ce qu'ils approuvent ou de ce qu'ils rejettent.

Pour vous convaincre du peu de goût qui jusqu'à nos jours règne en Allemagne, vous n'avez qu'à vous rendre aux spectacles publics. Vous y verrez représenter les abominables pièces de Shakespéar traduites en notre langue, et tout l'auditoire se pâmer d'aise en entendant ces farces ridicules et dignes des sauvages du Canada. Je les appelle telles, parce qu'elles pèchent contre toutes les règles du théâtre. Ces règles ne sont point arbitraires; vous les trouvez dans la Poétique d'Aristote, où l'unité de lieu, l'unité de temps et l'unité d'intérêt sont prescrites comme les seuls moyens de rendre les tragédies intéressantes ; au-lieu que dans ces pièces angloises la scène dure l'espace de quelques années. Où est la vraisemblance ? Des crocheteurs et des fossoyeurs paroissent et tiennent des propos dignes d'eux; ensuite viennent des princes et des reines. Comment ce mélange bizarre de bassesse et de grandeur, de bouffonnerie et de tragique, peut-il toucher et plaire ? On peut pardonner à Shakespéar ces écarts bizarres ; car la naissance des arts n'est jamais le point de leur maturité. Mais voilà encore un

Gœtz de Berlichingen qui paroît sur la scène, imitation détestable de ces mauvaises pièces angloises, et le parterre applaudit et demande avec enthousiasme la répétition de ces dégoûtantes platitudes. Je sais qu'il ne faut point disputer des goûts ; cependant permettez-moi de vous dire que ceux qui trouvent autant de plaisir aux danseurs de corde, aux marionnettes, qu'aux tragédies de Racine, ne veulent que tuer le temps ; ils préfèrent ce qui parle à leurs yeux à ce qui parle à leur esprit, et ce qui n'est que spectacle à ce qui touche le cœur. Mais revenons à notre sujet.

Après vous avoir parlé des basses classes, il faut que j'agisse avec la même franchise à l'égard des universités, et que je vous propose les corrections qui paroîtront les plus avantageuses et les plus utiles à ceux qui voudront se donner la peine d'y bien réfléchir. Il ne faut pas croire que la méthode qu'emploient les professeurs pour enseigner les sciences, soit indifférente ; s'ils manquent de clarté et de netteté, leurs peines sont perdues ; ils ont leur cours tout préparé d'avance, et ils s'en tiennent là. Que ce cours de leur science soit bien ou mal fait, personne ne s'en embarrasse ; aussi voit-on le peu d'avantage qu'on retire de ces études ; bien peu d'écoliers en sortent avec les connoissances qu'ils en devroient rapporter. Mon idée seroit donc de prescrire à chaque professeur la règle qu'il doit suivre en enseignant. En voici l'ébauche. Mettons le géomètre et le théologien de côté, parce qu'il n'y a rien à ajouter à l'évidence du premier, et qu'il ne faut point choquer les opinions populaires du dernier. Je trouve d'abord le philosophe. J'exigerois qu'il commençât son cours par une définition exacte de la philosophie ; qu'ensuite remontant aux temps les plus reculés, il rapportât toutes les différentes opinions que les hommes ont eues selon l'ordre des temps où ont fleuri ceux qui les ont enseignées. Il ne suffiroit pas, par exemple, de leur dire que les stoïciens admettoient dans leur système que les ames humaines sont des parcelles de la Divinité. Quelque belle et sublime que soit cette idée, le professeur fera remarquer qu'elle implique contradiction, parce que si l'homme étoit une parcelle de la Divinité, il auroit des connoissances infinies qu'il n'a point ; parce que si Dieu étoit dans les hommes, il arriveroit à présent que le dieu Anglois se battroit contre le dieu François et Espagnol ; que ces diverses parties de la Divinité tâcheroient de se détruire réciproquement, et qu'enfin toutes les scélératesses, tous les crimes que les hommes commettent, seroient des œuvres divines. Quelle absurdité d'admettre de pareilles horreurs ! Donc elles ne sont pas vraies. S'il touche au système d'Épicure, il s'arrêtera sur-tout sur l'impassibilité que ce philosophe attribue à ses dieux, ce qui est contraire à la Nature divine : il n'oubliera pas d'insister sur l'absurdité de la déclinaison des atomes, et sur-tout ce qui répugne à l'exactitude et à la liaison du raisonnement. Il fera sans doute mention de la secte acataleptique et de la nécessité où les hommes se trouvent souvent de suspendre leur jugement sur tant de matières métaphysiques, où l'analogie et l'expérience ne sauroient leur prêter de fil pour se conduire dans ce labyrinthe. Ensuite il en viendra à Galilée ; il exposera nettement son système ; il ne manquera pas d'appuyer sur l'absurdité du clergé Romain, qui ne vouloit pas que la terre tournât, qui se révoltoit contre les antipodes, et qui tout infaillible qu'il croyoit être, perdit cette fois au moins son procès devant le tribunal de la raison. Viendra ensuite Copernic, Tycho-Brahé, le système des tourbillons. Le professeur démontrera à ses auditeurs l'impossibilité du plein, qui s'opposeroit à tout mouvement ; il prouvera évidemment, malgré Descartes, que les animaux ne sont pas des machines. Ceci sera suivi de l'Abrégé du système de Newton, du vide qu'il faut admettre, sans qu'on puisse dire si c'est une négation d'existence, ou si ce vide est un être à la nature duquel nous ne pouvons attacher aucune idée précise. Cela n'empêchera pas que le professeur n'instruise son auditoire du parfait rapport de ce système calculé par Newton, avec les phénomènes de la nature ; et c'est ce qui obligea les modernes d'admettre la pesanteur, la gravitation, la force centripète et la force centrifuge, propriétés occultes de la nature inconnue jusqu'à nos jours. Ce sera alors le tour de Leibnitz, du système des monades et de celui de l'harmonie préétablie. Le professeur fera remarquer sans doute que sans unité point de nombre. Donc il faut admettre des corps insécables dont la matière soit composée. Il fera observer de plus à son auditoire, qu'idéalement la matière peut se diviser à l'infini ; mais que dans la pratique, les premiers corps, pour être trop déliés, échappent à nos sens, et qu'il faut de toute nécessité de premières parties indestructibles, qui servent de principes aux élémens ; car rien ne se fait de rien, et rien ne s'anéantit. Ce professeur représentera le système de l'harmonie préétablie comme le roman d'un homme de beaucoup de génie ; et il ajoutera sans doute que la nature prend la voie la plus courte pour arriver à ses fins : il remarquera qu'il ne faut pas multiplier les êtres sans nécessité. Viendra ensuite Spinosa, qu'il réfutera sans peine, en employant les mêmes argumens dont il s'est servi contre les stoïciens ; et s'il prend ce système du côté où il paroît nier l'existence du premier être, rien ne lui sera plus facile que de le réduire en poudre, sur-tout s'il fait voir la destination de chaque chose, le but pour lequel elle est faite. Tout, même jusqu'à la végétation d'un brin d'herbe, prouve la Divinité ; et si l'homme jouit d'un degré d'intelligence qu'il ne s'est point donné, il faut, à plus forte raison, que l'être dont il tient tout, ait un esprit infiniment plus profond et plus immense. Notre professeur ne mettra pas Malebranche tout-à-fait de côté. En développant les principes de ce savant père de l'Oratoire, il montrera que les conséquences qui en découlent naturellement, ramènent à la doctrine des stoïciens, à l'ame universelle dont tous les êtres animés font partie. Si nous voyons tout en Dieu, si nos sensations, nos pensées, nos désirs, notre volonté émanent directement de ses opérations intellectuelles sur nos organes, nous ne devenons que des machines mues par des mains divines. Dieu reste seul, et l'homme disparoît. Je me flatte que monsieur le professeur, s'il a le sens commun, n'oubliera pas le sage Locke, le seul des métaphysiciens qui ait sacrifié l'imagination au bon sens, qui suive l'expérience autant qu'elle peut le conduire, et qui s'arrête prudemment quand ce guide vient à lui manquer. Est-il question de morale ? monsieur le professeur dira quelques mots de Socrate; il rendra justice à Marc-Aurèle, et il s'étendra plus amplement sur les Offices de Cicéron, le meilleur ouvrage de morale qu'on ait écrit et qu'on puisse écrire.

Je ne dirai que deux mots aux médecins. Ils doivent sur-tout accoutumer leurs élèves à bien examiner les symptômes des maladies, pour en bien connoître le genre. Ces symptômes sont, un pouls rapide et foible, un pouls fort et violent, un pouls intermittent, la sécheresse de la langue, les yeux, la nature de la transpiration, les secrétions, tant urines que matières fécales; ils en peuvent tirer des inductions pour apprécier moins vaguement le genre de marasme qui cause la maladie; et c'est sur ces connoissances qu'ils doivent faire choix des remèdes convenables. Le professeur fera de plus, soigneusement observer à ses écoliers la prodigieuse différence des tempéramens, et l'attention qu'ils exigent. Il promenera la même maladie de tempérament en tempérament; il

insistera principalement sur la nécessité d'observer combien dans la même maladie la médecine doit être proportionnée à la nature de
la constitution du patient. Je n'ose pas néanmoins présumer qu'avec toutes ces instructions,
ces jeunes Esculapes fassent des miracles. Le
gain que le public y fera, c'est qu'il y aura
moins de citoyens de tués par l'ignorance ou
par la paresse des médecins.

 Pour abréger, je passe sur la botanique, la
chymie et les expériences physiques, afin d'entreprendre monsieur le professeur en droit,
qui m'a la mine bien rébarbative. Je lui dirai :
Monsieur, nous ne sommes plus dans le siècle
des mots, nous sommes dans celui des choses.
De grâce, pour l'avantage du public, daignez
mettre un peu moins de pédanterie et plus de
bon sens dans les profondes leçons que vous
croyez faire. Vous perdrez votre temps, Monsieur, à enseigner un droit public, qui n'est
pas même un droit particulier; que les puissans
ne respectent pas, et dont les foibles ne tirent
aucune assistance. Vous instruisez vos écoliers
des loix de Minos, de Solon, de Lycurgue, des
douze tables de Rome, du code de l'empereur
Justinien; et pas le mot, ou peu de chose des
loix et des coutumes reçues dans nos provinces.
Pour vous tranquilliser, nous vous permettons
de croire que votre cervelle est formée de la
quintessence de celles de Cujas et de Barthole
fondues ensemble; mais daignez considérer que
rien n'est plus précieux que le temps, et que
celui qui le perd en phrases inutiles, est un

prodigue auquel vous adjugeriez le séquestre si on l'accusoit devant votre tribunal. Permettez donc, Monsieur, tout érudit que vous êtes, qu'un ignorant de ma trempe (si vous encouragez ma timidité) vous propose une espèce de cours de droit que vous pourriez faire. Vous commencerez par prouver la nécessité des loix, parce qu'aucune société ne peut se soutenir sans elles. Vous montrerez qu'il y en a de civiles, de criminelles, et d'autres qui ne sont que de convention. Les premières servent pour assurer les possessions, soit pour les héritages, soit pour les dots, les douaires, les contrats de vente et d'achat ; elles indiquent les principes qui servent de règle pour décider des limites, ainsi que pour éclaircir des droits qui sont en litige. Les loix criminelles sont plutôt pour atterrer le crime que pour le punir ; les peines doivent être proportionnées aux délits, et les châtimens les plus doux doivent en tout temps être préférés aux plus rigoureux. Les loix de convention sont celles que les gouvernemens établissent pour favoriser le commerce ou l'industrie. Les deux premières sortes de loix sont d'un genre stable ; les dernières sont sujettes à des changemens, par des causes internes ou externes qui peuvent obliger d'abolir les unes et d'en créer de nouvelles. Ce préambule exposé avec toute la netteté nécessaire, monsieur le professeur, sans consulter Grotius ni Puffendorff, aura la bonté d'analyser les loix de la contrée où il réside ; il se gardera sur-tout de donner du goût à ses élèves pour l'esprit contentieux ; au-lieu d'en faire des embrouilleurs, il en fera des débrouilleurs ; et il emploiera tous ses soins à mettre de la justesse, de la clarté et de la précision dans ses leçons. Pour former à cette méthode ses disciples dès leur jeunesse, il ne négligera pas sur-tout de leur inspirer du mépris pour l'esprit contentieux qui sophistique tout, et qui semble un répertoire inépuisable de subtilités et de chicanes.

Je m'adresse à présent à monsieur le professeur d'histoire ; je lui propose pour modèle le savant et célèbre Thomasius. Notre professeur gagnera de la réputation s'il approche de ce grand homme; de la gloire, s'il l'égale. Il commencera son cours selon l'ordre des temps, par les histoires anciennes ; il finira par les histoires modernes. Il n'omettra aucun peuple dans cette suite de siècles; il n'oubliera ni les Chinois, ni les Russes, ni la Pologne, ni le Nord; comme il est arrivé à monsieur Bossuet dans son ouvrage, d'ailleurs très-estimable. Notre professeur s'appliquera sur-tout à l'histoire d'Allemagne, comme la plus intéressante pour les Allemands ; il se gardera cependant de s'enfoncer trop avant dans l'obscurité des origines sur lesquelles les documens nous manquent, et qui au demeurant sont des connoissances assez inutiles. Sans s'appesantir il parcourra le neuvième, le dixième, le onzième, le douzième siècles ; il s'étendra davantage sur le treizième siècle, où l'histoire commence à devenir plus intéressante. En avançant il entrera dans de plus grands détails, parce que ces faits sont liés davantage à l'histoire de nos jours ; il s'arrêtera plus particuliérement sur les événemens qui ont eu des suites que sur ceux qui sont morts sans postérité, si j'ose m'exprimer ainsi. Le professeur remarquera l'origine des droits, des usages, des loix ; il fera connoître à quelles occasions elles se sont établies dans l'Empire. Il faut qu'il marque l'époque où les villes impériales devinrent libres, et quels furent leurs privilèges, comment se forma la Hanse ou la ligue des villes Anséatiques ; comment les évêques et les abbés devinrent souverains ; il expliquera de son mieux comment les électeurs acquirent le droit d'élire les empereurs. Les différentes formes de l'administration de la justice dans cette suite de siècles, ne doivent pas être omises. Mais c'est sur-tout depuis Charles-Quint que monsieur le professeur fera le plus d'usage de son discernement et de son habileté : depuis cette époque tout devient intéressant et mémorable. Il s'appliquera à débrouiller de son mieux les causes des grands événemens ; indifférent pour les personnes, il louera les belles actions de ceux qui se sont illustrés, et il blâmera les fautes de ceux qui en ont commis. Voici enfin les troubles de la religion qui commencent ; le professeur traitera cette partie en philosophe. Viennent ensuite les guerres auxquelles ces troubles donnèrent lieu ; ces grands intérêts seront traités avec la dignité qui leur convient. La Suède prend parti contre l'empereur ; le professeur dira ce qui donna lieu à Gustave-Adolphe de se transporter en Allemagne, et quelles raisons eut la France de se déclarer pour la Suède, et pour la cause protestante ; mais le professeur ne répétera pas les vieux mensonges que de trop crédules historiens ont répandus. Il ne dira point que Gustave-Adolphe a été tué par un prince Allemand qui servoit dans son armée, parce que cela n'est ni vrai, ni prouvé, ni vraisemblable. La paix de Westphalie exigera un détail plus circonstancié, parce qu'elle est devenue la base des libertés germaniques, une loi qui restreint l'ambition impériale dans ses justes bornes, sur laquelle notre constitution présente est fondée. Le professeur rapportera ensuite ce qui s'est passé sous les règnes des empereurs Léopold I, Joseph I et Charles VI. Ce vaste champ lui fournit de quoi exercer son érudition et son génie, sur-tout s'il ne néglige rien d'essentiel ; et il n'oubliera pas, après avoir exposé tous les faits mémorables de chaque siècle, de rendre compte des opinions reçues, et des hommes qui se sont le plus distingués par leurs talens, par leurs découvertes, ou par leurs ouvrages ; et il aura soin de ne pas omettre les étrangers contemporains des Allemands dont il parle. Je crois qu'après avoir ainsi parcouru l'histoire, peuple après peuple, on rendroit service aux étudians si l'on rassembloit toutes ces matières et qu'on les leur représentât dans un tableau général. C'est sur-tout dans un tel ouvrage que l'ordre chronologique seroit nécessaire, pour ne pas confondre les temps, et pour apprendre à placer chaque fait important selon l'ordre qu'il doit occuper ; les contemporains à côté des contemporains ; et pour que la mémoire fût moins char-

gée de dates, il seroit bon de fixer les époques
où les révolutions les plus importantes sont ar-
rivées : ce sont autant de points d'appui pour la
mémoire, qui se retiennent facilement, et qui
empêchent que cet immense chaos d'histoires ne
brouille la tête des jeunes gens. Un cours d'histoire, tel que je le propose, doit être bien digéré,
profondément pensé, et purgé de toute minutie.
Ce n'est ni le *Theatrum Europæum*, ni l'histoire des Germains de monsieur de Bunau, que
le professeur doit consulter ; j'aimerois mieux
l'adresser aux cahiers de Thomasiüs, s'il s'en
trouve encore. Quel spectacle plus intéressant,
plus instructif et plus nécessaire pour un jeune
homme qui doit entrer dans le monde, que de
repasser cette suite de vicissitudes qui ont
changé si souvent la face de l'univers ! Où ap-
prendra-t-il mieux à connoître le néant des choses humaines, qu'en se promenant sur les ruines
des royaumes et des plus vastes empires ? Mais
dans cet amas de crimes qu'on lui fait passer
devant les yeux, quel plaisir pour lui de trouver
de loin à loin de ces ames vertueuses et divines
qui semblent demander grâce pour la perversité
de l'espèce ? Ce sont-là les modèles qu'il doit
suivre. Il a vu une foule d'hommes heureux environnés d'adulateurs ; la mort frappe l'idole,
les flatteurs s'enfuient, la vérité paroît, et les
cris de l'exécration publique étouffent la voix
des panégyristes. Je me flatte que le professeur
aura assez de sens pour marquer à ses disciples
les bornes qui distinguent une noble émulation
d'avec celles d'une ambition démesurée, et qu'il

les fera réfléchir sur tant de passions funestes qui ont entraîné les malheurs des plus vastes États ; il leur prouvera par cent exemples que les bonnes mœurs ont été les vraies gardiennes des empires, ainsi que leur corruption, l'introduction du luxe, et l'amour démesuré des richesses, ont été de tout temps les précurseurs de leur chûte. Si monsieur le professeur suit le plan que je propose, il ne se bornera pas à entasser des faits dans la mémoire de ses écoliers ; mais il travaillera à former leur jugement, à rectifier leur façon de penser, et sur-tout à leur inspirer de l'amour pour la vertu ; ce qui, selon moi, est préférable à toutes les connoissances indigestes dont on farcit la tête des jeunes gens.

Il résulte en général de tout ce que je viens de vous exposer, que l'on devroit s'appliquer avec zèle et avec empressement à traduire dans notre langue tous les auteurs classiques des langues anciennes et modernes ; ce qui nous procureroit le double avantage de former notre idiome et de rendre les connoissances plus universelles. En naturalisant tous les bons auteurs, ils nous apporteroient des idées neuves, et nous enrichiroient de leur diction, de leurs grâces, et de leurs agrémens : et combien de connoissances le public n'y gagneroit-il pas ? De vingt-six millions d'habitans qu'on donne à l'Allemagne, je ne crois pas que cent mille sachent bien le latin, sur-tout si vous décomptez cet amas de prêtres ou de moines qui savent à peine autant de latin qu'il en faut pour entendre tant bien que mal la syntaxe. Or voilà donc vingt-cinq millions neuf cent mille ames exclues de toutes connoissances, parce qu'elles ne sauroient les acquérir dans la langue vulgaire. Quel changement plus avantageux pourroit donc nous arriver que celui de rendre ces lumières plus communes en les répandant par-tout? Le gentilhomme qui passe sa vie à la campagne, feroit un choix de lectures qui lui seroient convenables, il s'instruiroit en s'amusant; le gros bourgeois en deviendroit moins rustre ; les gens désœuvrés y trouveroient une ressource contre l'ennui ; le goût des belles-lettres deviendroit général, et il répandroit sur la société l'aménité, la douceur, les grâces, et des ressources inépuisables pour la conversation. De ce frottement des esprits résulteroit ce tact fin, le bon goût qui par un discernement prompt saisit le beau, rejette le médiocre et dédaigne le mauvais. Le public, devenu ainsi juge éclairé, obligeroit les auteurs nouveaux à travailler leurs ouvrages avec plus d'assiduité et de soin, et à ne les donner au jour qu'après les avoir bien limés et repolis.

La marche que j'indique n'est point née dans mon imagination; c'est celle de tous les peuples qui se sont policés ; il n'y en a pas d'autre. Plus le goût des lettres gagnera, plus il y aura de distinction et de fortune à attendre pour ceux qui les cultivent supérieurement; plus l'exemple de ceux-là en animera d'autres. L'Allemagne produit des hommes à recherches laborieuses, des philosophes, des génies, et tout ce que l'on peut désirer; il ne faut qu'un Prométhée qui dérobe le feu céleste pour les animer.

Le sol qui a produit le fameux Des Vignes, chancelier du malheureux empereur Fréderic II, celui où sont nés ceux qui écrivirent les *Lettres des hommes obscurs* (bien supérieurs à leur siècle), qui sont les modèles de Rabelais ; le sol qui a produit le fameux Érasme dont l'*Éloge de la folie* pétille d'esprit, et qui vaudroit encore mieux, si l'on en retranchoit quelques platitudes monacales qui se ressentent du mauvais goût du temps ; le pays qui a vu naître un Mélanchthon aussi sage qu'érudit ; le sol, dis-je, qui a produit ces grands hommes n'est point épuisé, et en feroit éclorre bien d'autres. Que de grands hommes n'ajouterois-je pas à ceux-ci ? Je compte hardiment au nombre des nôtres, Copernic, qui par ses calculs rectifia le système planétaire, et prouva ce que Ptolomée a osé avancer quelques milliers d'années avant lui ; tandis qu'un moine d'un autre côté de l'Allemagne découvrit par ses opérations chymiques les étonnans effets de l'explosion de la poudre ; qu'un autre inventa l'imprimerie, art heureux qui perpétue les bons livres, et met le public en état d'acquérir des connoissances à peu de frais ; un Othon Guérike, esprit inventif, auquel nous devons la pompe pneumatique. Je n'oublierai certainement pas le célèbre Leibnitz, qui a rempli l'Europe de son nom ; si son imagination l'a entraîné dans quelques visions systématiques, il faut toutefois avouer que ses écarts sont ceux d'un grand génie. Je pourrois grossir cette liste des noms de Thomasius, de Bilfinger, de Haller, et de bien d'autres ; mais le temps présent m'impose silence.

L'éloge des uns humilieroit l'amour-propre des autres.

Je prévois qu'on m'objectera peut-être que pendant les guerres d'Italie on a vu fleurir Pic de la Mirandole. J'en conviens ; mais il n'étoit que savant. On ajoutera, que pendant que Cromwel bouleversoit sa patrie et faisoit décapiter son roi sur un échafaud, Toland publioit son *Léviathan*; et peu après lui Milton mit en lumière son *Paradis perdu* ; que même du temps de la reine Élisabeth le chancelier Bacon avoit déjà éclairé l'Europe et s'étoit rendu l'oracle de la philosophie, en indiquant les découvertes à faire, et en montrant le chemin qu'il falloit suivre pour y parvenir; que pendant les guerres de Louis XIV, les bons auteurs en tout genre illustrèrent la France : pourquoi donc, dira-t-on, nos guerres d'Allemagne auroient-elles été plus funestes aux lettres que celles de nos voisins ? Il me sera aisé de vous répondre. En Italie, les lettres n'ont véritablement fleuri que sous la protection de Laurent de Médicis, du pape Léon X, et de la maison d'Est. Il y eut dans ces temps quelques guerres passagères, mais non destructives ; et l'Italie, jalouse de la gloire que devoit lui procurer la renaissance des beaux-arts, les encourageoit autant que ses forces le permettoient. En Angleterre, la politique soutenue du fanatisme de Cromwel n'en vouloit qu'au trône : cruel envers son roi, il gouverna sagement sa nation ; aussi le commerce de cette isle ne fut-il jamais plus florissant que sous son protectorat. Ainsi le *Béhémoth* ne peut se regarder que comme un libelle de parti. Le *Paradis de Milton* vaut mieux sans doute : ce poëte étoit un homme d'une imagination forte, qui avoit pris le sujet de son poëme dans une de ces farces religieuses qu'on jouoit encore de son temps en Italie, et il faut remarquer sur-tout, qu'alors l'Angleterre étoit paisible et opulente. Le chancelier Bacon, qui s'illustra sous la reine Elisabeth, vivoit dans une cour polie ; il avoit les yeux pénétrans de l'aigle de Jupiter pour scruter les sciences, et la sagesse de Minerve pour les digérer. Le génie de Bacon est comme ces phénomènes qu'on voit paroître de loin à loin, et qui font autant d'honneur à leur siècle qu'à l'esprit humain. En France, le ministère du cardinal de Richelieu avoit préparé le beau siècle de Louis XIV. Les lumières commençoient à se répandre ; la guerre de la Fronde n'étoit qu'un jeu d'enfant. Louis XIV, avide de toute sorte de gloire, voulut que sa nation fût la première pour la littérature et le bon goût, commé en puisssance, en conquêtes, en politique et en commerce. Il porta ses armes victorieuses dans les pays ennemis. La France se glorifioit des succès de son monarque, sans se ressentir des ravages de la guerre. Il étoit donc naturel que les Muses, qui se complaisent dans le repos et dans l'abondance, se fixassent dans son royaume. Mais ce que vous devez remarquer sur-tout, Monsieur, c'est qu'en Italie, en Angleterre, en France, les premiers hommes de lettres et leurs successeurs écrivirent dans leur propre langue. Le public dévoroit ces ouvrages, et les connoissances se répandoient généralement sur toute la nation. Chez nous, c'étoit toute autre chose. Nos querelles de religion nous fournirent quelques ergoteurs, qui discutant obscurément des matières inintelligibles, soutenoient, combattoient les mêmes argumens, et mêloient les injures aux sophismes. Nos premiers savans furent, comme par-tout, des hommes qui entassoient faits sur faits dans leur mémoire, des pédans sans jugement, des Lipsius, des Freinshémius, des Gronovius, des Grævius, pesans restaurateurs de quelques phrases obscures qui se trouvoient dans les anciens manuscrits. Cela pouvoit être utile jusqu'à un certain point, mais il ne falloit pas attacher toute son application à des vétilles minutieuses, par conséquent peu importantes. Ce qu'il y eut de plus fâcheux, c'est que la vanité pédantesque de ces messieurs aspiroit aux applaudissemens de toute l'Europe : en partie pour faire parade de leur belle latinité, en partie pour être admirés des pédans étrangers, ils n'écrivoient qu'en latin ; de sorte que leurs ouvrages étoient perdus pour presque toute l'Allemagne. Delà il résulta deux inconvéniens : l'un que la langue allemande n'étant point cultivée, demeura chargée de son ancienne rouille ; et l'autre, que la masse de la nation qui ne savoit pas le latin, ne pouvant s'instruire, faute d'entendre une langue morte, continua de croupir dans la plus crasse ignorance. Voilà des vérités auxquelles personne ne pourra répondre. Que messieurs les savans se souviennent quelquefois que les sciences sont les alimens de l'ame ; la mémoire les reçoit comme l'estomac, mais elles causent des indigestions, si le jugement ne les digère. Si nos connoissances sont des trésors, il faut, non pas les enfouir, mais les faire profiter en les répandant généralement dans une langue entendue par tous nos concitoyens.

Ce n'est que depuis peu que les gens-de-lettres ont pris la hardiesse d'écrire dans leur langue maternelle, et qu'ils ne rougissent plus d'être Allemands. Vous savez qu'il n'y a pas long-temps qu'a paru le premier dictionnaire de la langue allemande qu'on ait connu ; je rougis de ce qu'un ouvrage aussi utile ne m'a pas devancé d'un siècle ; cependant on commence à s'appercevoir qu'il se prépare un changement dans les esprits ; la gloire nationale se fait entendre, on ambitionne de se mettre de niveau avec ses voisins, et l'on veut se frayèr des routes au Parnasse, ainsi qu'au temple de mémoire ; ceux qui ont le tact fin le remarquent déjà. Qu'on traduise donc dans notre langue les ouvrages classiques anciens et modernes. Si nous voulons que l'argent circule chez nous, répandons-le dans le public, en rendant communes les sciences qui étoient si rares autrefois.

Enfin, pour ne rien omettre de ce qui a retardé nos progrès, j'ajouterai le peu d'usage que l'on a fait de l'allemand dans la plupart des cours d'Allemagne. Sous le règne de l'empereur Joseph I on ne parloit à Vienne qu'italien ; l'espagnol prévalut sous Charles VI ; et durant l'empire de François I, né Lorrain, le françois se parloit à sa cour plus familiérement que l'allemand : il en étoit de même dans les cours électorales. Quelle pouvoit en être la raison ? Je vous le répète, Monsieur, c'est que l'espagnol, l'italien et le françois étoient des langues fixées, et la nôtre ne l'étoit pas. Mais consolons-nous ; la même chose est arrivée en France. Sous François I, Charles IX, Henri III, dans les bonnes compagnies on parloit plus l'espagnol et l'italien que le françois ; et la langue nationale ne fut en vogue qu'après qu'elle devint polie ; claire, élégante, et qu'une infinité de livres classiques l'eurent embellie de leurs expressions pittoresques, et en eurent aussi fixé sa marche grammaticale. Sous le règne de Louis XIV, le françois se répandit dans toute l'Europe, et cela en partie pour l'amour des bons auteurs qui florissoient alors, même pour les bonnes traductions des anciens qu'on y trouvoit. Et maintenant cette langue est devenue un passe-par-tout qui vous introduit dans toutes les maisons et dans toutes les villes. Voyagez de Lisbonne à Pétersbourg, et de Stockholm à Naples en parlant le françois, vous vous faites entendre par-tout. Par ce seul idiome vous vous épargnez quantité de langues qu'il vous faudroit savoir, qui surchargeroient votre mémoire de mots, à la place desquels vous pouvez la remplir de choses, ce qui est bien préférable.

Voilà, Monsieur, les différentes entraves qui nous ont empêchés d'aller aussi vîte que nos voisins ; toutefois ceux qui viennent les derniers, surpassent quelquefois leurs prédécesseurs : cela pourra nous arriver plus promptement qu'on ne le croit, si les souverains prennent du goût pour les lettres ; s'ils encouragent ceux qui s'y appliquent, en louant et récompensant ceux qui ont le mieux réussi : que nous ayons des Médicis, et nous verrons éclorre des génies. Des Auguste feront des Virgile. Nous aurons nos auteurs classiques ; chacun, pour en profiter, voudra les lire ; nos voisins apprendront l'allemand, les cours le parleront avec délice ; et il pourra arriver que notre langue polie et perfectionnée s'étende en faveur de nos bons écrivains d'un bout de l'Europe à l'autre. Ces beaux jours de notre littérature ne sont pas encore venus ; mais ils s'approchent. Je vous les annonce, ils vont paroître : je ne les verrai pas, mon âge m'en interdit l'espérance. Je suis comme Moyse ; je vois de loin la terre promise, mais je n'y entrerai pas. Passez-moi cette comparaison. Je laisse Moyse pour ce qu'il est, et ne veux point du tout me mettre en parallèle avec lui ; et pour les beaux jours de la littérature, que nous attendons, ils valent mieux que les rochers pelés et arides de la stérile Idumée.

1781.

LETTRE
SUR
LA LITTÉRATURE ALLEMANDE;
ADRESSÉE A
S. A. R. MADAME LA DUCHESSE DOUAIRIÈRE DE BRUNSWICK-WOLFENBUTTEL, EN 1781.

AVIS DE L'ÉDITEUR.

Monsieur Jérusalem ayant été engagé par cette Princesse à lui donner ses idées sur le même sujet qui avoit occupé Fréderic II, les lecteurs verront sans doute avec plaisir la réunion de deux ouvrages qui semblent devoir être inséparables.

MADAME!

J'Ai obéi aux ordres de votre Altesse Royale; mais j'ose à peine lui présenter le fruit de mes réflexions. En effet, Madame, un pauvre vieillard tel que moi, dont l'esprit est émoussé par les années et par les distractions pénibles de son genre de vie, que pourroit-il écrire sur notre littérature, qui fut digne de paroître aux yeux du Roi; même sous les auspices de votre Altesse Royale, mon ouvrage méritera-t-il de lui être offert?

Tout au plus je puis me flatter, que sa Majesté

daignera approuver la fidélité patriotique avec laquelle j'ai exposé d'un côté les obstacles qui ont tant retardé jusqu'ici les progrès de notre littérature, et cherché de l'autre à offrir à son attention le peu d'essais heureux que la force originelle du génie de notre nation a produit malgré cette situation décourageante.

Si les guerres seules qui ont ravagé l'Allemagne depuis le temps que les muses exilées se réfugièrent de l'Orient dans les pays occidentaux avoient fait naître ces obstacles, le génie national auroit eu chez nous assez de vigueur pour se développer à l'égal des autres peuples au milieu même de ces agitations. Mais ce qui a plus que le bruit des armes intimidé et découragé les muses de l'Allemagne, c'est qu'elles n'y ont ni patrie propre, ni siège fixe, ni protecteur commun ; c'est que la plupart de nos génies vivant épars en cent endroits différens, isolés, sans appui, sans honneur, privés des sociétés qui pourroient réveiller et enflammer leurs talens, sont encore dénués de secours et hors d'état de s'en procurer de leurs minces revenus qui suffisent à peine à leur entretien, et qu'ils n'obtiennent qu'en se chargeant d'occupations souvent de nature à étouffer l'esprit ; c'est que les grands qui sont en France l'ornement et l'appui des lettres, les regardent chez nous comme au-dessous de leur dignité et comme uniquement destinées pour l'état bourgeois ; et que les savans de notre patrie, parce qu'ils n'ont pas l'avantage de la naissance, sont exclus des cours et du grand monde, et obligés de vivre dans une obscurité décourageante; c'est enfin que la prérogative de la noblesse, même destituée d'autre mérite, ou récemment acquise, donne plus de considération que les talens les mieux cultivés, et que les sciences ne sont que trop souvent appréciées par des juges qui se font une sorte d'honneur de ne les point connoître.

Ajoutons encore que la littérature allemande a éprouvé le même sort qui retarda si long-temps les progrès de la littérature romaine. Rome ne dut ses lumières qu'aux Grecs; c'est de la Grèce qu'on prenoit les maîtres et les précepteurs destinés à former la jeunesse, et tous les jeunes Romains de qualité qui aspiroient à des mœurs polies, aux sciences et au bon goût, alloient étudier à Athènes. Ce commerce intime avec la littérature grecque forma, il est vrai, la nation, mais il retarda aussi à proportion la culture de sa langue et les progrès de sa propre littérature. Par-tout les Grecs donnoient le ton; sans connoître eux-mêmes la langue latine, ils prononcèrent cependant qu'elle étoit trop pauvre et trop rude pour se prêter aux sciences. On se soumit à leur décision, et ceux qui se piquoient de bon goût, lisoient les Grecs, parloient et écrivoient en grec, jusqu'à ce qu'enfin Ciceron eut le courage de relever l'honneur de sa langue maternelle, et s'en servit dans ses ouvrages philosophiques.

Notre littérature a eu le même sort. C'est à la nation Françoise, et particuliérement à la colonie qu'un fanatisme persécuteur bannit de la France, et que le grand Électeur recueillit dans ses Etats,

que l'Allemagne dut la première aurore de la
politesse des mœurs et du bon goût dans les
sciences. Des manières nobles et insinuantes,
l'élégance des mœurs, les agrémens d'une langue
cultivée ouvroient à ces fugitifs l'entrée des
cours et du grand monde ; tout-à-coup ils devinrent les précepteurs de notre nation : avec leur
langue, se répandit la connoissance des chéf-
d'œuvres de la littérature françoise. Nous n'a-
vions encore rien qui leur put être comparé. Le
grand nombre des Allemands eut presque honte
de notre langue, et dans le mépris dont on la
couvrit, on désespéra qu'elle put jamais être susceptible d'un certain degré de délicatesse et de
culture. Déjà timide et craintif, le savant Allemand fut encore découragé davantage, et se
défia de ses propres forces au point de n'oser pas
même les essayer.

Ainsi la nation Françoise en même temps
qu'elle porta parmi nous les premiers développemens du goût, retarda d'autant aussi les progrès de notre propre littérature.

Quelques génies heureux ne laissèrent pas cependant de se distinguer. Au milieu des barbares
dévastations de la guerre de trente ans, on vit
paroître en Silésie deux gentilshommes, Opitz
et Logau, qui renonçant à ce faux goût de bel-
esprit que l'imitation des auteurs Italiens avoit
rendu dominant, réunirent si heureusement
dans leurs poésies le ton noble et simple de la
nature, que nous pouvons encore nous en honorer ; mais ils étoient comme des rossignols qui au
printemps, lorsque la saison est encore rude,

chantent au milieu d'un bois sans feuillage où personne ne les entend.

La finesse d'esprit qui règne dans les satyres de Canitz montre aussi que de son temps, déjà notre langue n'auroit plus été trop rude ni trop pauvre pour se prêter aux sciences, si elle avoit pu davantage se former et se polir dans le grand monde.

Et tandis que dans toutes les autres cours on ne connoissoit encore qu'un style de chancellerie barbare, ce qui sortoit de la plume des Fuchs, des Ilgen et des Thulemeier, étoit déjà comparable aux chef-d'œuvres d'un Herzberg et d'un Zedlitz; mais une obscurité trop épaisse couvroit tout le reste de l'Allemagne pour que ces rayons épars eussent pu la percer et faire naître une clarté générale.

Thomasius fut un des premiers qui rendirent service à notre langue. Occupé sans cesse lui-même à bannir de la crédulité publique le diable et les sorciers, à précipiter de son trône la philosophie scholastique, et à combattre les préjugés qui tyrannisoient toutes les sciences, il ne put directement contribuer aux progrès de la littérature allemande ; mais il eut pourtant le grand mérite d'avoir osé employer l'allemand dans ses leçons publiques, et par bonheur il écrivoit mal en latin : les pédans crièrent à la barbarie ; mais c'étoit toujours un grand pas de fait pour la culture de la langue et le développement de la nation.

Ce fut proprement Wolff qui le premier mérita le plus de sa langue. Il la cultiva et l'enrichit en traitant en allemand toutes les parties de la philosophie théorique et pratique, la physique, la pneumatologie et les mathématiques. C'est dans ses ouvrages que nos compatriotes apprirent avec étonnement à connoître leurs richesses. Mais Wolff aspirant plus à la clarté, qu'à la beauté du style, et ayant dans cette vue adopté une méthode dont la sécheresse et la monotonie semblent être le caractère, écrivant d'ailleurs dans un temps où la langue elle-même n'avoit pas encore reçu un certain degré de culture, ses ouvrages ne furent point goûtés de ceux qui étoient accoutumés au style fleuri des François.

Tel étoit l'état de la littérature allemande dans le temps où sa Majesté pouvoit encore consacrer quelque loisir aux muses. On auroit eu de la peine alors à rassembler une bibliothèque de douze ouvrages originaux allemands, écrits avec quelque goût. Mais c'est à l'époque à jamais mémorable dans les annales de l'Allemagne pour la gloire et la liberté de notre patrie, où sa Majesté monta sur le trône, que commence aussi l'époque heureuse de la littérature allemande. La protection et les faveurs extraordinaires dont ce grand Prince avoit déjà honoré les sciences, encouragea le génie de notre nation à redoubler d'efforts pour les mériter, et depuis ce temps, il a fait malgré les difficultés que son développement rencontroit encore, par la seule vigueur et la constance qui lui sont propres, et au moyen d'une application infatigable, des progrès si rapides, que peut-être aucune autre nation avec toutes ses prérogatives n'en a fait de semblables en un pareil espace de temps; en sorte que notre langue n'est plus ce qu'elle étoit autrefois, une langue pauvre, rude et peu formée; mais elle peut être comparée à toutes les autres pour la richesse, et le leur disputer peut-être pour la force. S'il est impossible qu'elle ait déjà autant de chef-d'œuvres dans tous les genres de littérature, au moins offre-t-elle dans presque tous les genres des modèles qu'elle ose placer à côté de ceux des autres nations.

Les *Poésies* et les ouvrages en prose de Haller, le *Messie* de Klopstock, les *Idylles* et la *Mort d'Abel* de Gessner, l'*Agathon* de Wieland et ses romans dans le goût de l'Arioste, les *Fables* de Gellert, de Lessing et de Lichtwehr, les *Odes* de Ramler et de Cramer, les écrits de Sulzer, de Garve, ceux de Mendelson et de Engel seroient en France même des ouvrages académiques si on les entendoit, puisque malgré ce qu'ils ont presque toujours perdu dans les traductions, ils ont pourtant été reçus avec estime par cette nation délicate et difficile. Malgré la distance dans laquelle leurs auteurs dispersés par toute l'Allemagne vivent les uns des autres, on ne reconnoît pourtant dans aucun de ces ouvrages la province de l'auteur. Ils sont classiques pour toute l'Allemagne, comme si la même académie les eut produits tous, et ils suffiroient déjà seuls pour développer davantage le goût de la nation. Aussi chaque année enrichit-elle notre littérature de nouvelles productions du même mérite. Il est vrai qu'avec ces chef-d'œuvres elle se voit chaque année accablée d'une foule de productions monstrueuses, pédantesques et pleines d'inepties ; mais la nation la plus cultivée est obligée d'en souffrir de semblables, et combien plus notre pauvre patrie où plus de cinq mille nouveaux ouvrages quittent annuellement la presse, doit-elle dans cet effroyable débordement d'écrits, prouver le même sort. Ce qu'il y a seulement de fâcheux pour nous, c'est que les autres nations connoissant si peu notre langue et notre littérature, ne distinguent pas ces productions difformes et monstrueuses de celles que le génie de la nation avoue.

Sa Majesté observe que nous manquons surtout de grands orateurs, de bons auteurs dramatiques et de bons historiens. Il faut convenir qu'à ces égards nous sommes encore le plus en arrière. Nous n'avons ni Massillon, ni Fléchier, ni d'Aguesseau, ni Bossuet. Mais les Massillon et les Fléchier indépendamment de la vivacité naturelle du génie national, quels avantages ne trouvoient-ils pas à Paris pour être ce qu'ils ont été. Avec tous les talens naturels que sa Majesté accorde aux Allemands, la grande éloquence ne deviendra que difficilement une prérogative de notre nation.

Les cours de justice sont en France, comme autrefois à Rome, le grand théâtre de la plus noble éloquence ; au-lieu que notre constitution exige que les tribunaux les plus éclairés souffrent dans leurs enceintes le langage de la barbarie.

Nous n'avons pas d'académies dont l'objet soit de réveiller et de perfectionner le talent de l'orateur.

Suivant l'esprit de l'église protestante, les chaires ne sont pas non plus le véritable lieu de l'éloquence véhémente et fleurie. Elles le sont davantage dans l'Église Romaine. La pompe extérieure de son culte, la multitude de ses saints qui en ont fait la grande école de la peinture, fournissent aussi le plus riche fond à l'imagination de l'orateur. Le culte protestant est par sa nature même plus simple. Une application sérieuse à devenir les imitateurs de l'Etre-Suprême dans son amour universel, pour le bien et l'assurance consolante de sa grace et d'une heureuse éternité, constituent l'essence de notre religion, et c'est à ces deux objets principaux que se rapportent les discours sacrés. Convaincu et pénétré de l'importance et de l'heureuse étendue de la grande loi de sa religion qui prescrit l'honnêteté du cœur et l'amour universel de nos semblables, fondé sur un véritable amour de Dieu, l'auditeur doit être conduit à son observation par le sentiment de la force des motifs qu'on lui présente. Mais la simplicité, la clarté, une douce chaleur nous conduisent plus sûrement à ce but, et touchent le cœur davantage que cette éloquence véhémente et fleurie qui échauffe l'imagination, mais dont les effets disparoissent aussi plus vite que les impressions que le cœur a reçues, et dans ce genre, notre Église offre déjà des orateurs qui surpassent peut-être les plus grands modèles François et Anglois : nous compterions parmi eux des Bourdaloue et des Massillon, si l'esprit de notre culte en demandoit. Nos plus grands orateurs ont de tout temps fleuri à

Berlin, et cette ville en possède actuellement du premier ordre.

C'est pour le théâtre que nous sommes restés le plus long-temps en arrière. Car lorsqu'on connut une fois les belles pièces du théâtre François, les viles farces qu'on avoit en Allemagne et les aventuriers qui les représentoient se virent condamnés à un mépris plus général que jamais, et n'osèrent plus se montrer que sur les treteaux de la foire. Nos ecclésiastiques ne connoissant point de théâtre plus décent que ce qu'on nommoit alors la comédie Allemande, la décrioient avec raison comme l'école des vices les plus honteux. C'est par les traductions des pièces françoises que notre théâtre s'épura peu-à-peu. Mais le ton maussade et pesant de ces traductions rendoit les meilleurs originaux insoutenables ; et la représentation offroit encore au spectateur dégoûté, au-lieu du valet comique, un rustre grossier, et à la place du marquis, le ton et les manières d'un courtaud de boutique. Peu-à-peu cependant les traductions et la représentation devinrent meilleures ; mais on avoit encore peu d'espérance de voir un jour se former un bon théâtre national. L'homme de goût n'osoit faire paroître ses essais à côté des chef-d'œuvres des Racine, des Corneille et des Voltaire ; et l'Allemagne n'ayant pas de caractère national, nos auteurs qui travailloient pour le théâtre, ne connoissant d'autre monde que leur patrie, et étant obligés d'y prendre les originaux de leurs personnages, le théâtre François resta parmi nous en possession de ses prérogatives, jusqu'à ce qu'enfin les efforts soutenus du génie de la nation produisirent des essais plus heureux dans ce genre. Sa Majesté elle-même a compté parmi nos bonnes pièces le *Postzug*, et peut-être votre Altesse Royale se rappellera-t-elle les pièces pleines de noblesse et de douceur de Engel. Mais c'est notre Lessing qui a le plus relevé l'honneur du théâtre Allemand. Sa *Dramaturgie* contient au jugement de tous les connoisseurs la critique la plus fine du théâtre, et Voltaire même, s'il eut pu la lire, n'auroit pu se défendre de quelques secrètes inquiétudes. Sa *Minna von Barnhelm*, sa *Miss Sara Samson* et son *Emilia Galotti* seroient des chef-d'œuvres à Paris et à Londres même. Le premier essai de notre Leisewitz, son *Julius von Tarent*, présente aussi des scènes dont le meilleur auteur dramatique François ou Anglois se feroit honneur.

L'histoire fut de tout temps un des principaux objets d'application pour les Allemands : mais elle étoit une science de mémoire aride et difficile, dont le mérite consistoit plus dans un amas pénible de faits et dans une exactitude pédantesque et minutieuse, que dans un choix éclairé des faits les plus importans. La pureté et la beauté du style n'y étoient comptés pour rien ; parce qu'en général le goût et la langue étoient encore trop peu formés. L'Histoire d'Allemagne étoit plus l'histoire des empereurs que celle de la nation. Mais à présent déjà nous avons plus d'un auteur digne de succéder à Mascow qui le premier s'attira par son Histoire l'attention et l'estime des étrangers. L'Histoire du 13e et 14e siècles de Olenschlager est le pendant accompli de celle de Mascow.

L'*Histoire des Allemands* que le professeur Schmidt de Wurtzbourg a écrit jusqu'ici avec l'approbation la plus universelle, et qu'il a conduite jusqu'à l'époque de l'élévation de la maison d'Autriche, présente une véritable histoire de la nation, et on la quitte à regret lorsqu'on en a commencé la lecture. Si cet excellent auteur qui vient d'être appellé à Vienne en qualité d'historiographe et de préposé des archives, conserve dans la continuation de son ouvrage la même liberté qu'il a montrée jusqu'ici à l'égard de la cour de Rome, il aura droit à toute notre reconnoissance. On attend aussi avec impatience la suite de l'*Histoire de la paix d'Osnabruck*, que Möser a commencé d'après le plan admirable que sa pénétration lui en a fait concevoir.

Notre Leisewitz dont j'ai déjà parlé, travaille à une histoire de la guerre de trente ans, qui pourra être placée à côté de l'Histoire de Charles V de Robertson ; et c'est ainsi que de plus en plus notre littérature s'enrichit d'heureux essais historiques plus ou moins volumineux, qui se distinguent également par le choix des faits, par l'exactitude et le bon goût de leurs auteurs. Les bons ouvrages élémentaires que nous possédons déjà, banniront aussi bientôt de nos écoles, les ouvrages pédantesques dont on s'est servi jusqu'à présent, et dans l'éducation domestique ; Rollin est depuis long-temps regardé comme un livre d'instruction que la nation a adopté.

Cependant malgré les progrès que la culture

de notre langue a faits, elle est encore toujours exposée au reproche, que sa marche est pesante, sa construction embarrassée, et que la dureté de ses sons choque une oreille délicate.

Il est vrai que nos longues périodes, nos fréquentes parenthèses, nos épithètes accumulées, nos prépositions transposées, l'inversion qui plaçant le verbe à la fin de la période, le sépare et l'éloigne du substantif qu'il régit, doivent rendre notre langue difficile pour quiconque est une fois accoutumé à la marche plus facile et plus simple de la langue françoise. Mais chaque langue a sa marche propre qu'il s'agit de reconnoître ; sans quoi les constructions, en apparence également embarrassées de la langue latine, et les longues périodes de Cicéron, pourroient fonder le même reproche qu'on fait à la nôtre. Dans la langue françoise, chaque mot, chaque verbe et chaque particule ayant sa place fixe et invariable, sa marche ne peut qu'en être plus facile et plus simple. Mais aussi ses meilleurs auteurs gémissent du joug que les grammairiens leurs ont imposé, et ceux d'entr'eux qui ont quelque connoissance de l'allemand, conviennent des avantages que nous donne la liberté dont nous jouissons à cet égard. Car si la marche de notre langue en devient moins légère ; combien aussi ne gagne-t-elle pas pour la force. Au moyen d'une parenthèse nous lions immédiatement une idée accessoire avec l'idée principale ; nous donnons à celle-ci toute son énergie en accumulant plusieurs épithètes, dont chacune présente une autre nuance d'idée ; nous assignons à la préposition la place où elle contribue le plus à faire sortir le sens, ou à augmenter le nombre et la cadence de la période, enfin le verbe qui finit la phrase développe l'idée principale après qu'elle a reçu toute sa force et son expression. Notre grammaire ne donnant point de règles à cet égard et ne pouvant même en donner, mais abandonnant l'usage de cette liberté au bon goût des auteurs, c'est au défaut de celui-ci et à l'affectation de nos bons écrivains même, d'employer dans leurs écrits des constructions embarrassées, qu'il faut attribuer cette obscurité de style. Les étrangers ont d'autant plus de raison de s'en plaindre, que nous sommes souvent obligés nous-mêmes de relire plusieurs fois une semblable période avant d'en saisir le sens. Mais c'est là un abus; c'est un défaut de ce bon goût qui dans toutes les langues est nécessaire pour bien écrire.

Quant à la composition des épithètes, notre langue jouit à cet égard du même avantage qui donne à la langue grecque, l'énergie d'expression qu'on y admire, et elle perd par-là aussi peu, que celle-ci de sa douceur et de sa flexibilité. Il faut seulement que l'auteur qui s'en sert, soit maître de ses richesses, et qu'il ait assez de sentiment et de goût pour savoir en faire usage.

Dans les écrits philosophiques de Mendelson on trouve toute la pénétration de Platon avec plus de force et de solidité; ceux de Engel ont le ton simple et populaire de Socrate. Gessner comme Théocrite parle le langage doux et touchant de la nature. Gleim surpasse infiniment Tyrtée; Gellert, Lessing et Lichtwehr ont toute la naïveté de Phèdre. On retrouve par-tout dans les écrits de Wieland ce pinceau séduisant, ce coloris vif et animé qui distingue Ovide, Catulle et l'Arioste; enfin on admire l'élévation et l'essor d'Horace dans les *Odes* de Ramler. On reproche à ce dernier d'être quelquefois obscur, mais c'est-là la nature de l'Ode, et à Rome même il falloit étudier Horace pour en sentir toute la beauté.

Pour ne nommer encore que notre grand Kleist, que peut-on voir de plus fleuri et de plus touchant que son *Printemps*, de plus doux que ses *Idylles*, de plus élevé que son *Ode à l'Armée Prussienne*.

Je ne suis pas en état de juger de l'harmonie musicale qui distingue une langue d'une autre. Comme la musique est pour moi plutôt un objet de sentiment que d'analyse, j'ai toujours attribué ce qu'elle me faisoit éprouver moins aux sons de la langue, qu'à l'expression énergique du poëte et du compositeur. Il est vrai qu'on préférera toujours pour le chant la langue qui a le plus de voyelles, parce que le musicien pourra le mieux y développer la molle flexibilité et la force de ses organes. Mais aussi dans une langue trop molle, la musique doit perdre beaucoup, ne pouvant exprimer avec assez de succès un grand nombre de sentimens ou tendres ou forts que notre langue paroît devoir rendre très-bien, pourvu que le poëte la possède suffisamment et ait l'oreille assez délicate, et qu'aussi le compositeur saisisse bien le sens des expressions du poëte.

Je doute que jamais Graun, en suivant un texte de quelqu'autre langue, eut pu donner à sa *Passion* cette expression si douce, si touchante, et en même temps si énergique et si élevée, que lui inspira la Cantate de Ramler. La musique de l'*Hymne des Pélerins* de Hasse, exécutée d'après le texte allemand, est aussi belle et aussi pleine d'harmonie, que si Hasse l'eut composée d'après ce même texte.

Il faut observer en général que c'est par les consonnes plus que par les voyelles que s'exprime la nature, et ce langage primitif ne s'est peut-être conservé dans aucune langue autant que dans la nôtre. La langue françoise a souffert trop de changemens pour qu'elle ait pu en garder beaucoup de traces. Dans tous nos mots primitifs au contraire, on reconnoît si distinctement le son approprié par la nature à nos organes, que celui-même qui n'entend pas la langue, sur cent mots ne manquera peut-être pas cinq fois la véritable signification. J'ai d'autant plus admiré la manière dont le président de Brosse a su dans son *Mécanisme du Langage* expliquer la théorie des sons primitifs, que sa langue en a conservé si peu de traces.

L'harmonie de la langue allemande gagne encore beaucoup par la mesure déterminée des syllabes, qui l'a mise en état d'adopter dans ses poésies, avec beaucoup de succès, le rythme grec que Klopstock a conduit à la plus grande perfection; au-lieu que la poésie françoise aura toujours besoin du secours de la rime pour être harmonieuse.

La langue grecque prouve encore combien peu les consonnes dont la nôtre abonde la rendent dure et désagréable. Sans parler de cette multitude de diphtongues d'*oi* et d'*ai*, qui déjà choquent si fort l'oreille, on trouve dans la langue grecque le même entassement de consonnes qu'on reproche à la nôtre, et dont le mot même de diphtongue est un exemple. On y trouve encore ce grand nombre de gutturales que les François et les Italiens pensent ne pouvoir être exprimées que par des Allemands, tandis que les Grecs, dont la prononciation douce et agréable fit croire que leur langage étoit celui des muses même, n'avoient aucune peine à les prononcer. Mais pour que les sons d'une langue puissent plaire, il faut sans doute que l'oreille y soit accoutumée, et plus encore, que l'organe de la parole y soit fait. Un gosier dur, une large ouverture de bouche, une langue épaisse rendront les plus beaux sons durs et désagréables. Imaginez les *Poésies* de Bernis dans la bouche d'un paysan Normand ou Gascon, ou les *Odes* d'Anacréon et les *Idylles* de Théocrite dans celle d'un paysan de Bavière ou de Westphalie.

Sa Majesté ayant elle-même témoigné l'intérêt généreux qu'elle daigne prendre à la culture de notre langue et à l'avancement de notre littérature, j'ose me flatter que la franchise avec laquelle j'ai exposé les progrès que nous avons déjà faits, ne lui déplaira pas.

Cependant il y auroit autant de témérité que d'ignorance à nous comparer pour cela à la nation Françoise. Comme nation, nous sommes encore fort en arrière. Nos meilleures productions ne sont pour la plupart que des essais sortis de la plume de quelques heureux génies : ils sont en trop petit nombre pour qu'ils aient pu déjà fixer l'attention de sa Majesté, pendant le cours d'un règne où toute l'activité de son génie étoit occupée à maintenir la balance de l'Europe, à défendre la liberté de l'Allemagne, et à procurer le bonheur de ses propres Etats par une législation plus accomplie, par un commerce plus florissant, par l'établissement d'un nouvel ordre pour tous les Etats ; en même temps que le maintien de la tranquillité publique exigeoit une armée, dont la *** , dans le degré de perfection auquel sa Majesté a su la conduire, auroit paru impossible aux César et aux Turenne même.

Nous n'en devons cependant pas moins regarder la culture que notre langue a reçue pendant le règne de ce grand Prince, comme l'effet de cette protection signalée qu'il n'a pas laissé, au milieu de ses importans travaux, d'accorder aux sciences, et de cette précieuse liberté de sentimens qu'il a revendiqué pour l'humanité, comme le premier de ses droits.

Ainsi l'influence bienfaisante et générale du soleil donne à chaque fleur sa beauté, et nourrit la fertilité de chaque plante, lors même que dans l'ombre des vallées elles n'éprouvent pas immédiatement l'action de ses rayons.

D'ailleurs, notre langue n'a reçu sa culture

que par l'usage de ces mêmes moyens, que sa Majesté, par un effet de ses soins généreux, daigne elle-même prescrire pour la former.

Ses premiers progrès, elle les doit aux traductions de bons ouvrages françois, et plus encore à la connoissance, devenue bientôt générale, des originaux même, les traductions ayant pour la plupart été faites par des gens qui n'avoient ni assez de goût pour sentir les beautés de l'original, ni assez de force d'expression pour transporter dans la traduction toutes les nuances d'idées de leurs auteurs.

Comme la langue angloise étoit moins généralement connue, ce ne furent que des gens d'un goût plus cultivé qui se mêlèrent de traduire de l'anglois ; et voilà d'où vient que les traductions d'ouvrages anglois, que notre professeur Ebert a faites, sont devenues elles-mêmes des modèles accomplis de style dans notre langue.

Ce fut ainsi qu'elle dut sa première culture à la connoissance du françois et de l'anglois : elle s'appropria les tours heureux, le coloris animé et les images nobles, qu'une étude plus approfondie des anciens avoit déjà rendus propres à ces deux langues.

Enfin nous commençons à pouvoir nous passer de traductions, depuis que le françois et l'anglois ont, pour ainsi dire, obtenu chez nous le droit de bourgeoisie, et que l'on conduit notre jeunesse à la connoissance des originaux même.

A mesure que les beaux-arts s'étendent chez nous, notre langage métaphorique s'enrichit et prend plus de vivacité et de coloris ; et comme on commence à cultiver avec tant d'application et de goût l'étude des anciens, et particuliérement des Grecs, notre langue doit à proportion s'enrichir et se développer.

Les Muses réfugiées de l'Orient furent aussi bien accueillies en Allemagne que dans l'Italie même, leur ancienne patrie. Ce que les Médicis furent pour elles en Italie, les Fugger et les Welser l'ont été chez nous. Nos savans s'efforcèrent avec un zèle étonnant à faciliter par de bonnes éditions la lecture des anciens, et à les mettre par leurs traductions entre les mains de tout le monde ; en sorte que dans moins d'un siècle on parvint à lire les meilleurs auteurs dans notre langue, et que l'Allemagne eut pu se flatter de faire des progrès rapides dans les sciences que toute autre nation. Mais les guerres funestes que l'intolérance, le despotisme, la superstition et le zèle même d'une liberté de conscience, encore mal assurée, allumèrent dans notre patrie, et qui la ravagèrent pendant un siècle et demi, firent bientôt disparoître cet heureux développement.

Les auteurs anciens conservèrent, il est vrai, dans les universités et dans les écoles, leur ancienne autorité ; mais on ne les lisoit que pour la langue et pour les antiquités. L'érudition gagnoit par cette étude, mais la culture de la langue allemande étoit d'autant plus négligée. A présent tout a changé de face à cet égard : depuis qu'un goût plus épuré s'est répandu dans la nation, elle ne cherche dans l'étude infatigable des auteurs Romains, et sur-tout des Grecs, que les modèles et les sources du beau, et déjà nous avons plus d'une traduction des meilleurs écrits de l'antiquité qui n'est en rien inférieure à ce que les autres nations ont de plus parfait en ce genre ; le goût de la littérature grecque commence à être parmi nous un goût national ; un simple recteur de Seehausen, sorti de son école avec le discernement le plus fin du beau dans les antiquités et dans la littérature grecque, a été regardé à Rome même comme un maître par les plus grands connoisseurs de l'antiquité, et s'est vu honoré de l'amitié d'un Albani ; Lessing avant d'avoir vu l'Italie, aidé par la seule connoissance qu'il avoit de la littérature grecque, a écrit sur le Laocoon un traité que le premier antiquaire de Rome pourroit avouer : les grands commencent parmi nous à se faire un plaisir et un honneur de cultiver cette étude ; on voit des ministres d'État, fatigués de leurs nombreux travaux, y trouver leur plus douce récréation, et un comte de Stollberg, nous donner une traduction d'Homère, qui paroît retenir mieux qu'aucune autre le véritable esprit de ce père de la poésie. Nos universités où la littérature ancienne est regardée comme la source du beau, et cultivée avec le plus grand succès, nous offrent dans ce genre les plus habiles maîtres reconnus et estimés comme tels de l'Europe entière, et dont les disciples répandent déjà dans nos écoles le bon goût puisé dans leurs leçons ; les professeurs des divers collèges de Berlin, encouragés par la protection de sa Majesté et par l'exemple de leur chef, nous fournissent sur-tout des preuves de cette vérité ; et depuis peu encore, Engel a très-bien fait voir que les *Dialogues* même de Platon, outre l'avantage de former le goût des jeunes gens, peuvent aussi servir de logique dans les écoles. En réunissant tous ces traits, qui ne conviendra que l'Allemagne, pour cultiver davantage sa littérature, n'a plus besoin d'un Prométhée qui nous apporte le feu du Ciel ; mais qu'un rayon émané du trône de Fréderic suffira pour enflammer encore le génie de la nation, auquel il a déjà donné son premier essor.

Cependant, malgré ces progrès, il se passera encore bien du temps avant que les étrangers connoissent notre littérature et lui rendent la justice qu'elle mérite. Nos meilleurs ouvrages perdent trop dans les traductions, et comme langue originale, l'allemand est trop difficile pour être appris parfaitement. Cependant si nous pouvions seulement nous résoudre à renoncer dans l'impression de nos ouvrages à nos anciens caractères gothiques, nous faciliterions déjà par-là l'étude de notre langue.

Sa Majesté daigne honorer notre littérature de la prédiction flatteuse qu'elle se répandra un jour dans l'Europe entière. Sans doute si nos vœux pouvoient prolonger la vie de ce grand Prince, il verroit lui-même l'accomplissement de cette prophétie ; mais il verra du moins les rochers incultes et les déserts arides qu'on rencontre encore dans notre littérature, changés par un effet de cette protection efficace et bienfaisante dont il la couvre, en bosquets rians, en plaines fertiles et fleuries.

Que Frédéric vive!

Je suis avec le plus profond respect,

De Votre Altesse Royale,

Le très-humble, très-obéissant et très-soumis serviteur
JERUSALEM.

DISCOURS

SUR

L'HISTOIRE ECCLÉSIASTIQUE (*a*).

L'Établissement de la Religion Chrétienne a eu, comme tous les Empires, de foibles commencemens. Un Juif de la lie du peuple, dont la naissance est douteuse, qui mêle aux absurdités d'anciennes prophéties hébraïques, des préceptes d'une bonne morale; auquel on attribue des miracles, et qui finit par être condamné à un supplice ignominieux, est le héros de cette secte. Douze fanatiques se répandent de l'Orient jusqu'en Italie, ils gagnent les esprits par cette morale si sainte et si pure qu'ils prêchoient; et si l'on excepte quelques miracles propres à ébranler des imaginations ardentes, ils n'enseignoient que le déisme. Cette religion commençoit à se répandre dans le temps que l'Empire Romain gémissoit sous la tyrannie de

---

(*a*) Ce Discours est la fameuse Préface que le Roi plaça à la tête d'un *Abrégé de l'Histoire Ecclésiastique de Fleury*, qu'avoit fait l'abbé de Prades, et qui n'est qu'un recueil des traits scandaleux de l'Eglise, que Frédéric II avoit remarqués et notés en lisant cette grande Histoire. Le Roi et Voltaire en parlent d'une manière curieuse dans leur Correspondance de l'année 1766. Voyez-là dans le tome XV des *Œuvres posthumes de Fréderic II*, édition gr. in-8vo, Amsterdam, 1789; car dans celle de Berlin et ses contrefaçons, il n'y en a que la moitié. (*L'Éditeur.*)

quelques monstres qui le gouvernèrent consécutivement. Durant ces règnes de sang, le citoyen, préparé à tous les malheurs qui peuvent accabler l'humanité, ne trouvoit de consolation et de soutien contre d'aussi grands maux que dans le stoïcisme. La morale des Chrétiens ressembloit à cette doctrine ; et c'est l'unique cause de la rapidité des progrès que fit cette religion. Dès le règne de Claude, les Chrétiens formoient des assemblées nombreuses, où ils prenoient leurs *agapes*, qui étoient des soupers en communauté. Ceux qui étoient à la tête du gouvernement, d'autant plus soupçonneux qu'ils ne pouvoient se déguiser leur tyrannie, s'opposoient aux assemblées, aux conventicules et à tout attroupement du peuple, par la crainte qu'il ne se tramât quelque complot, et qu'un chef de parti audacieux n'arborât l'étendard de la révolte. Le zèle des dévots brava les défenses du sénat ; quelques fanatiques troublèrent les sacrifices du peuple, et poussèrent leur pieuse insolence jusqu'à renverser les simulacres des dieux ; d'autres déchirèrent les édits des empereurs ; il y eut même des Chrétiens engagés dans les légions, qui refusèrent d'obéir aux ordres de leurs supérieurs. Delà ces persécutions dont l'Eglise fait trophée, delà le juste supplice de quelques Chrétiens obscurs, qu'on punit comme réfractaires aux loix de l'Etat, et comme perturbateurs du culte établi. Il fallut bien que les Chrétiens fissent l'apothéose de leurs zélateurs. Les bourreaux païens peuploient le Paradis : après ces exécutions, des prêtres recueilloient les ossemens des suppliciés, et leur donnoient une sépulture honorable. Il falloit bien qu'il se fit des miracles à leurs tombeaux. Le peuple abruti dans la superstition, honora bientôt les cendres des martyrs ; bientôt on plaça leurs images dans les Eglises : de Saints imposteurs, enchérissant les uns sur les autres, introduisirent insensiblement l'usage de l'invocation des Saints ; mais sentant que cet usage étoit contraire au Christianisme, sur-tout à la loi de Moyse, ils crurent sauver les apparences, en distinguant le culte de Latrie de celui d'Idolâtrie. Le vulgaire, qui ne distingue point, adora grossiérement et de bonne foi les Saints. Toutefois ce dogme et ce culte nouveau ne s'établit que successivement, et il ne parvint à sa perfection qu'après le règne de Charlemagne, vers le milieu du neuvième siècle.

Tous les dogmes nouveaux s'établirent par des progressions semblables. Dans la primitive Eglise, Jesus-Christ avoit passé pour une créature à laquelle l'Être-Suprême s'étoit complu : il ne se dit Dieu en aucun passage des Evangiles ; si l'on ne s'abuse point par ces termes : *Fils de Dieu, fils de Béléal*, qui étoient des façons de s'exprimer proverbiales des juifs, pour marquer la bonté ou la méchanceté des hommes qu'ils désignoient. Si le sentiment de la divinité de Jesus-Christ s'accrédita dans l'Eglise, il ne s'affermit que par la subtilité de quelques philosophes Grecs de la secte des péripatéticiens qui, en embrassant le Christianisme, l'enrichirent d'une partie de la métaphysique obscure, sous laquelle Platon avoit cru cacher quelques vérités trop dangereuses à publier.

Durant l'adolescence de l'Eglise, pendant les premiers siècles, les puissans de l'Empire et ceux qui le gouvernoient étant païens, les promoteurs d'une secte encore obscure ne pouvoient avoir de pouvoir ; d'où il résultoit nécessairement que le gouvernement de l'Eglise n'avoit qu'une forme républicaine ; que généralement parlant les opinions n'étoient point gênées ; et que, malgré une variété infinie de sentimens, les Chrétiens communiquoient entr'eux. Ce n'est pas à dire, que l'esprit obstiné de quelque prêtre ne soutînt opiniâtrément sa croyance, et ne se roidît contre ses contradicteurs : mais ce zèle se bornoit à de simples disputes ; et comme ces ecclésiastiques manquoient de puissance pour persécuter, ils manquoient de moyens pour contraindre leurs adversaires à penser comme eux. Vers le commencement du quatrième siècle, lorsque Constantin, par politique, se déclara protecteur de l'Eglise, tout changea. A peine fut-il assuré sur le trône, qu'il convoqua un concile œcuménique à Nicée. Des Pères qui le composoient, il s'en trouva trois cents d'une opinion contraire à celle d'Arius : ce furent ceux qui déclarèrent et reconnurent nettement la divinité de Jesus-Christ ; ils ajoutèrent au Symbole les mots de *consubstantiel au Père* ; et finirent par anathématiser les Ariens. Ainsi de concile en concile, on vit éclorre de nouveaux dogmes. Ce fut à celui de Chalcédoine que le Saint-Esprit eut son tour : les Pères qui le composoient, au-

roient cependant trouvé plus d'une difficulté à
ajouter cette troisième personne à la divinité du
Père et du Fils, si quelque prêtre, plus rusé,
plus fourbe qu'eux, ne leur en eût fourni l'expédient, en ajoutant un passage, qu'il avoit imaginé pour cette fin, au commencement de l'E-
vangile selon Saint Jean : *Au commencement
étoit la Parole, et la Parole étoit avec Dieu, et
cette Parole étoit Dieu*, etc. Toute grossière
que paroîtroit cette imposture de nos temps, elle
ne l'étoit pas alors. Le dépôt de la Foi et des
Ecritures avoit déjà passé du peuple entre les
mains des pontifes : c'étoient eux qui d'une multitude d'écrits avoient choisi ceux qu'ils déclarèrent canoniques. Il faut ajouter à cet avantage,
dont ils jouissoient, le déchirement de l'Empire,
les guerres et les ravages des barbares, qui en
détruisant les lettres, augmentoient l'abrutissement et l'ignorance : et l'on se convaincra, qu'il
n'y avoit point d'art à tromper, parce que l'ignorance, la superstition et la bêtise avoient eu le
temps de préparer les dupes ; et quand même
quelqu'un eût osé réclamer contre le passage
intercalé dans Saint Jean, il ne coûtoit rien de
dire, que ce manuscrit original n'étoit découvert que récemment.

Les évêques, en établissant de nouveaux
dogmes, devoient s'appercevoir nécessairement
de leur puissance et de leur crédit. Il est dans
l'esprit de l'homme, qu'il tire parti de ses avantages : les ecclésiastiques étant hommes, agirent
ainsi. Toutefois ils manœuvroient avec une certaine adresse, ils hasardoient quelqu'enfant per-

du, qui avançoit une opinion nouvelle, convenable à leur intérêt, et qu'ils vouloient adopter; et ensuite ils assembloient un concile où elle étoit reçue comme un article de foi. Ce fut ainsi que je ne sais quel moine trouva dans un passage du livre des Machabées, la doctrine du purgatoire; l'Eglise la reçut; et cette opinion lui valut plus de trésors que la découverte de l'Amérique n'en rapporta à l'Espagne. Il faut également attribuer à de pareilles menées la fabrication des fausses décrétales, qui servirent de marche-pied au trône des pontifes, d'où depuis ils dictèrent impérieusement leurs loix aux nations consternées. Avant d'arriver à ce point de grandeur, l'Eglise passa par différentes formes : le gouvernement républicain dura pendant les trois premiers siècles : depuis que l'empereur Constantin eut embrassé le Christianisme, il s'éleva une espèce d'aristocratie, dont les empereurs, les papes et les patriarches principaux étoient les chefs ; cette administration éprouva par la suite les révolutions auxquelles tous les ouvrages humains sont sujets. Lorsque les ambitieux se trouvent en concurrence de pouvoir et de prétentions, ils n'épargnent ni ruses ni artifices pour se supplanter, et les plus fourbes l'emportent à la longue sur leurs rivaux. Ces fourbes furent les papes : ils profitèrent de l'état de langueur où se trouvoit l'empire d'Orient, pour usurper l'autorité des Césars, et pour faire passer les droits de la couronne impériale à la tiare des pontifes. Grégoire III, surnommé *le Grand*, fut le premier qui tenta de telles entreprises. Le pape Etienne, qui suivoit le même projet, fit quelques pas de plus dans cette carrière ; chassé de Rome par Astolphe, roi des Lombards, il passa en France, où il couronna l'usurpateur Pépin, à condition qu'il délivrât Rome des Lombards. Le pape de retour à Rome, pour presser les secours qu'il attendoit de France, écrit une lettre au roi, qu'il a couronné au nom de la Vierge, de Saint Pierre et de tous les Saints, dans laquelle il le menace de la condamnation éternelle, s'il ne le délivre au plutôt des Lombards qui l'accabloient. Il avoit donné le royaume de France (sur lequel il n'avoit aucun droit) à Pépin, et Pépin lui donna, à ce qu'il prétendit, Rome et son territoire, qui appartenoient proprement aux empereurs de Constantinople. Depuis, Charlemagne fut couronné à Rome par le pape ; non qu'il crut tenir la couronne du pontife, mais parce qu'il est dit que Samuel oignit les rois Saül et David. Les souverains ne vouloient rendre hommage, par cette cérémonie, qu'à celui qui, d'un acte de sa volonté, élève, ébranle, soutient ou bouleverse les empires. Les papes ne l'entendoient pas ainsi. Dès le règne de Louis-le-Débonnaire, fils de Charlemagne, Grégoire IV, en exaltant sa puissance spirituelle au-dessus de la temporelle, fit sentir à cet empereur que son père tenoit sa couronne et l'empire du saint-siège. Telle fut l'explication que les papes, interprètes des mystères, donnèrent au sacre des souverains : ils étoient censés vicaires de Jesus-Christ ; ils se disoient infaillibles, et on les adoroit. Les ténèbres de l'ignorance alloient en s'épaississant de siècle en siècle : que falloit-il de plus pour étendre et pour accréditer l'imposture ?

La politique du clergé, toujours active, faisoit consécutivement de nouveaux progrès. Un moine, nommé Hildebrand, d'un caractère arrogant, austère et audacieux, plus connu sous le nom de Gregoire VII, jeta les vrais fondemens de la grandeur papale : il ne garda aucune mesure ; il s'attribua le droit de conférer et d'ôter les couronnes, d'interdire les royaumes, de délier les sujets du serment de fidélité ; il ne mettoit point de fin à ses prétentions, dont on peut se convaincre par cette fameuse bulle, *In Cena Domini*, qu'il publia. C'est de son pontificat qu'il faut dater l'époque du despotisme de l'Eglise. Ses successeurs attribuèrent dans la suite au clergé les privilèges dont avoient joui les tribuns de l'ancienne Rome : leurs personnes furent déclarées inviolables : pour les soustraire entièrement à la domination de leurs souverains légitimes, les conciles décidèrent que l'inférieur ne pouvoit en aucun cas juger le supérieur, ce qui dans le style du temps signifioit que les princes n'avoient aucune autorité sur les ecclésiastiques de leurs Etats. Par ce moyen, l'évêque de Rome s'assuroit d'un parti, d'une milice prête à combattre à ses ordres dans tous les empires. Quelque extravagantes que nous paroissent de telles entreprises, elles ne l'étoient point alors : la foiblesse du gouvernement féodal, généralement établi en Europe, par conséquent de grands vassaux, nés ennemis de leurs seigneurs suzerains, intéressés à soutenir les excommunications

tions que les pontifes fulminoient contre le souverain ; des princes voisins, jaloux ou ennemis de l'excommunié, des prêtres uniquement attachés au saint-siège et indépendans de leurs maîtres temporels : que de moyens pour tourmenter les rois, et que d'intérêts ne concouroient pas pour fournir aux papes des exécuteurs ardens et zélés de leurs bulles ?

Nous ne rappellerons point ici la querelle des empereurs et des pontifes au sujet de leurs prétentions sur la ville de Rome ; au sujet des investitures par la crosse et l'anneau ; ni leurs brouilleries, auxquelles les terres de la succession de la comtesse Mathilde donnèrent lieu : personne n'ignore que ces causes secrètes produisirent uniquement les fréquentes excommunications de tant de rois et empereurs. Cette espèce d'orgueil, qui s'engendre dans le sein d'une puissance sans bornes, n'éclata jamais avec plus de scandale, que dans la conduite de Grégoire VII envers l'empereur Henri IV. Emfermé dans son château de Canoze avec la comtesse Mathilde, il força ce prince aux soumissions les plus basses et les plus honteuses avant de l'absoudre. Toutefois il ne faut pas se figurer que les excommunications et les bulles portassent également coup : elles furent plus redoutables aux empereurs qu'aux rois de France ; la couronne étoit censée indépendante dans les Gaules ; et les François ne reconnoissoient le pouvoir des évêques de Rome que pour le spirituel.

Cependant tout puissans qu'étoient les papes,

cela n'empêchoit pas que chaque excommuni-
cation d'un empereur n'attirât une guerre civile
en Italie : souvent le trône des pontifes en étoit
ébranlé ; quelques-uns , chassés de leur métro-
pole et fugitifs en d'autres provinces , se procu-
roient des asiles chez quelque souverain ennemi
de leur persécuteur. Il est vrai qu'on les voyoit
retourner triomphans à Rome, non par la force ,
mais par adresse ; tant leur politique étoit supérieure à celle des souverains. Toutefois, pour ne
point s'exposer à ce flux et reflux de fortune , ils
imaginèrent des ressorts qui , une fois montés,
devoient , en assurant leur règne , augmenter
leur despotisme. Le lecteur prévoit sans doute
que nous avons en vue le projet des croisades :
pour assembler des fanatiques , on publioit des
indulgences ; ce qui étoit promettre l'impunité
de tous les crimes à ceux qui se dévoueroient au
service de l'Eglise et du saint Père. Pour se
battre en Palestine où l'on n'avoit rien à prétendre , pour conquérir la Terre-Sainte qui ne
valoit pas les frais de l'expédition , des princes,
des rois , des empereurs, suivis d'une multitude
de peuple innombrable de toutes les parties de
l'Europe, abandonnant leur terre natale, alloient
s'exposer dans des contrées éloignées à des infortunes inévitables. A la suite de desseins aussi
mal concertés , les papes, en riant de pitié du
fol aveuglement des hommes, s'applaudissoient
de leur succès. Durant cet exil volontaire de
tant de souverains , Rome ne rencontra aucune
opposition à ses volontés, et tant que cette fré-
nésie dura , les papes gouvernèrent l'Europe des-

potiquement. Lorsqu'on s'appercevoit à Rome que les nations se décourageoient par le mauvais succès des croisades, on avoit grande attention de les ranimer par l'espérance, que leur donnoit quelque imposteur tonsuré, d'une meilleure fortune. Saint Bernard fut l'instrument dont le saint-siège se servit en différentes occasions : son éloquence étoit propre à nourrir le poison de ce mal épidémique ; il envoyoit des victimes en Palestine ; mais il étoit trop prudent pour y aller lui-même. Que résulta-t-il de tant d'entreprises ? Des guerres qui dépeuplèrent l'Europe, des conquêtes aussi-tôt perdues que faites. Enfin, les Chrétiens ouvrirent la brèche par où les Turcs entrèrent à Constantinople, et y établirent le siège de leur puissance. Le mal moral que les croisades produisirent, fut plus considérable. Tant d'indulgences publiées, la rémission des crimes vendue au plus offrant, causèrent un relâchement général dans les mœurs ; les esprits se corrompirent de plus en plus ; et la morale chrétienne si sainte et si pure, entiérement mise en oubli, vit élever sur ses ruines le culte extérieur et des pratiques superstitieuses. Les trésors de l'Eglise étoient-ils épuisés : on mettoit le Paradis à l'encan, ce qui enrichissoit la datterie. Les papes vouloient-ils faire la guerre à quelque souverain dont ils étoient mécontens : on prêchoit la croisade contre lui, on avoit des troupes, et l'on se battoit. Le saint-siège vouloit-il perdre quelque prince : on le déclaroit hérétique ; excommunié, c'étoit le mot de ralliement qui attroupoit tout le monde contre lui. C'est par de telles entreprises que le joug despotique des papes s'appesantissoit. Les grands de la terre excédés de ce joug, auroient voulu le secouer ; mais ils ne l'osoient. La plupart ne jouissoient que d'une autorité mal affermie, et la multitude de leurs sujets, plongés dans l'ignorance la plus profonde, étoient comme liés et garottés par les chaînes de la superstition. Quelques génies supérieurs à leur siècle tentèrent à la vérité de dessiller les yeux fascinés des peuples et de les éclairer à la foible lueur des doutes : mais la tyrannie de l'Eglise rendoit vains tous leurs efforts ; ils avoient à braver des juges qui étoient leurs parties, les persécutions, les cachots, les outrages et les flammes qui s'élevoient déjà des bûchers de l'inquisition. Pour achever le tableau de ces temps de vertige et d'abrutissement, qu'on y ajoute le luxe et le faste des évêques, qui sembloit insulter à la misère publique : la vie scandaleuse et les crimes atroces de tant de papes qui donnoient un démenti ouvert à la morale évangélique, la rémission des péchés vendue à l'enchère, qui prouvoit évidemment que l'Eglise trahissoit, pour s'enrichir, tout ce que la Religion a de plus saint. Enfin, les pontifes abusèrent d'un pouvoir fondé sur la crédulité des hommes, de même que nous avons vu des nations abuser de leur crédit idéal.

 Tous ces matériaux émassés furent les causes qui préparèrent la réforme : pour ne rien omettre, nous devons rapporter une circonstance qui en facilita l'ouvrage. Depuis le concile de Bâle, où l'empereur Sigismond fit déposer trois papes à la fois, le saint-siège appréhenda autant les conciles généraux, qu'il les avoit desirés jusqu'alors. Les Pères avoient déclaré à Bâle, que le concile avoit de droit divin l'autorité de réformer les pontifes et de les détrôner. Déjà du temps des Othons, les empereurs, indignés de recevoir de leurs prédécesseurs des excommunications en héritage, avoient eu l'adresse de se servir à leur tour de la religion et des assemblées des évêques, pour déposer l'évêque de Rome, et le combattre avec ses propres armes. Depuis le grand schisme d'Occident, les pontifes perdirent de leur crédit idéal, des mains profanes touchèrent à cette idole d'or, devant qui la terre se prosternoit, et ne la trouvèrent que d'argile. Dès-lors le saint-siège redouta les rois, les empereurs et les conciles; les excommunications, ces armes autrefois si terribles, se rouillèrent entre les mains des pontifes. Enfin tout annonçoit un changement, lorsque Wiclef parut en Angleterre et Jean Huss en Bohème. Ce n'étoit encore qu'une foible aurore du jour qui devoit dissiper les ténèbres. Toutefois la mesure étoit comblée, et le peuple même tout grossier, tout stupide qu'il étoit, excédé des taxes qu'il payoit au clergé, offensé du faste des évêques et de leur vie scandaleuse, étoit dans cette sorte d'agitation qui précède ordinairement les grandes révolutions. Enfin, la vente des indulgences consomma l'ouvrage, et fit perdre au saint-siège la moitié de l'Europe qui renonça à son obéissance. Cette grande révolution des esprits devoit arriver tôt ou tard, parce que d'un côté l'ambition ne connoît point de bornes, et que de l'autre, l'esprit humain n'est capable que d'un certain degré de patience, et qu'en possession de duper les nations depuis tant de siècles, les pontifes ne pouvoient prévoir qu'en suivant les traces de leurs prédécesseurs ils eussent le moindre risque à courir.

Un moine de Saxe, courageux jusqu'à la témérité, doué d'une imagination forte, capable de profiter de l'effervescence où étoient les esprits, devint le chef du parti qui se déclara contre Rome; ce Bellerophon terrassa la chimère, et l'enchantement fut détruit. Si l'on s'arrête aux bassesses grossières de style, Martin Luther ne paroîtra qu'un moine fougueux, écrivain barbare d'un peuple peu éclairé. Si on lui reproche avec justice des invectives et même des injures prodiguées sans nombre, il faut considérer que ceux pour qui il écrivoit s'animoient par les imprécations, et ne comprenoient pas les argumens : mais si nous examinons en gros l'ouvrage des réformateurs, il faut convenir que l'esprit humain doit à leurs travaux une partie de ses progrès ; ils nous ont déchargés d'un nombre d'erreurs qui offusquoient l'esprit de nos pères. En rendant leurs rivaux circonspects, ils étouffèrent de nouvelles superstitions prêtes à éclorre ; et parce qu'ils étoient persécutés, ils furent tolérans. C'est sous l'asile sacré de cette tolérance, établie dans les Etats protestans, que la raison humaine a pu se développer, que des sages ont cultivé la philosophie, et que les bornes de nos connoissances se sont étendues.

Quand Luther n'auroit fait que délivrer les princes et les peuples du servile esclavage où les tenoit la cour de Rome, il auroit mérité qu'on lui érigeât des autels comme au libérateur de la patrie, et n'eût-il déchiré que la moitié du voile de la superstition, quelle reconnoissance la vérité ne lui en doit-elle pas ? L'œil critique et sévère des réformateurs arrêta les Pères du concile de Trente, prêts à faire de la Vierge la quatrième personne de la Trinité : toutefois pour la consoler, ils lui donnèrent le titre de Mère de Dieu et de Reine du Ciel.

Les protestans, qui se distinguoient par des vertus austères, forcèrent le clergé catholique à mettre plus de décence dans ses mœurs. Les miracles cessèrent; on canonisa moins de saints; le saint-siège ne fut plus prostitué à des pontifes d'une vie scandaleuse : les souverains furent à l'abri des excommunications; les Eglises furent moins exposées aux interdits ; les peuples ne furent plus relevés de leur serment, et les indulgences passèrent de mode. Il résulta encore un avantage de la réforme, c'est que les théologiens de tant de sectes, obligés de combattre de la plume, étoient forcés de s'instruire, le besoin de savoir les rendit savans. On vit renaître l'éloquence de la Grèce et de l'ancienne Rome : mais il est vrai qu'on ne l'employa qu'à des disputes absurdes de théologie, que personne ne peut lire : toutefois de grands hommes parurent en chaque parti, et des chaires, que la fainéantise et l'ignorance avoient remplies, furent occupées par des docteurs d'un mérite éminent.

Tel fut le bien que produisit la réforme. Si nous le comparons aux maux qu'elle causa, il faut convenir que le bénéfice qui nous en revient a été chérement acheté. Dans toute l'Europe les esprits étoient en fermentation : les laïcs examinoient ce qu'ils avoient adoré, les évêques et les abbés craignoient la perte de leurs revenus, les papes celle de leur autorité, et tout le monde prit feu. Rien de plus acharné ni de plus impitoyable que la haine théologique ; cette haine se mêlant à la politique des souverains, occasionna ces guerres qui ravagèrent tant d'empires ; des torrens de sang inondèrent l'Allemagne, la France et les Pays-Bas : ce ne fut qu'après des succès long-temps balancés, après toutes les horreurs que la méchanceté des hommes, abandonnée à elle-même et jointe au fanatisme, peut commettre, qu'au milieu des débris fumans de leur patrie, l'Allemagne et la Hollande acquirent ce bien inestimable, la liberté de penser ; depuis, tout le Nord suivit leur exemple.

Qui ne voit pas en parcourant cette histoire de l'Eglise, que c'est l'ouvrage des hommes ? Quel pitoyable rôle font-ils jouer à Dieu ! Il envoie son fils unique dans le monde, ce fils est Dieu ; il s'immole à lui-même pour se réconcilier avec sa créature ; il se fait homme pour corriger le genre-humain perverti ; que résulte-t-il d'un aussi grand sacrifice ? Le monde reste aussi corrompu qu'il étoit avant son avénement. Ce Dieu qui dit, *que la lumière soit*, et la lumière fut, se servira-t-il de moyens insuffisans pour parvenir à ses fins adorables ? Un simple acte de sa volonté suffit pour bannir le mal moral et physique de l'univers, pour inspirer telle croyance qu'il lui plaît aux nations, et pour les rendre heureuses par des voies que lui fournit sa toute-puissance. Il n'y a que des esprits étroits et bornés qui osent attribuer à Dieu une conduite si indigne de sa providence adorable, en lui faisant entreprendre par la voie des plus grands miracles un ouvrage qui ne lui réussit pas. Ces mêmes hommes, qui ont de l'Être-Suprême des idées si incohérentes, introduisent à chaque concile de nouveaux articles de foi ; on les verra tous énoncés dans l'*Abrégé chronologique*, tiré de la grande Histoire de M. de Fleury, auteur non suspect. Le propre des ouvrages de Dieu est d'être stables, le propre de ceux des hommes est d'être assujettis aux vicissitudes ; quelle possibilité reste-t-il donc de croire divines des opinions qui s'établissent successivement, auxquelles on ajoute, qu'on diminue et qui changent selon la volonté et l'intérêt des prêtres? Comment croire à l'infaillibilité de ceux qui se disent vicaires de Jesus-Christ, quand, par leurs mœurs, on les prendroit pour les vicaires de ces êtres malfaisans qui peuplent, dit-on, des gouffres de supplices et de ténèbres ?

Nous voyons des papes s'excommunier, nous en voyons qui se rétractent ; des conciles qui changent la doctrine des conciles précédens, sous le prétexte spécieux d'expliquer les dogmes. Il faut donc conclure que les uns ou les autres ont pu se tromper. De plus, pourquoi employer le fer, le feu et les persécutions pour convertir les nations, comme Charlemagne en usa en Germanie, comme firent les Espagnols après l'expulsion des Maures, et comme ils le pratiquèrent encore en Amérique ? Ne vient-il pas dans l'esprit de chaque lecteur, que si la Religion est vraie, il suffit de son évidence pour convaincre, et que si elle est fausse, pour convertir il faut persécuter. Nous ne voulons pas même appuyer sur les miracles si fréquens dans les siècles d'ignorance, et si rares dans des temps plus éclairés. En un mot, l'histoire de l'Eglise nous présente l'ouvrage de la politique, de l'ambition et de l'intérêt des prêtres : au-lieu d'y trouver le caractère de la Divinité, on n'y remarque qu'un abus sacrilège du nom de l'Être-Suprême, dont des imposteurs révérés se servent comme d'un voile pour couvrir leurs passions criminelles. On se gardera bien de rien ajouter à ce tableau : on croit en avoir assez dit pour quiconque pense, et l'on ne prétend point épeler pour des automates.

COMMENTAIRE
THÉOLOGIQUE
DE DOM CALMET
SUR
BARBE-BLEUE (*a*).

Avant-Propos de l'Évêque Dupuy.

Il faut que l'univers sache, qu'on a découvert depuis peu parmi les papiers de défunt Dom Calmet, un Commentaire théologique sur Barbe-Bleue, ouvrage aussi utile qu'édifiant. En son temps on avoit hésité de le publier avec les autres ouvrages de ce savant Bénédictin, à cause que le docteur Tamponet et autres membres de la Sorbonne, soutenoient avec une obstination scandaleuse, que Barbe-Bleue n'étoit point un livre canonique. L'archevêque de Paris, dont la vaste érudition est si connue, le cardinal de Rohan, qui passe pour un des premiers théologiens du royaume, l'évêque Du Velai, qui se distingue par son zèle, monsieur de Montpellier, monsieur de Tours, enfin tous les premiers de notre clergé prouvoient que Barbe-Bleue n'est point un livre apocryphe, ce qui occasionna une dispute d'une érudition exquise,

---

(*a*) Le Roi imite ici Voltaire, qui publia plusieurs brochures de sa philosophie, sous d'autres noms que le sien. (*L'Éditeur.*)

Le parti de Barbe-Bleue se fondoit sur Erasme, qui le cite dans son incomparable *Eloge de la Folie*; sur Saint Athanase, qui en rapporte des passages dans sa dispute contre les Ariens ; sur Saint Basile, qui le trouve très-orthodoxe ; sur Saint Grégoire de Nazianze, qui se fonde sur ses prophéties, dans un apologétique de la Religion chrétienne, qu'il adresse à l'empereur Julien ; sur Saint Jean-Chrysostome, qui puisa dans ce livre pieux ses plus belles figures de rhétorique, dont il orna ses admirables Homélies. Le pieux évêque Las Casas en lisoit tous les jours quelques passages, pour corroborer sa foi. Barbe-Bleue étoit le bréviaire du pape Alexandre VI. Le cardinal de Lorraine jugeoit également, que ce livre étoit canonique. Ainsi, en comptant les voix, ceux qui soutiennent que Barbe-Bleue est un livre prophétique et divinement inspiré, l'emportent de beaucoup en nombre, sur ceux qui le suspectent. Voici ce que nous connoissons de son origine. Barbe-Bleue parut à Alexandrie avec la traduction que les Septante firent du Pentateuque et des autres livres de l'ancienne loi. Pendant la captivité des tribus, elles avoient perdu l'ancien Testament ; mais les samaritains l'avoient conservé : Barbe-Bleue se trouvoit avec ces livres. Lorsque le peuple, après avoir quitté Babilone, fut de retour à Jérusalem, Esdras et Néhémias se donnèrent beaucoup de peine pour ramasser tout ce qu'ils purent rassembler de ces précieux ouvrages perdus. Ils retrouvèrent quelques livres, ils en recomposèrent d'autres de mémoire. Comme ce travail étoit immense, et qu'ils avoient hâte d'achever, ils négligèrent de joindre Barbe-Bleue au corps des ouvrages sacrés, qu'ils avoient rétablis comme ils avoient pu. Et c'est à cette négligence d'Esdras, qu'il faut attribuer principalement les doutes qu'ont eus quelques docteurs, de son authenticité.

Cependant il n'y a qu'à lire ce qu'en écrit Saint François d'Assise, pour dissiper les soupçons qui pourroient nous rester touchant Barbe-Bleue. Saint François qui l'avoit rigoureusement examiné, dit : » Ce livre porte tous les caractères
» de l'inspiration divine. C'est une parabole, ou
» plutôt une prophétie de toute l'œuvre de
» notre salut ; j'y reconnois le style des pro-
» phètes ; il a les graces du Cantique des Can-
» tiques, le merveilleux du prophète Isaïe, la
» mâle énergie d'Ezéchiel, avec tout le pathé-
» tique de Jérémie. Et comme dans l'original
» hébreu, il ne se rencontre aucun terme ni au-
» cune phrase de la langue syriaque, il est incon-
» testable, que l'auteur divinement inspiré de
» Barbe-Bleue doit avoir fleuri long-temps avant
» la captivité de Babilone ». Saint François suppose même qu'il doit avoir été contemporain du prophète Samuel; ce que cependant nous n'oserions affirmer positivement. Le nom de l'auteur de ce saint livre n'est pas parvenu jusqu'à nous, marque de sa grande modestie ; en quoi les auteurs de ce siècle ne l'égaleront point. Mais nous ignorons de même, quels sont ceux qui ont écrit les livres de Ruth, de Job et des Machabées. Peut-être notre saint prophète est-il en

cela égal à Moyse, qui ne pouvoit, comme personne dans tout l'univers, nous transmettre l'histoire de sa mort et de son enterrement. Toutefois contentons-nous de ce que notre célèbre commentateur Dom Calmet dit de Barbe-Bleue. Il y trouve une doctrine salutaire à l'édification des ames pieuses, et des prophéties évidemment accomplies : il ajoute, que ces prophéties sur-tout seront d'un grand poids pour confirmer la vérité de notre sainte Religion catholique, apostolique et romaine. Ç'auroit été une perte irréparable pour l'Eglise militante, si ce précieux Commentaire étoit demeuré plus long-temps supprimé. Plus d'une raison nous oblige à le publier. Nous touchons, hélas ! à la fin des temps, le grand jour s'approche, qui va terminer toutes les vanités humaines. Tout ce qui nous a été prédit se vérifie. La nature perd sa fécondité, l'espèce humaine se dégrade à vue-d'œil. Déjà la perversité du bon-sens l'emporte sur la simplicité chrétienne ; le zèle ardent pour la foi s'est changé en une indifférence criminelle ; les nouvelles erreurs l'emportent sur les anciennes vérités ; la foi passe pour l'effet de l'ineptie, l'incrédulité pour un effort de raison. Nos ennemis ne nous attaquent plus en secret; au-lieu d'aller à la sappe comme jadis, ils donnent des assauts violens aux principes fondamentaux de notre sainte croyance. Nos ennemis en troupes nombreuses, se rassemblent sous les différentes enseignes de l'hérésie ; ils nous enveloppent de tous côtés. Lucifer combat à leur tête pour détruire notre culte et nos autels.

L'Eglise ébranlée jusqu'en ses sacrés fondemens, menace ruine ; elle est sur le point de s'écrouler. Cette sainte mère gémit comme une colombe, elle brame comme un cerf que l'impitoyable chasseur est prêt à massacrer. Elle appelle à son secours ses enfans dans sa grande détresse. C'est Rachel qui pleure ses enfans, et qui ne peut s'en consoler. Volons à son aide. Etayons son ancien et sacré édifice avec le saint Commentaire de Dom Calmet sur Barbe-Bleue. Opposons ce savant Bénédictin comme un bouclier, pour repousser les traits empoisonnés qu'une philosophie impie lance contre nous, et que les portes de l'enfer ne prévalent point contre une Eglise fondée sur la pierre angulaire de notre salut. Et puissent, en lisant ce divin Commentaire, s'amollir ces cœurs endurcis dans leur turpitude et dans leur incrédulité ! et puissent ceux qui, ayant perdu le goût des délectations spirituelles, se sont plongés dans la corruption du siècle, fortifiés par Dom Calmet et Barbe-Bleue, se convaincre, qu'en s'attachant à satisfaire leur cupidité et leur amour pour les choses d'ici-bas, ils hazardent pour ces biens passagers, de se rendre indignes à jamais des béatitudes éternelles.

Commentaire théologique sur Barbe-Bleue.

Pour bien développer le sens mystique de ce divin ouvrage, il faut l'avoir auparavant profondément étudié. Quoique le nom de l'auteur sacré qui l'a écrit, ne soit pas parvenu jusqu'à nous, nous pouvons juger, en examinant le style de l'original hébreu, qu'il doit avoir été contemporain du prophète Samuel. Il se sert des mêmes expressions que l'on trouve dans le Cantique des Cantiques, et de quelques phrases approchantes des Pseaumes de David, d'où nous pouvons conclure, qu'il a fleuri long-temps avant la captivité de Babilone. L'ouvrage est écrit dans un style oriental. C'est une parabole qui, avec la morale la plus chrétienne et la plus sublime, est en même-temps une des prophéties les plus évidentes de l'avénement du Messie, et de la victoire signalée qu'il remporta sur l'ennemi perpétuel de Dieu et des hommes. Ce livre que nous commentons est comme une mine abondante ; plus on y fouille, plus on y trouve de trésors. On peut lui appliquer ce passage de l'Ecriture : *Chez Barbe-Bleue la lettre tue, mais l'esprit vivifie.* Les livres de l'ancien Testament portent tous le même caractère. Les Pères de l'Eglise et les docteurs les plus versés dans les saintes Ecritures, se sont constamment appliqués à saisir le sens caché des auteurs inspirés, et souvent, en comparant des passages de différens prophètes, ils ont réussi à les expliquer les uns par les autres. Nous nous proposons de suivre cette sage méthode pour mettre en évidence les divines vérités et les prophéties frappantes, que la sacrée parabole de Barbe-Bleue présente à notre méditation.

Voyez comme il débute avec une simplicité touchante : » Il y avoit une fois un homme qui » avoit une belle maison à la ville et à la cam- » pagne ». Ce seul commencement dénote qu'il
étoit

étoit divinement inspiré. Il ne dit point : Il y avoit *en telle année;* mais : Il y avoit *une fois* un homme ; — parce qu'il voyoit en esprit les disputes que les incrédules mettroient un jour en avant, touchant différens points de chronologie ; à savoir, pour la naissance du Christ, son voyage en Egypte, le temps que son saint ministère a duré ; enfin, touchant sa mort et sa résurrection. Il préfère donc à ces dates contentieuses cette simplicité sublime : » Il y avoit *une fois* un » homme. — Cet homme avoit une maison à la » ville et à la campagne ». Voilà le vrai style de la narration. Le saint auteur désigne par ces différentes possessions, la turpitude de celui dont il parle. Il étoit attaché aux biens de ce monde. Sans doute qu'il se glorifioit de ses richesses, et ne comptoit pour rien les biens de l'autre vie. » Il avoit la barbe bleue ». Il avance par degrés. Cet homme est riche, il est vain, il a la barbe bleue : c'est la marque caractéristique du diable. Cet auteur de tous nos maux ne peut avoir une barbe comme l'ont les hommes ; elle doit être bleue ; car le diable, qui sous la forme d'un serpent tentoit Eve dans le paradis, avoit une couleur bleuâtre. J'appuie encore cette assertion par une raison physique. Les lampes qu'on entretient avec de l'huile, jettent des reflets bleuâtres ; les démons qui plongent les damnés dans de grandes cuves d'huile bouillante, teignent insensiblement leur barbe de cette couleur, de même qu'il arrive à ceux qui travaillent aux mines de vitriol, de prendre à la longue des cheveux verdâtres. Ces marques, ces couleurs sont appropriées à l'esprit malin, pour que les hommes puissent reconnoître l'ennemi de leur salut. Nous avons des yeux pour voir, et nous ne voyons pas; mais nous n'examinons rien. C'est notre paresse, c'est notre tiédeur, c'est notre coupable négligence, qui nous font donner dans tous les piéges que cet esprit rebelle et malfaisant nous tend. Nous ne veillons point au salut de nos ames immortelles. Que l'esprit tentateur ait une barbe bleue ou non, personne n'y réfléchit: il flatte nos passions, nous nous laissons séduire; on se fie en lui, et l'on est perdu. Voici comme la parabole explique cette importante vérité: »Une dame de qualité avoit » deux filles à marier; Barbe-Bleue lui en de-» manda une ». Remarquez que le diable s'adresse toujours aux femmes. Il sait que ce sexe est plus fragile que le nôtre: ajoutez que pourvu que l'ennemi de Dieu enlève quelqu'un, il lui est égal, que ce soit la fille cadette ou la fille aînée; pourvu qu'il fasse son butin. » Long-» temps elles ne purent se résoudre à épouser » Barbe-Bleue, parce qu'il avoit eu plusieurs » femmes, et que personne ne savoit ce qu'elles » étoient devenues ». C'est que la grace combattoit encore dans le cœur de ces jeunes filles, et leur inspiroit une secrette aversion contre le prince des ténèbres. Il ne faut point se familiariser avec lui, ou tôt ou tard l'on est perdu. Gardez-vous de commettre un premier crime; le second se commet sans remords. » Barbe-» Bleue mena ces demoiselles avec quelques » jeunes gens à une de ses maisons de cam-

» pagne, où ce ne fut que bals, festins et pro-
» menades ». On ne sauroit représenter plus clairement les ruses du démon et la marche qu'il
prend pour nous séduire, qu'elles ne sont marquées dans cette parabole. Il vous insinue le
goût des plaisirs : ce sont banquets superbes,
bals lascifs, discours séduisans; ensuite il allume
en nous le feu des passions, la volupté, le desir
des richesses, l'orgueil, le dédain ; et petit-à-
petit il débauche ainsi à Dieu ses serviteurs.
Nous sommes comme enivrés de cette figure
du monde qui passe, nous n'aspirons plus à une
béatitude éternelle, et nos funestes passions
effrénées nous précipitent dans un gouffre de
douleur. C'est par de telles ruses perfides, que
le démon en désertant le ciel, parvient à peu-
pler les enfers, qui sont son royaume. Mais
faites sur-tout attention au rapide progrès que
ses tentations font sur les cœurs innocens. — Il
gagna la cadette des sœurs comme la moins ex-
périmentée, et l'épousa pour le malheur de la
pauvre fille. — L'auteur sacré entend sous le
nom de cette jeune épouse le peuple juif, qui
oubliant les bienfaits infinis qu'il avoit reçus de
Dieu, et tous les prodiges et les miracles qu'il
avoit faits en faveur de cette nation, sacrifia à
de faux dieux, c'est-à-dire, à des démons, et
donna dans toutes les idolâtries païennes. C'est
avec cette profonde théologie et ce grand sens
que notre auteur sacré nous enseigne ces sublimes vérités. La jeune fille quitte sa maison
paternelle pour se marier à Barbe-Bleue. Les
Juifs quittent le Dieu d'Abraham, d'Isaac et de

Jacob, pour Baal-Phégor et d'autres dieux que l'enfer avoit vomi sur terre. — On commence par être tiède, on devient indifférent, on oublie Dieu, on s'engage dans le péché, on s'y embourbe ; enfin l'on ne peut plus s'en retirer, et l'homme est perdu, du moment que la grace efficace l'abandonne. Un esprit de vertige s'empare de ses sens ; il touche au bord du précipice sans connoître l'abyme qui va l'engloutir. — La nouvelle-mariée, qu'une funeste erreur aveugle, ne voit pas que son mari a une barbe bleue. C'est ainsi qu'emportés par la violence de nos passions, nous ne nous appercevons pas de la difformité monstrueuse des vices. Le pécheur vogue sans boussole et sans gouvernail, et devient le jouet des tempêtes impétueuses, qui brisent enfin son frêle navire. » A peine Barbe-
» Bleue est-il marié, qu'il entreprend un voyage
» de six semaines, pour vaquer à de certaines
» affaires, en priant sa femme de se bien diver-
» tir en son absence ». C'est que le démon, non content d'une prise, toujours agissant pour le malheur des hommes, cherche sans cesse une nouvelle proie. » En partant, Barbe-Bleue
» donne à sa femme la clef de tous ses trésors,
» et lui en remet une secrette d'un cabinet,
» qu'il lui défend d'ouvrir ». Que de grandes leçons dans ce peu de paroles ! Le vieux séducteur qui fait le métier qu'il a appris par l'expérience de tous les siècles, renverse le cerveau d'une jeune personne, en lui donnant du goût pour les richesses. Il veut nous attacher aux biens terrestres et périssables, pour nous déta-

cher des biens incorruptibles du paradis. Il parvient par le même moyen, à égarer le plus sage des rois : il donne à Salomon tout l'or d'Ophir. De cet argent, Salomon commence à bâtir à Jérusalem un temple au Seigneur : voilà le bon usage. Mais le démon ne se décourage pas. Ensuite le sage roi se pourvoit de sept cens concubines : voilà l'abus. Remarquez en passant, combien notre espèce dégénère ; car aucun Sardanapale de notre siècle ne pourroit suffire à un si grand nombre de concubines. Salomon ne s'en tint pas-là. On le vit enfin sacrifier aux faux dieux. C'est ainsi qu'une chûte après elle entraîne une autre chûte. Mais il est temps de revenir au texte sacré. La clef de ses trésors, que Barbe-Bleue donne à son épouse, figure le passe-par-tout des enfers. Ce sont ces perfides clefs qui ouvrent la porte à tous les vices. Le démon sait que la plupart des hommes sont pris par l'appas des richesses, il en a trouvé peu qui sussent y résister. Souvenez-vous que lorsque le prince des ténèbres eut l'audace de transporter le divin Messie sur le sommet d'une haute montagne, il lui dit : *Vois-tu ces royaumes de la terre ? Je te les donne si tu m'adore.* Malheureuses richesses, funestes grandeurs, qui perdez ceux qui vous chérissent ! Non, les riches n'hériteront point du royaume des cieux. Et vous, grands monarques de l'univers, vous dont l'orgueil se pavane si insolemment sur vos trônes superbes ; hélas ! vous serez un jour la proie des flammes éternelles, tandis que le pauvre Lazare du haut de l'empyrée, contemplera vos souffrances et vos tourmens avec des yeux de compassion. Remarquons en même temps, que le démon, en donnant tant de clefs à son épouse, lui défend d'ouvrir le cabinet secret. Ce trait seul suffit pour nous marquer que ce livre est divinement inspiré ; parce que ce peu de paroles dépeignent les perfidies du démon, avec des couleurs frappantes. Il se sert adroitement de nos passions pour nous subjuguer ; mais il ne veut pas que nous connoissions les ruses et les supercheries, par lesquelles il parvient à nous dompter : en nous liant, en nous garottant même, il veut que ses chaînes soient invisibles, et que nous ne nous appercevions pas, que nous sommes ses malheureux esclaves. C'est ce cabinet fatal qui renferme ces mystères d'iniquité. Il ne veut pas que sa jeune épouse y entre ; en même temps il la tente, en excitant sa curiosité. Voilà la même ruse par laquelle il perdit notre première mère : il lui disoit : Mangez de ce beau fruit, qui vous donnera la connoissance de toutes choses ; on vous l'envie, parce qu'il est excellent. Mangez-en, vous en êtes maintenant la maîtresse. — Curiosité funeste, pomme fatale, pomme abominable ! vous perdites le genre humain ! La jeune épouse de Barbe-Bleue étoit femme, et curieuse, autant que l'étoit notre première mère : la tentation étoit forte. Pourquoi me donner la clef de ce cabinet ? pourquoi me défendre d'y entrer ? se disoit-elle en elle-même. Sans doute que ce que mon époux a de plus rare et de plus précieux, s'y trouve enfermé. — Mais, pouvoit-elle résister à tous les ennemis qui l'en-

touroient ? Elle étoit attaquée en même temps
par le démon du plaisir, par le démon de la débauche, par le démon des richesses, par l'é-
guillon de la curiosité. Elle ne voit ni le piége
qu'on lui tend, ni quelles en seront les suites
déplorables. Hélas ! que pouvoit opérer sur son
cœur ce foible reste de la grace suffisante, dont
les trois-quarts s'étoient effacés depuis son ab-
minable mariage avec le prince des ténèbres.
La grace n'y peut plus tenir, elle l'abandonne.
Dès-lors l'esprit d'égarement offusque tous ses
sens et règne despotiquement sur elle. La voilà
qui saisit la clef du fatal cabinet ; elle y vole,
elle ouvre la porte, elle y descend. Quel spectacle, juste Dieu, s'offre à sa vue! Des cadavres
d'une quantité de femmes égorgées, dont le
sang inondoit le plancher du cabinet. Ces objets
affreux l'effraient et la consternent: une sombre
et noire mélancolie remplit son ame de douleur.
Le bandeau de l'illusion se déchire ; à l'ivresse
des plaisirs trompeurs succède le remords,
le repentir et l'abattement. Dans le moment où
elle se croit perdue, le ciel lui darde un rayon
de la grace versatile, et trois rayons de la grace
concomitante, que son repentir avoit méritée.
Dès-lors elle apperçoit ses crimes dans toute
leur horreur. Moment terrible ! qui lui montre
ce Dieu jaloux armé du foudre, et prêt à l'en
frapper. Sans mouvement et presque sans vie,
elle laisse tomber sa clef ; mais que faire ? il faut
la ramasser ; elle la trouve toute tachée de sang.
C'est ce sang innocent répandu depuis le juste
Abel jusqu'au grand-prêtre Jojada ; il crie au

ciel vengeance, il demande qu'Adonaï, longtemps sourd aux gémissemens du peu de justes qui restoient en Israël, leur envoie celui qui faisoit l'espérance des nations, et qui devoit terrasser l'ancien ennemi de Dieu et du genre-humain. Cette jeune épouse étoit dans un état affreux ; son ame étoit bouleversée par l'impression de ces cadavres sanglans, par le regret de ses crimes, par le pouvoir de la grace efficace, et par l'aversion qu'elle conçoit pour Barbe-Bleue. Toute éplorée, elle sort de ce jour d'horreur. Elle veut essuyer cette clef fatale du sang qui la tachoit ; elle l'essaie différentes fois, mais elle n'y peut réussir. Tant les taches de nos péchés sont ineffaçables, tant il en coûte pour épurer ce que le crime a souillé. Cependant Barbe-Bleue qui étoit en voyage, reçoit des nouvelles que ses affaires sont terminées à son avantage ; car les affaires du diable vont vîte. Le mal est aisé, le bien difficile. Il revient à son palais et redemande d'abord à son épouse la clef du terrible cabinet. Moment de terreur pour la pauvre femme ! qui lui représente les maux que sa curiosité lui attire ; mais moment salutaire à son salut, qui la conforte et la rend à son Créateur. Barbe-Bleue lui crie d'une voix aigre, où est la clef du cabinet ? La jeune épouse la lui présente d'une main tremblante ; car elle sentoit déjà une aversion salutaire d'avoir de la connexion avec le diable. » D'où vient, dit
» Barbe-Bleue, ces taches de sang sur cette
» clef ? — Je n'en sais rien, répondit-elle plus
» pâle que la mort. —Eh bien, Madame, repartit

» Barbe-Bleue, (car le diable est poli!) vous y
» entrerez, pour y tenir votre place parmi les
» femmes que vous y avez vues ». Ah! pauvres
humains, apprenez à connoître le diable. Sans
cesse défiez-vous de lui ; soyez toujours sur vos
gardes ; il sème de fleurs le chemin par lequel il
vous conduit aux enfers. Du commencement il
est le flatteur de vos passions, puis subitement.
il se transforme en bourreau de vos ames, et
vous plonge dans des gouffres de douleurs. Mais
observons à cette occasion avec les saints Pères,
combien les voies de Dieu sont différentes des
voies des hommes. Le moment marqué par la
Providence, où il se proposoit de secourir la
jeune repentante, n'étoit pas encore arrivé :
pour gagner ce moment bienheureux, le Saint-
Esprit met dans la bouche de cette femme les
paroles les plus touchantes, capables d'attendrir
les tigres et les lions les plus farouches. Mais le
démon, auquel elles s'adressoient, étoit plus
impitoyable que tous les tigres de l'univers ; il
n'a de plaisir que celui d'augmenter les compagnons de ses crimes, d'exciter à la désertion,
ceux qui sont enrôlés sous les drapeaux du
Christ, pour les associer à sa révolte, et les rendre les victimes des enfers. » Il faut mourir,
» Madame, s'écrie Barbe-Bleue ; il faut mourir
» tout-à-l'heure » ! Paroles barbares, qui expriment toute la cruauté de l'esprit malin ! paroles utiles, que le Saint-Esprit a dictées à l'auteur sacré, pour nous inspirer toute l'aversion
et l'horreur que nous devons avoir pour le
prince des ténèbres. » Puisqu'il faut mourir,

» répond son épouse éplorée, accordez-moi un
» seul quart-d'heure. — Oui, dit Barbe-Bleue,
» mais pas un moment de plus ». Moment nécessaire et utile, moment tout d'or pour le dénouement de la parabole. La jeune épouse, comme nous l'avons dit, signifie le peuple d'Israël ; son mariage avec Barbe-Bleue, le culte idolâtre que ce peuple élu rendit à Baal-Phégor, à Moloc et à d'autres dieux ; la descente de la jeune épouse dans ce caveau sanguinaire, prédit clairement la captivité de Babilone, pendant laquelle le culte du vrai Dieu avoit cessé, et l'esclavage dans lequel le peuple gémit long-temps, assujetti tour-à-tour par les Assyriens, les Égyptiens, les Mèdes et les Romains. Le retour de Barbe-Bleue, qui veut égorger sa femme, figure les derniers efforts des enfers, pour détruire la créance, le culte et les autels de Sabaoth, les crimes accumulés sur la face de toute la terre, la cessation des prophéties et des miracles, et le malheureux abandon du genre humain, qui alloit obliger Adonaï d'envoyer mourir son fils innocent, pour sauver les hommes coupables. Mais ne craignons rien. La grace opère, elle vivifie la jeune épouse inconsolable, qui éclate par ces paroles remarquables :
» Anne, ma sœur ! ma sœur Anne ! ne vois-tu
» rien venir » ? C'est comme si elle eût dit : Adonaï ne m'abandonnera pas ; quelque grandes que soient mes offenses, je me confie en sa miséricorde ; mon repentir surpasse mes crimes, je sais qu'il arme un vengeur pour me délivrer du joug de l'enfer. Ma sœur Anne, Anne, ma

sœur ! ne vois-tu pas encore venir ce divin Sauveur ? Hélas ! je l'ai offensé ! oui, j'ai mérité sa colère ! mais quelqu'énormes que soient mes péchés, sa bonté n'en est pas moins infinie. Quand viendra celui qu'Esaïe, qu'Ezéchiel, que Daniel ont promis aux nations ? celui qui écrasera sous ses pieds le serpent qui avoit séduit nos premiers pères, et auquel le genre-humain devra son salut ? Je suis née de la tribu de Juda, je suis fille d'Adonaï ; celui qui vient pour ma délivrance, est son fils ; donc il est mon frère. Ah ! cher frère, venez, je vous attends avec impatience ! Anne, ma sœur, ne vient-il pas encore ? — Sa sœur Anne monte promptement sur une tour du château : car il faut s'élever des fanges de la terre, quand on veut contempler les objets célestes. Voilà pourquoi les animaux ont la tête inclinée en bas, et l'homme seul l'a élevée, pour porter ses regards aux cieux. Nous savons bien qu'on nous objecte, que le coq porte sa tête aussi haut que nous. Ce sont-là de ces mauvais contes forgés par les incrédules, pour décréditer, s'ils le pouvoient, les célestes vérités qui nous sont révélées. Mais revenons à mon texte sacré ; revenons à la sœur Anne, qui représente, selon le sens mystique de la parabole, tous les saints et les prophètes qui ont traité de l'économie de notre salut, et de l'ouvrage de la rédemption. Comme elle n'avoit point failli comme sa sœur, aussi la grace suffisante et la grace efficace ne l'abandonnèrent-elles pas, et c'étoit pourquoi l'esprit prophétique reposoit sur elle. Sans cesse elle s'occupe de la racine de Jessé, et de ces glorieux destins de ce fils de David, qui sera l'espérance des nations ; de son humilité et de ses triomphes. Anne jette ses regards attentifs de tous les côtés. Que voit-elle ? *Le soleil qui poudroie, et l'herbe qui verdoie ;* ce qui signifie dans le langage sacré : Je vois le soleil qui s'épanouit d'aise, et qui se réjouit du glorieux avénement du Messie ; je vois ses rayons qui dispersent la poussière de l'erreur aux clartés de l'Evangile; je vois *l'herbe qui verdoie ;* ou pour mieux dire, qui se couvre des livrées de l'espérance et qui attend impatiemment l'arrivée du Christ. Mais le peuple hébreu, représenté par la jeune épouse, ne comprend pas le sens mystique de cette divine allégorie. Le Messie tant promis par les prophètes n'arrive pas assez vite au gré de ses avides desirs. Voyez comme en attendant le démon redouble d'efforts ; sa cruauté le presse de mener à fin sa damnable entreprise. Barbe-Bleue avec une voix tonnante, semblable aux trompettes de Jéricho, s'écrie à toute gorge : » Venez vite, Madame, ou je monterai là-haut » vous égorger ». Que fera-t-elle ? que peut-elle faire ? Elle demande une courte dilation ; elle veut attendre que l'heure du Seigneur soit venue ; et en même temps elle répète d'une voix foible ces pieuses paroles : » Anne, ma sœur » Anne, ne vois-tu rien venir » ? C'est ainsi que le petit troupeau des saintes ames, que Dieu avoit conservé dans son peuple élu, soupiroit avec un saint zèle après sa délivrance, et craignoit que la race d'Abraham, d'Isaac et de

Jacob, vouée au culte d'Elchadaï, d'Adonaï, d'Elohîm, ne fût exterminée par le prince des ténèbres. Anne lui répond encore : *Je vois le soleil qui poudroie, et l'herbe qui verdoie.* Oui, Dieu tiendra ses promesses, il ne vous abandonnera pas. Il a assisté le prophète Elisée, quand les petits garçons l'appelloient *tête-chauve* ; ces petits garçons furent métamorphosés en ours. Ce fut lui qui écarta la Mer-Rouge, pour donner un passage à son peuple ; ce fut lui qui arma la main de Samson d'une mâchoire d'âne, pour défaire les Philistins ; il ne vous abandonnera pas. Mais Barbe-Bleue redoubloit d'impatience, et crioit plus fort que jamais : » Descends, ou je monterai ». Par où l'auteur sacré désigne l'abomination de la désolation dans la cité sainte, ou l'entrée triomphante de Pompée à Jérusalem, et les aigles et les dieux des Romains placés à côté du temple ; la tour Antonia, que l'infâme Hérode fit élever à l'honneur du triumvir de ce nom ; et les peines que se donna ce roi, d'introduire un culte idolâtre dans cette terre que Sabaoth avoit destinée pour être habitée éternellement par son peuple élu. Ces faits importans précédèrent d'une trentaine d'années la venue de Jesus-Christ. C'est avec cette précision étonnante que l'auteur sacré de ce saint livre a vu et prédit l'avenir, qu'en comptant le quart-d'heure de répit que Barbe-Bleue accorde à sa femme, la minute à trois années, cela répond exactement à l'espace de temps qui s'écoula depuis la prise de Jérusalem par Pompée, jusqu'au bienheureux avénement de la naissance du Messie. Mais la malheureuse épouse de Barbe-Bleue, tremblante et presqu'inanimée, croyoit sa perte certaine ; ses forces l'abandonnoient, sa voix étoit prête à s'éteindre : elle répétoit pourtant avec ferveur ces pieuses paroles : » Anne, ma sœur Anne, ne » vois-tu rien venir ?—Je vois, répond sa sœur, » une poussière qui s'élève du côté de l'orient ». L'épouse désolée lui demande : » Ne sont-ce » point mes frères ?—Hélas ! non, reprit Anne, » ce sont des brebis ». Remarquez sur-tout dans ce passage, que chaque parole annonce de grandes vérités. L'auteur divin nous figure sous la forme de ce troupeau de brebis, S. Jean, le bienheureux précurseur de Jesus-Christ. Lui-même avoit la douceur des brebis, et il venoit annoncer au genre-humain abruti par ses crimes l'Agneau sans tache. Si notre auteur sacré avoit vu de ses yeux, accomplir tout ce qui précéda la venue bienheureuse du Messie, il n'auroit pu narrer les événemens avec plus d'ordre qu'il ne les expose dans cette parabole ; c'est plutôt une histoire qu'une prophétie. Nous touchons enfin au moment où la terre en travail va enfanter son Sauveur. Barbe-Bleue, ou disons plutôt, le diable, en fureur, vient et veut saisir sa proie. Anne annonce dans ce moment à sa sœur, qu'elle voit venir deux cavaliers, mais qu'ils sont encore éloignés. Ces deux cavaliers sont le Fils et le Saint-Esprit, différens de personne ; qui tous deux indissolublement unis au Logos, composent la très-sainte et très-adorable Trinité. Quand arrivent-ils ? Dans un temps où tout le monde jouit de la paix, dans le temps qu'Auguste ferma le temple de Janus ; mais d'autre part aussi dans le temps que toutes les puissances de l'enfer faisoient la guerre la plus vive à leur Créateur ; lorsque les prêtres, les lévites et les docteurs de la loi étoient partagés en différentes sectes d'une philosophie damnable, qui se produisoient sous le nom de Pharisiens, d'Esséniens, de Saducéens et de Thérapeutes, qui sappoient et détruisoient si bien la foi de leurs ancêtres, que Sabaoth n'avoit presque plus de vrais adorateurs. Le péril étoit imminent, il falloit un prompt secours, ou la jeune épouse auroit été égorgée, et l'Eglise détruite ; mais Sabaoth n'abandonne pas ses fidèles. Dans le moment que Barbe-Bleue porte le glaive au cou de son épouse, voilà le Saint des saints qui arrive, qui le terrasse, et qui abat Lucifer à ses pieds. L'Eglise est sauvée, et l'enfer en frémit de rage. Voyez combien les paroles de l'auteur sacré sont infaillibles. Les saints et les prophètes auxquels le Ciel a révélé les événemens futurs, les ont annoncés. La foible raison humaine n'a pu percer l'écorce qui couvroit ces pieuses vérités. Il a fallu que tout s'accomplît pour la convaincre. C'est le sens mystique qu'il faut chercher dans les saintes Ecritures, ou l'on n'aura jamais l'intelligence de Jérémie, d'Isaïe, d'Ezéchiel et de Daniel ; ni de Barbe-Bleue, ni du Cantique des Cantiques. Dès que les deux cavaliers paroissent, voilà la jeune épouse sauvée. Dès que le Messie vient au monde, voilà le diable enchaîné d'éternelles chaînes ; voilà la

Religion Chrétienne, toujours militante et toujours triomphante, qui s'établit, et l'ouvrage de notre salut qui s'achève. Mais continuons notre paraphrase. L'épouse de défunt Barbe-Bleue achète une compagnie pour son frère. Quelle compagnie ? Si ce n'est le troupeau des fidèles, que l'Eglise contient dans son sein ; de ces vrais soldats du Christ, prêts à combattre et à mourir pour la propagation de la vraie foi ; de ces soldats prêts à exterminer par le glaive ce nombre d'hérétiques, ou plutôt de damnés, qui révoltés contre leur sainte mère, déchirent ses entrailles. Cette compagnie, dans un sens encore plus mystiquement sublime, fait allusion au glaive donné à notre saint-père le pape pour venger la cause de Dieu et exterminer ses ennemis. Continuons encore : La veuve de Barbe-Bleue, ou pour mieux dire, de Belzébuth, se remarie ensuite à un fort honnête-homme; c'est le pape qu'elle épouse. Comme on sait, l'Eglise est mariée au pape, qui est le vicaire de Jesus-Christ. Qu'un Luther, un Calvin, un Socin viennent à présent, ou quelque hérétique de leur espèce, tous vrais excrémens de l'enfer ; qu'on y ajoute un vil ramas de non-conformistes, avec l'infame séquelle de philosophes, aussi abominables qu'eux ! Quel moyen leur reste-t-il maintenant pour se révolter contre la suprématie de notre saint-père le pape, ou pour attaquer encore les dogmes de la foi catholique, apostolique et romaine ? En vain voudroient-ils exalter leur ame, nous rirons de leurs efforts impuissans, et nous les réduirons au silence, dès que nous leur
expose-

exposerons en détail l'accomplissement merveilleux des prophéties de l'auteur de Barbe-Bleue. On leur prouvera à leur dam, que la veuve de Belzébuth, épousa le saint-père ; c'est-à-dire, que l'Eglise, après avoir abjuré l'ancienne idolâtrie, est devenue l'épouse de Jesus-Christ. Le pape est son vicaire ici-bas, donc l'Eglise est l'épouse du pape. Dans le premier mariage de la femme de Barbe-Bleue, tout étoit mondain ; dans le second, tout étoit spirituel. Dans le premier, c'étoit l'abandon à des passions effrénées et à des plaisirs charnels. Dans le second, la contrition, la repentance et la grace la purifioit. Là, c'étoient des banquets de débauche, des agaceries pour irriter d'impurs desirs, avec tout ce que peut produire le luxe, pour exciter la vanité et l'oubli de soi-même ; ici, c'étoient des actes de componction, de repentance, d'humilité chrétienne, et pour toute nourriture, la chair et le sang de l'Agneau sans tache. Au-lieu des richesses périssables et de l'appareil du luxe, qu'elle trouva dans le palais de Barbe-Bleue, elle amasse ici un trésor de bonnes œuvres et d'actions pieuses, dont les intérêts lui seront payés abondamment au paradis. Au-lieu d'être entre les bras du démon qui vouloit l'égorger, elle se trouve entre les bras du vicaire de celui auquel elle doit son salut dans cette vie, et dans l'autre sa béatitude éternelle.

Fait au convent des Bénédictins de Monmore, le 17 de Septembre de l'année de notre salut 1692.

Signé Dom Calmet.

TABLE.

Variétés philosophiques, morales, historiques, critiques et littéraires. Page 5
Lettres au Public avide de nouvelles. 8
Réflexions sur les talens militaires et sur le caractère de Charles XII, Roi de Suède. 21
Discours sur la Guerre. 47
Eloge de Goltze. 71
Eloge du Général de Still. 83
Eloge de la Mettrie. 87
Eloge du Baron de Knobelsdorf. 95
Eloge du Prince Henri de Prusse, neveu du Roi, lu dans l'assemblée extraordinaire de l'Académie Royale des Sciences, le 30 décembre 1767. 102
Eloge de Voltaire, lu à l'Académie Royale des Sciences et Belles-Lettres de Berlin, dans une assemblée publique extraordinairement convoquée pour cet objet, le 26 novembre 1778. 120
Instruction à l'Académie des Nobles pour leur éducation. 147
Dialogue de morale à l'usage de la jeune Noblesse. 158
Lettre sur l'Education, adressée à M. Burlamaqui, Professeur à Genève. 175

TABLE.

Essai sur l'Amour-Propre envisagé comme principe de morale. Discours prononcé à l'assemblée ordinaire de l'Académie Royale des Sciences et Belles-Lettres de Prusse, le jeudi 11 janvier 1770. 194
Lettres sur l'amour de la Patrie. 212
Discours sur les Satyriques. 257
Discours sur les Libelles. 269
Examen de l'Essai sur les Préjugés. 277
Dissertation sur les raisons d'établir ou d'abroger les Loix. 311
De l'utilité des Sciences et des Arts dans un Etat. Discours prononcé à l'assemblée extraordinaire et publique de l'Académie Royale des Sciences et Belles-Lettres de Prusse, en présence de Sa Majesté la Reine Douairière de Suède, le lundi 27 janvier 1772. 346
De la Littérature allemande; des défauts qu'on peut lui reprocher; quelles en sont les causes; et par quels moyens on peut les corriger. 360
Lettre sur la Littérature allemande; adressée à S. A. R. Madame la Duchesse Douairière de Brunswick-Wolfenbuttel, en 1781; par M. Jerusalem. 406
Discours sur l'Histoire Ecclésiastique. 429
Commentaire théologique de Dom Calmet sur Barbe-Bleue. 447

www.ingramcontent.com/pod-product-compliance
Lightning Source LLC
Chambersburg PA
CBHW070526230426
43665CB00014B/1583